走近鲁迅

萧振鸣 著

Copyright © 2020 by SDX Joint Publishing Company.
All Rights Reserved.
本作品版权由生活·读书·新知三联书店所有。
未经许可,不得翻印。

图书在版编目(CIP)数据

走近鲁迅/萧振鸣著. —北京:生活·读书·新知三联书店,
2020.7 (2021.6重印)
 ISBN 978-7-108-06694-7

Ⅰ.①走… Ⅱ.①萧… Ⅲ.①鲁迅(1881-1936)—传记
Ⅳ.①K825.6

中国版本图书馆CIP数据核字(2019)第181883号

责任编辑	崔 萌 唐明星
装帧设计	刘 洋
责任印制	卢 岳
出版发行	生活·讀書·新知 三联书店
	(北京市东城区美术馆东街22号 100010)
网 址	www.sdxjpc.com
经 销	新华书店
印 刷	三河市天润建兴印务有限公司
版 次	2020年7月北京第1版
	2021年6月北京第2次印刷
开 本	635毫米×965毫米 1/16 印张 20
字 数	240千字
印 数	5,001-8,000册
定 价	58.00元

(印装查询:01064002715;邮购查询:01084010542)

目 录

前　言　　　　　　　*1*

1. 故家　　　　　*001*
2. 私塾　　　　　*007*
3. 本色　　　　　*015*
4. 佛缘　　　　　*043*
5. 求学　　　　　*048*
6. 师说　　　　　*062*
7. 为官　　　　　*069*
8. 亲情　　　　　*082*
9. 生计　　　　　*092*
10. 动物　　　　*097*
11. 性情　　　　*110*
12. 故交　　　　*139*
13. 衣食　　　　*163*
14. 居行　　　　*181*
15. 古物　　　　*196*
16. 书法　　　　*209*

17. 画事	*227*
18. 书事	*245*
19. 掌故	*276*
20. 世说	*285*
后　记	*311*

前　言

鲁迅的公子周海婴有一次到鲁迅博物馆办事，保安不认识他，问道："你找谁？"海婴生气地答道："我找谁？这是我的家。"

有一次，一个书商和我谈编书的选题事宜，我建议："现在鲁迅的书很畅销的，可以编一本适合青年阅读的插图本鲁迅选集。"书商问道："鲁迅是谁？他的书煽情不？"弄得我无语。

以上是我经历的两则真实的小故事，也是后来引起我写鲁迅故事的缘起。

老北京把会讲故事的人称为"故事篓子"。鲁迅就是一个很会讲故事的"故事篓子"。他几乎读过"十三经"，熟通"二十四史"，又广泛搜求野史杂说，写过前无古人的《中国小说史略》，对东西方的文学、史学、哲学、美术等都广为涉猎，因而成了"故事篓子"。其实，每个人的一生都是一个个故事的连缀，人生不能没有故事。没有故事的生活是乏味的生活，没有故事的艺术是苍白的艺术。故事能感染现实的人们，能让人记住爱、记住恨、记住过去、反思过去、汲取生活营养并启示未来。理想是从故事生发的。这本鲁迅故事不是传奇，故事是真实的，传奇则有虚构。

鲁迅离世八十二周年了。关于死后，鲁迅的本意是："赶快收敛，埋掉，拉倒。""不要做任何关于纪念的事情。"然而八十余年来，鲁迅成为一种中国文化的符号，忽而被摆上神坛，忽而被拉下神坛，但他始终搅动着中国文化各个领域的波澜。文学的、国学的、史学的、哲学的、美术的等领域都浮现着鲁迅思想的影子。以鲁迅骂人的或谩骂鲁迅的，将鲁迅选入课本的或踢出课本的，说他是什么家的或说他不是什么家的声音也始终不绝于耳。八十余年了，鲁迅就在那里，任由折腾，他的影像也留在几代人的心中，纪念鲁迅的活动仍在继续着。

近年来，鲁迅被边缘化的伪命题似乎很是流行，而这流言的滥觞却来自鲁迅研究界。然而，金子总是金子，不管怎样聒噪，鲁迅仍然是20世纪最具启迪意义的思想家、最具品格的文学家和最博学并包的学者。鲁迅的生前身后，对鲁迅及其作品的研究已经有一百多年，关于他的研究著作也浩如烟海，主要集中在鲁迅思想、小说、杂文、翻译等方面。随着"经典化"进程的开启，鲁迅作为中华民族的精神象征被学习、被研究，作为思想的利器被尊崇，而作为人之子的鲁迅，主张立人为本，崇尚自由与爱，他具有普通人一样的肉身。

在中国现代文学研究领域中，"鲁迅研究"是一门广为社会关注的显学。我在鲁迅博物馆工作了三十年，因工作关系与个人的喜好，三十年读鲁迅的原著基本没有中断过。研究鲁迅的书出得越来越多，读也读不过来，许多的研究论文根本读不进去，甚至也读不懂了。近年来又出现了所谓研究鲁迅的"学院派"，还有"草根派"，或许还会有"普世派"呢！鲁迅难道不是谁都可以研究的吗？真的是让人摸不着头脑。"学院派"是待在学院里的研究者吗？"草根派"是躲在书斋中的读书达人吗？不明白。关于时下论文中的"体系""结构""解构""架构""维度""层面""视野"等理论术语一定不是给大众看的，用白话文做文章似乎已经不时尚了。还有一些研究，诸如兄弟之情就扯上弗洛伊德，文学论争就是你死我活，这恐怕也是鲁迅厌恶的研究方式。个人看来，研究鲁迅左的或右的或过度的解读都不是正确的研究心态。所有的研究都不如读鲁迅的原著来得过瘾。所以不如少研究，多读书。读鲁迅，要读原著，原著，还是原著。

鲁迅身后的传记，算起来已出版五十多种，不同时期鲁迅传记的内容不尽相同，作者的视角、写作手法也不尽相同。这本书不是一本研究鲁迅的生平、思想及其著作的书，而是近三百个鲁迅的故事。其中有鲁迅讲述的故事，鲁迅同时代人回忆鲁迅的故事以及鲁迅身后的故事，还有作者的一些零星杂感。这些故事是鲁迅的三百个人生片段，将它们连缀起来也是一种故事文体的鲁迅传记。虽说是故事，但都不是虚构的故事，都是依据真实可靠的史料构成的真实故事，还原一个活生生的肉身之鲁迅的思想情感和生活状态，站在读者的角度把鲁迅讲述给读者。这近三百个故事并不能完全概括鲁迅一生的每一个细节，但故事的细节却会让读者更贴近鲁迅的人生。这故事是鲁迅的喜怒哀乐、爱恨情仇；是鲁迅的嬉笑怒骂、谈古论今；也是我的。

垂暮之年，完成了这本书的写作。我曾出版的三部拙著：《鲁迅美术年谱》有较强的资料性，也可以说是一本工具书；《鲁迅的书法艺术》有较多的专业学术性；《鲁迅与他的北京》资料性与文学性兼而有之。这本书因为是写给年轻人看的，在史料确凿的前提下注重文学性，希望读者从阅读鲁迅的故事走进鲁迅的世界。这对我尝试各种文体的写作也是一种挑战，更是对自我的挑战。乐此不疲！

鲁迅把中国的历史用两句话来概括：

想做奴隶而不得的时代；
暂时做稳了奴隶的时代。

并期望"第三样时代"的到来。这"第三样时代"是什么？鲁迅没有说,那应该是没有奴隶的和"人立而凡事举"的时代吧。鲁迅一生的故事表明,他一生其实都在为这样的时代努力着。

感谢方继孝先生为本书与三联书店牵缘,感谢三联书店的编辑及同人为本书的付梓所付出的艰辛。

萧振鸣于孤行斋
2018 年冬至

1. 故家

家世

  1881年9月25日，清光绪七年，辛巳年农历八月初三，鲁迅诞生在浙江绍兴府会稽县东昌坊口新台门周家。这是一个聚族而居的封建士大夫家庭。关于周家的原籍有多种说法，一说是湖南道州，为宋代作过《爱莲说》的理学家周敦颐的后代，一说是浙江诸暨，不一而足，按周作人的说法："喜欢往上爬的还可以硬说是周公之后。"而周家所修《越城周氏支谱》，有据可查的是周家一世祖周逸斋，在明正德年间带着两个儿子迁居绍兴城内竹园桥定居，到鲁迅已经是第十四世了。周逸斋其实也仅是一个失传了的名字而已，逸斋者言逸其名矣。明万历年间，鲁迅祖上的家产很是辉煌，有田数千亩，当铺十余所，是一个大家族。到鲁迅祖父周福清的时代，由于不事生计，卖田典屋，产业几乎就没有多少了。周福清（1838—1904），原名致福，字震生，又字介孚，号梅仙，1871年被钦点为翰林院庶吉士，1879年9月进北京到内阁当差候补。鲁迅出生时，他正在北京做京官。祖父这一支在绍兴老家的有曾祖母戴氏、继祖母蒋氏、父亲周凤仪、母亲鲁瑞，一家四代，有四五十亩水田，生活上也还算小康。

绍兴老宅

鲁迅家的房产,在清代乾隆十九年(1754)时,由周家七世祖周绍鹏在绍兴城内覆盆桥购得,覆盆桥的南面还有座仰盆桥。相传汉朝朱买臣家贫,靠砍柴为生,刻苦读书,他的妻子因为他贫穷而改嫁。后来朱买臣做了会稽太守,他的前妻来找他,朱买臣不予接纳,取了一盆水泼在马前,说:"覆水难道还能收回来吗?"前妻惭愧不已,投河而死。朱买臣前行不远,又后悔了,于是让人手持仰盆召唤前妻,表示可以接纳她,但人已死,来不及了。这就是绍兴城内覆盆桥与仰盆桥的传说。绍兴古称会稽,有山阴、会稽两县,民国时合并为绍兴县,现在成为绍兴市,覆盆桥街道也改成了鲁迅路。据《鲁迅家世》考证,周家最有钱时田产达到三千多亩。到鲁迅这一代却赶上祖父坐牢、家境败落,不过这也许是使周樟寿成为鲁迅的一个必然条件吧。

本名

鲁迅本名周樟寿。祖父周福清时在北京做官,得到家书报孙子出生,其时正好有张姓者来访,遂取乳名"阿张",学名定为"樟寿",字"豫山"。在绍兴话中"豫山"与"雨伞"发音相近,于是又由祖父改名"豫才"。1898年鲁迅到南京水师学堂读书,他的叔祖周椒生又将他的名字改成"周树人",取百年树人之意。1918年鲁迅在《新青年》上发表第一篇白话小说时第一次使用"鲁迅"的笔名。鲁迅有三个弟弟,按序为櫆寿、松寿、椿寿。按周氏家谱,他们属"寿"字辈。樟、櫆、松、椿是取四种树木的名字,代表着祖父对后辈成材的期望。鲁迅最小的弟弟椿寿在六岁时就夭折了，剩下三兄弟，后来都改了名，鲁迅改名周树人，櫆寿为周作人，松寿为周建人。从名字即可看出鲁迅出身书香门第。现行的中学语文教材上写"鲁迅，原名周树人"，是对鲁迅本名不太全面的介绍。

"射死八斤"

鲁迅从小爱看带画的书，如《花镜》《点石斋丛画》《诗画舫》等，他更是把《山海经》称为"最心爱的宝书"。他不但爱看，还喜欢画，从他后来在《朝花夕拾》中画的"活无常"就可以看出他有很好的白描画功。鲁迅小时候画过许多漫画放在小床的垫被下面。鲁迅七八岁那年，邻居沈家有个小男孩名叫八斤，年龄比鲁迅大三四岁，家境比较清苦，衣服常不整齐，夏天时常赤身露体，手里拿着一支自制的竹枪，跳进跳出地挥舞，嘴里还嚷着："戳伊杀，戳伊杀！"意思是杀了你。八斤倒不一定是直接威吓鲁迅，但这也是一种示威，鲁迅是决不能忍受的。鲁迅的家教是禁止和别人家的孩子打架的，于是他就用画画来抒发心中的反抗。有一天，他画的画被伯宜公发现了，翻开一看，好几张画中有一幅画着一个人躺倒在地上，胸口上插着一支箭，上面还有题字："射死八斤"，于是父亲把鲁迅叫去，笑嘻嘻地责问了一番。可见鲁迅从小性格中就带有倔强和反抗意识，对攻击他的人决不轻易饶恕。

万花筒

鲁迅爱花，从他的散文集题名《朝花夕拾》中就可以看出来。他小时候很喜欢玩"万花筒"，他在《我的种痘》一文中回忆："里面竟有许多五颜六色，希奇古怪的花朵，而这些花朵的模样，都是非常整齐巧妙，为实际的花朵丛中所看不见的。况且奇迹还没有完，如果看得厌了，只要将手一摇，那里面就又变了另外的花样，随摇随变，不会雷同，语所谓'层出不穷'者，大概就是'此之谓也'罢。"玩过之后，鲁迅感到很好奇，于是他找了个没人的地方把那万花筒拆开研究，明白了里面并没有花，而是三片小镜子与一些五色的通草丝制成的。直到过了五十岁生日，鲁迅还念念不忘，想找一个回来玩玩。爱花的人都有一颗童心，鲁迅也是。

目连戏

目连戏是绍兴地区的民间戏曲，鲁迅在回忆散文中对目连戏有过详细的描述。《社戏》《五猖会》等篇章中生动地描写了他观看目连戏时的快乐。《女吊》和《无常》是目连戏中最精彩的两出。鲁迅还收藏了目连戏的三种版本，曾经手绘了"活无常"。鲁迅在《无常》一文中称他为"勾摄生魂的使者的这无常先生"，"在许多人期待着恶人的没落的凝望中，他出来了，服饰比画上还简单，不拿铁索，也不带算盘，就是雪白的一条莽汉，粉面朱唇，眉黑如漆，蹙着，不知道是在笑还是在哭。但他一出台就须打一百零八个嚏，同时也放一百零八个屁，这才自述他的履历"。目连戏对鲁迅的思想、审美都产生了深远的影响。少年鲁迅经常看目连戏，还曾客串扮演过其中的鬼卒角色。有一次，他很早就来到戏台下，薄暮时分，十几匹马站在台下，一名演员扮演鬼王，还有十几名鬼卒需要普通孩子扮演。鲁迅情不自禁地跃上台去，有人在鲁迅脸上涂上几笔彩色，交付一柄钢叉，他便客串了一把。如今，目连戏在绍兴地区也很少演出了，成为濒临灭绝的剧种，这可是真正的非物质文化遗产啊！

"名医"

西医是清末进入中国的,以解剖学、生理学、病理学、细菌学、临床诊断学为主要特征。五四时期新旧思潮冲突激烈,中医也受到了巨大冲击,以至于1929年政府曾通过"废止中医案"。鲁迅留学日本时学习的也是西医,他基本上是不信中医的。鲁迅曾经讲述过一位绍兴名医的故事:"他出诊原来是一元四角,特拔十元,深夜加倍,出城又加倍。有一夜,一家城外人家的闺女生急病,来请他了,因为他其时已经阔得不耐烦,便非一百元不去。他们只得都依他。待去时,却只是草草地一看,说道'不要紧的',开一张方,拿了一百元就走。那病家似乎很有钱,第二天又来请了。他一到门,只见主人笑面承迎,道,'昨晚服了先生的药,好得多了,所以再请你来复诊一回。'仍旧引到房里,老妈子便将病人的手拉出帐外来。他一按,冷冰冰的,也没有脉,于是点点头道,'唔,这病我明白了。'从从容容走到桌前,取了药方纸,提笔写道:

'凭票付英洋壹百元正。'下面是署名,画押。

'先生,这病看来很不轻了,用药怕还得重一点罢。'主人在背后说。

'可以,'他说。于是另开了一张方:

'凭票付英洋贰百元正。'下面仍是署名,画押。

这样,主人就收了药方,很客气地送他出来了。"

这位"名医"的名字叫姚芝仙。

鲁迅的父亲最早的病象是狂吐血,据中医"医者意也"的学说,相传陈墨可以止血,于是家人就研了许多墨汁给他喝,那自然是不能治病的。姚芝仙给鲁迅的父亲看了整整两年的病也没有治好。他开的药方中有许多奇怪的"药引",比如:芦根、经霜三年的甘蔗,等等。治不好病,他就推荐了另一位叫何廉臣的"名医"。何廉臣使用的药引又有不同,有"蟋蟀一对",旁边注着小字:"要原配,即本在一窠中者。"还有"平地木十株"。光找这药引,鲁迅就费了很大的工夫。还有一种叫"败鼓皮丸",是用打破的旧鼓皮做的,鲁迅的父亲当时全身水肿,又名鼓胀,用那药的道理就是打破的鼓皮自然可以克服鼓胀。吃了一百多天的"败鼓皮丸",鲁迅的父亲终于未能康复,却在"名医"手下去世了。这件事对鲁迅刺激很大,从此他就再不相信中医了,因为他确实经历过中医给他心灵带来的伤害。

2. 私塾

家塾

　　鲁迅出生在书香门第，他在到三味书屋读书之前，教鲁迅读书的塾师有三位。1887年，鲁迅七岁，父亲周伯宜把他送进远房祖周玉田门下读书，这是鲁迅的第一个塾师。鲁迅说他长得胖胖的，人很和蔼，是个寂寞者，但他很爱和孩子们往来，称鲁迅和小朋友们为"小友"。他有很多书，鲁迅最爱读的是那本《花镜》。他的知识很渊博，喜欢作诗词，有很多著作，但都没有保存下来。他著有一本《鉴湖竹枝词》，共收词一百首，鲁迅就把他的手稿借来抄录了一部，现存绍兴鲁迅纪念馆，卷末写有"侄孙樟寿谨录"。鲁迅离开周玉田后，又随他的哥哥周花塍读了三个月书。那时的教学，对课是个基本功，老师常出一些课题让学生对。周花塍曾给鲁迅出过一个课题为"汤婆子"，鲁迅敏捷地答"竹夫人"。鲁迅的第三个塾师是远房的叔祖周子京。他住宅的两扇门是蓝色的，所以称为"蓝门"。蓝门朝西的窗外种着一株橘子树，鲁迅的书桌就面对橘子树放在窗下，鲁迅把这读书的地方称作"橘子屋"。周子京的学识较浅薄，教鲁迅时经常闹笑话。有一次，他把荔枝的"荔"写成了草头下面三个刀字，看看不像，又写成木旁三个力字。又一次，他给鲁迅出了一个课题"父攘羊"（即父偷羊），大约鲁迅对得不合适，他就自己对了一个"叔偷桃"（应为"朔偷桃"，传说东方朔曾三次偷西王母种的仙桃），平仄已经不合适，何况他又把"朔"读成了"叔"。还有一次，他教鲁迅读《孟子》中引用的《诗·大雅·公刘》中的诗句："乃裹糇粮，于橐于囊。"把"裹"念成"咕"，"糇"念成"猴"，并解释："公刘非常穷困，他连猢狲袋里的粮食也'咕'的一下挤了出来，装到自己的囊囊里了。"鲁迅把这些都告诉了父亲，周伯宜哭笑不得，感到周子京实在会误人子弟，就再也不让鲁迅到蓝门读书了。尽管如此，鲁迅还是打下了很好的读书基础。鲁迅十一岁时，开始到三味书屋读书。

严父

鲁迅的父亲周凤仪，字伯宜，生于清咸丰十年（1860），考上会稽县秀才，周福清对儿子周伯宜的科举前途曾抱有很大希望，后来却屡次乡试不中。又因周福清案家境败落，因此其性格变得喜怒无常、酗酒、吸鸦片，三十五岁便因病身亡。周伯宜教子也是很严的，鲁迅在回忆散文《五猖会》中讲述了童年时背书的故事：

"因为东关离城远，大清早大家就起来。昨夜预定好的三道明瓦窗的大船，已经泊在河埠头，船椅，饭菜，茶炊，点心盒子，都在陆续搬下去了。我笑着跳着，催他们要搬得快。忽然，工人的脸色很谨肃了，我知道有些蹊跷，四面一看，父亲就站在我背后。

'去拿你的书来。'他慢慢地说。

这所谓'书'，是指我开蒙时候所读的《鉴略》，因为我再没有第二本了。我们那里上学的岁数是多拣单数的，所以这使我记住我其时是七岁。

我忐忑着，拿了书来了。他使我同坐在堂中央的桌子前，教我一句一句地读下去。我担着心，一句一句地读下去。

两句一行,大约读了二三十行罢,他说:

'给我读熟。背不出,就不准去看会。'

他说完,便站起来,走进房里去了。

我似乎从头上浇了一盆冷水。但是,有什么法子呢?自然是读着,读着,强记着,——而且要背出来。

粤有盘古,生于太荒,

首出御世,肇开混茫。

就是这样的书,我现在只记得前四句,别的都忘却了;那时所强记的二三十行,自然也一齐忘却在里面了。记得那时听人说,读《鉴略》比读《千字文》,《百家姓》有用得多,因为可以知道从古到今的大概。知道从古到今的大概,那当然是很好的,然而我一字也不懂。'粤自盘古'就是'粤自盘古',读下去,记住它,'粤自盘古'呵!'生于太荒'呵!……

应用的物件已经搬完,家中由忙乱转成静肃了。朝阳照着西墙,天气很清朗。母亲,工人,长妈妈即阿长,都无法营救,只默默地静候着我读熟,而且背出来。在百静中,我似乎头里要伸出许多铁钳,将什么'生于太荒'之流夹住;也听到自己急急诵读的声音发着抖,仿佛深秋的蟋蟀,在夜中鸣叫似的。

他们都等候着;太阳也升得更高了。

我忽然似乎已经很有把握,便即站了起来,拿书走进父亲的书房,一气背将下去,梦似的就背完了。

'不错。去罢。'父亲点着头,说。"

背书

在三味书屋,鲁迅先后读完了"四书""五经",后又读了《尔雅》《周礼》《仪礼》等。鲁迅曾说："我几乎读过十三经。"虽是私塾，但却能打下坚实的旧学功底。鲁迅虽然在文章中劝导青年少读中国书，多读外国书，然而他自己的旧学功力非常深厚。在他的杂文中，常常引用诸子百家的经典，但他并不是读死书，而是汲取古书精华，弃其糟粕。在私塾读书时，老师教书的主要方法是让学生背书。先生给鲁迅限定功课，并且要求严格，让他一天背四行书，鲁迅很快背完了就去玩。先生一看不对，就再给他加四行、十六行、三十二行，直到半本书、一本书，鲁迅还是很快背完了就去玩。据鲁迅自己说，他看书一两遍后就能背得一字不差，从未挨过板子，弄得老师没办法。可见鲁迅从小就天资过人。背书，应该是一种绝好的学习方法，尤其是青少年时期，背过的东西往往不忘，还可以训练记忆能力。

三味书屋

鲁迅十一岁时（1892）到绍兴城里著名的私塾三味书屋读书，塾师是寿镜吾，鲁迅称他为绍兴城内"极方正，质朴，博学的人"。三味书屋与鲁迅住的地方不远，当时是一河之隔。三味书屋牌匾上的四个字，为清代杭州书法家梁同书书写，原为"三余书屋"，取《三国志》裴松之注，引董遇言："为学当以之余，冬者岁之余，夜者日之余，阴雨者晴之余。"意即让人充分利用时间学习。后来寿镜吾的祖父改"三余"为"三味"，通常的解释为"读经味如稻粱，读史味如肴馔，读诸子百家味如醯醢"。即把读经、读史、读诸子百家的书籍比作人所必需的粮食和美味佳肴。鲁迅从十一岁到十七岁在三味书屋读书，受到了很好的幼学启蒙。关于三味书屋与寿镜吾，鲁迅在回忆散文《从百草园到三味书屋》中有生动详细的描述。这篇文章幸好还在中学一年级的课本中未被删除,接受过中学教育的人们都是读过的吧。

打抱不平

三味书屋对学生的学习要求很严格,也有体罚的规则,备有打手板用的戒尺,但只限于警示,并不打痛。而别的私塾打手板时要把手背顶在桌角痛打;还有的用竹枝打脊背的,然后还要撒上盐;甚至还有的把学生的耳朵放在门缝里像轧核桃一样地夹。百草园往东有个名叫广思堂的私塾,规矩很多。先生姓王,绰号叫"矮癞胡",学生上厕所也要领"撒尿签",否则便有处罚。三味书屋的学生们听说后很愤慨,因为在三味书屋要想大小便完全可以自由出入。有一天中午放学后,鲁迅和章翔耀等几个同学约好,到广思堂去打抱不平,冲进"矮癞胡"的书房,折断笔筒中的"撒尿签",并把笔墨等洒了一地,大闹了一番。还有一次,有个三味书屋的学生走过贺家门口,被贺家的武秀才侮辱谩骂。鲁迅和他的同学对这武秀才都很讨厌,听到这消息后很气愤,决定痛打他一顿。于是几个同学分几批在武秀才住的绸缎弄集合,鲁迅还特地从家中把祖父做知县时用过的腰刀取了出来,藏在大褂里面,来到贺家门口。这腰刀本来是没有开过刃的,如果打起架来砍在头上也会凿出个窟窿。几个人像梁山好汉似的在武秀才门前等了多时,也不见他出来,可能是武秀才听到消息躲了起来。学生们认为他一定是屈服了,于是解散回家。这一架没打成,若是打起来,肯定会使寿镜吾老先生教书的声誉大受损害。鲁迅年轻时真是有些路见不平拔刀相助的豪侠之气。

"早"

　　鲁迅那时的学制与今天不同。现在是六岁上小学，十八岁高中就毕业了。鲁迅到三味书屋去读书是在1893年，这时鲁迅已经快十二岁了。1898年鲁迅离家去南京读书时已经十八岁了，相当于现在开始读大学的年龄。十二岁的鲁迅已经很懂事了，在三味书屋读书也非常用功。有一天他上课迟到了，他就在课桌上用小刀刻下了一个"早"字，提醒自己以后要早上学，不能迟到。这个故事许多中学老师都给学生们讲，但并不知道故事的来源。实际上，这故事是鲁迅讲给许广平的。大约是1956年，许广平带着儿子海婴与鲁迅的学生许钦文到绍兴去探访鲁迅读书的地方。鲁迅读过书的桌子，在三味书屋东南面的角落里，由于光线很暗，许广平带海婴用手电筒照着找了过去，终于发现那课桌上方方正正刻着的"早"字。许广平讲道，鲁迅曾对她讲过，他有一天迟到了，决意以后要早上学，就在桌子上刻了个"早"字。找到这个字，也证实了鲁迅曾经说过的故事。

　　这张课桌现在还陈列在三味书屋内，那"早"字用的是小篆体，也说明鲁迅幼学时就已对古文字感兴趣。抄书，亦是私塾中的基本训练之一。他的业师寿镜吾先生就常常手抄汉魏六朝古文，鲁迅在这期间曾抄写过《康熙字典》中的古文奇字。他一生勤奋，现存的鲁迅抄写的古籍、石刻文字手稿还有数百万字。"早"字的故事，一直是很励志的，鲁迅一生的成就，应该都与这个"早"字有关。

"怪哉"

鲁迅自幼好读书,还经常向寿镜吾先生请教一些课外的问题。有一次他听到一个东方朔的故事,说东方朔认识一种虫,名字叫"怪哉",是忧愁的化身,用酒一浇就融化了。鲁迅想详细地了解这个故事,曾问过他的保姆阿长,当然,阿长毕竟知识不渊博,于是他就请教寿老先生,但得到的回答是"不知道",而且脸上还有了怒色。因为老师认为,学生只要读书,别的事情是不应该问的。

"怪哉"是中国古代神话传说中一种昆虫的名字,故事出自《殷芸小说》卷二。原文是这样的:"汉武帝幸甘泉宫,驰道中有虫,赤色,头目牙齿耳鼻尽具,观者莫识。帝乃使东方朔视之。还对曰:'此虫名怪哉。昔时拘系无辜,众庶愁怨,咸仰首叹曰:'怪哉!怪哉!'盖感动上天,愤所生也,故名怪哉。此地必秦之狱处。'即按地图,信如其言。上又曰:'何以去虫?'朔曰:'凡忧者,得酒而解,以酒灌之当消。'于是使人取虫置酒下,须臾糜散。"

鲁迅于是就只读书,正午习字,晚上对课。这事情之后,寿老师就对开始鲁迅严厉起来,但后来看到鲁迅的爱读书,对他又好起来,给他读的书逐渐增加,对课也从三言五言增加到七言。所以鲁迅的旧诗是有坚实的功底的。

"对课"

旧时私塾中"对课"是一种学习的基本训练,也就是对对子。一般由易到难,由塾师出题,出对一字、二字至五字、七字不等。三味书屋就有这样的塾规,每天晚上"对课"完毕后才能放学。鲁迅因为好读书，对这种训练得心应手。鲁迅有一个姓高的同学，又笨又懒，还经常偷看寿先生的课题，告诉鲁迅要为他代笔。有一次，他偷看的课题是"独角兽"，鲁迅告诉他要对"四眼狗"。对课时，寿先生果然出了这个题，同学们有的对"两头蛇"，有的对"九头鸟"，鲁迅对的是"比目鱼"。寿先生说："'独'不是数字，且有'单'的意思，'比'也不是数字，且有'双'的意思，可见用心之苦。"对鲁迅大加赞赏。那姓高的同学果然回答"四眼狗"，寿先生很生气，因为他正戴着一副老花眼镜，便怒冲冲地责问道："'独角兽'是麒麟，'比目鱼'是箬鲽，都是实在的物体，'四眼狗'是什么东西？这是刻薄地骂戴眼镜的人，真是不长进！"同学们都哈哈大笑起来。

还有一次对课，先生出题"陷兽入井中"，鲁迅对"放牛归林下"，此语出自《尚书》："归马于华山之阳，放牛于桃林之野"，对仗工整，还有典故可据，可见少年鲁迅读书广泛，学识渊博。

3. 本色

"鲁迅"的含义

鲁迅最早使用的笔名取自 1898 年所作的《戛剑生杂记》,"戛剑生"即击剑之人,体现了少年鲁迅的壮志情怀。1903 年鲁迅在日本发表译文时使用过"庚辰""自树""索子""索士"等笔名。1907 年最初发表论文《人之历史》等篇章时使用过"令飞"的笔名。鲁迅长孙的名字正是得之这个笔名。1908 年,在发表《文化偏至论》时使用了"迅行"的笔名,"鲁迅"的名字延续了这一笔名,"迅"即快速行动之意,鲁迅以此自勉。

1918 年 4 月 2 日,鲁迅写下了中国现代文学史上第一篇白话小说《狂人日记》,第一次使用"鲁迅"这一笔名。《狂人日记》是鲁迅的代表作,鲁迅的小说创作从此也一发而不可收。鲁迅在《〈阿 Q 正传〉的成因》中曾说:"鲁迅就是承迅行而来的,因为那时的《新青年》编辑者不愿意有别号一般的署名。"鲁迅的好友许寿裳曾向鲁迅问过这一笔名的含义,鲁迅说:"我从前用过迅行的别号是你所知道的,所以临时命名如此。理由是:(一)母亲姓鲁,(二)周鲁是同姓之国,(三)取愚鲁而迅行之意。"后来鲁迅用"鲁迅"这一笔名发表的小说、散文、杂文共五百多篇,成为使用最多也是影响最大的笔名。民国时期,言论无自由,为避文祸,许多作家采用了这种笔名艺术。鲁迅是新文化战线上的一员猛士,当然他采用的战术更是多种多样，因而使用的笔名也最多。

笔名作家

鲁迅本名周樟寿，这是家谱上的名字。自到南京读书时，他的本家叔祖认为水师学堂是军校，进这个学堂相当于当兵，不宜用家谱上的本名，因此为他取名周树人，以后鲁迅到日本留学，到杭州、绍兴、北京、厦门、广州等地工作或领工资都以这个名字行事，就像现在的户籍或身份证上的名字。他的《拟播布美术意见书》《新出土吕超墓志铭考证》等几篇文章，也使用过这个名字。鲁迅笔名多达一百四十多个，大概是古今作家中笔名最多的一位。自从他1918年发表《狂人日记》时第一次使用"鲁迅"的笔名后，就较多使用"鲁迅"的笔名，甚至在写信中或生活中也常用"鲁迅"。鲁迅以"鲁迅"名世。爱用笔名可以说是鲁迅的一个习惯，他说过："一个作者自取的笔名，自然可以窥见他的思想。"另外的原因，是为了冲破文化围剿，能更多地发表战斗文章，是一种"韧"的战斗方式。他的文章常常被检查官删除，鲁迅把用笔名发表文章称为"带着锁链在跳舞"。鲁迅的笔名常常有很多含义，表达出很多爱恨情仇，包含着许多故事。举几个例子：

戛剑生——首见于1898年《戛剑生杂记》。戛：击也，意即击剑之人，表达了鲁迅的少年壮志和性格。

唐俟——1918年5月在《新青年》上发表新诗《梦》时首次使用。"俟"有等待之意，这一笔名充满着对中国前途的期待。

神飞——首见于1919年8月《国民公报》新文艺专栏上发表的散文诗《自言自语》。"神飞"也有快速行动之意。

庚言——首见于1918年12月《每周评论》第二号发表的《〈美

术杂志〉第一期》。鲁迅幼年时曾有法名"长庚","庚言"即长庚之言的意思。

风声——1921年5月6日在《晨报副刊》上发表杂文《"生降死不降"》时首次使用。"风声"寓意迅捷且扫荡一切。

尊古——仅在1921年11月3日于《晨报副刊》上发表杂文《"则皆然"》时使用过。唐弢先生曾解释过这个笔名的含义:"'尊古'这一笔名……一则与本文内容有关,二则可以解释为针对钱玄同的'疑古'而发,颇像一时兴会所至时起用的笔名。"

巴人——仅用于小说《阿Q正传》。鲁迅自己说"署名是'巴人'取'下里巴人',并不高雅的意思。"

小孩子——仅用于杂文《儿歌的"反动"》,1922年10月9日发表在《晨报副刊》。鲁迅以"小孩子"作笔名是讽刺胡怀琛的一首既无聊又无趣的儿歌。

雪之——仅用于杂文《"两个桃子杀了三个读书人"》,1923年9月14日发表在《晨报副刊》。"雪之"即洗清之意,此文是讽刺章士钊曲解了"二桃杀三士"这个典故,而加以洗清还之以本来意义。

宴之敖者——1924年9月首次用于《〈俟堂专文杂集〉题记》。"宴之敖者"鲁迅曾解释:"宴从宀(家),从日,从女;敖从出,从放;我是被家里的日本女人逐出的。"这个笔名记述了兄弟失和的事件。

俟堂——见于鲁迅手辑的《六朝造象目录》稿本及《俟堂专文杂集》的书名,鲁迅生前未出版。"俟堂"之名的由来是因当时陈师曾送鲁迅一方石章料,并问刻何字,鲁迅说,你叫槐堂,我就叫俟堂吧。"俟"有等待之意,当时教育部内有长官想挤掉鲁迅,"俟堂"这笔名的意思是说,我就等在这办公的大堂上,颇有轻蔑之意。

"……即鲁迅"——1924年11月26日鲁迅致钱玄同信的署名。

五四运动后鲁迅与钱玄同关系日渐疏远，钱曾主张废掉姓氏，于是鲁迅以"……"表示废掉姓氏，又以"即鲁迅"来注明，幽默地表达了鲁迅反对他废掉姓氏的主张。

L·S——1925年1月12日在《语丝》周刊第九期发表的鲁迅翻译文《Petofi Sandor 的诗》时使用。此后又在一篇译文和两篇杂文中用过这个笔名。"L·S"即"鲁迅"二字英文的首字母。

冥昭——仅用于杂文《春末闲谈》，1925年4月24日发表在《莽原》周刊第一期。屈原《天问》中有"冥昭瞢暗，谁能极之？"句，"冥昭"可引申为黑夜与白天之意，鲁迅在文中讽刺统治者"日施手段，夜费心机"。

卂——1925年7月12日鲁迅致钱玄同信的署名。"卂"是一个生僻字，即疾飞。钱玄同是文字学家，鲁迅使用这个字作签名其中一个原因是钱玄同能懂这个字义。鲁迅在《致章廷谦》信中曾解释过，"迅即卂，卂实即隼之简笔"。

杜斐——1925年12月在《国民新报副刊》连载的鲁迅译文《从浅草来》时使用这一笔名。当时现代评论派陈西滢骂鲁迅是"土匪""学匪""学棍"，鲁迅的笔名是在"土"字旁边加一"木"，即"杜"；在"非"字下加一"文"，即"斐"。这一笔名可以显见鲁迅在反击现代评论派时仍是一种悠然自得的姿态。

封余——首见于通信《关于粗人》，发表于1928年11月15日《大江月刊》。创造社、太阳社等对鲁迅进行文化围剿，说鲁迅是"封建余孽"，鲁迅便有针对性地将这词变化一下用于反击。

许霞——仅见于译文《访革命后的托尔斯泰故乡记》，1928年12月30日发表于《奔流》。"许霞"是许广平的小名，鲁迅借来一用。

它音——仅用于杂文《沉滓的泛起》，发表于1931年《十字街头》第一期。许广平曾说："它，《玉篇》，古文佗字。佗，蛇也。先生肖蛇，故名。"

绰号

  绰号又称为诨名。鲁迅从小好给人起绰号，小时候有一次兄弟三人合出一百五十文，背着父亲买了一本日本人画的图画书《海仙画谱》，三弟周建人却把背着家长买书的事告诉了父亲，父亲就叫把书拿来看，鲁迅很害怕挨批，但父亲看后也没说什么，把书还给了他们。事后鲁迅觉得三弟是在"进谗言"，就给三弟起了个"谗人"的绰号，又因为周建人眼睛下面生有一颗黑痣，就给他起了个"眼下痣"的绰号。因是兄弟，这绰号里有亲切的含义。鲁迅小时候因冬天吃冰，房客沈四太太告诫吃冰会肚子疼，结果鲁迅挨了母亲的骂，于是就给沈四太太起了"肚子疼"的绰号。在日本读书时，钱玄同总爱在榻榻米上爬来爬去，因而鲁迅给他取了个绰号叫"爬翁"。同学邵明之脸很大而且胡须很多，他的绰号便是"熊"，并且当面称他为熊兄。同学顾琅在学堂时名叫芮体乾，鲁迅和他关系不是很好，送他绰号"芮体干"。鲁迅和朋友们爱吃火腿，在日本留学时常吃不到，有一次一个朋友吴一斋从南京带来一块火腿，叫公寓的下女替他蒸一下，可没想到她们把火腿切块煮了一锅汤，给他气得够呛，逢人便说这火腿的事，鲁迅于是送他一个绰号就叫"火腿"。在北京大学教书时，好朋友章廷谦留着一个学生头，鲁迅便送他一个绰号"一撮毛"，鲁迅的《中国小说史略》出版时，鲁迅赠给刚刚结婚的章廷谦，并在扉页上写道："请你从'情人的拥抱里'暂时汇出一只手来接收这干燥无味的中国小说史略我所敬爱的一撮毛哥哥呀！"其中的"中国小说史略"几个字是借用书的题名嵌在句中，非常巧妙。鲁迅还给蒋抑卮起过绰号叫"拨伊铜钿"（给他钱），给顾颉刚起过"鼻公",给刘承干起过"傻公子",等等。可见鲁迅起绰号真是一种癖好,但大都是善意的,有着恰如其分的形象感和幽默感。

匕首

鲁迅房里有两把匕首,一把放在书架上,一把放在床褥下,有一天被许广平搜出,认为鲁迅有自杀的倾向,鲁迅对她说:"刀是防外来不测的,哪里是要自杀。你真是个傻孩子。"鲁迅的学生孙伏园回忆,鲁迅的书架上的确常放着一把匕首,主要作裁纸刀用,刀壳是褐色木质的,壳外横封两道白色皮纸,像指环一般。鲁迅曾向他的学生们解说,刀壳原为两片木头,只靠这两道皮纸的力量,才封成整个的刀壳,因为希望它不坚固,所以只封两道皮纸,仇人相见时,不及拔刀,只要带着刀壳刺过去,刀壳自然分为两半飞开,任务就达成了。这刀是鲁迅住在日本东京"佐藤屋"时的主人佐藤喜东治赠给鲁迅的,他曾是日本的一位老武士。鲁迅回绍兴时把刀送给了三弟周建人,鲁迅到北京时,周建人又把刀还给了鲁迅,鲁迅就把它放在身边当裁纸刀用。

种花

鲁迅不但爱花,还喜欢采集植物标本,住砖塔胡同时桌上有个大笔筒,里面插着两根大雀,据说是从国外带来的,笔筒里还插有一枝罂粟花的标本。搬到西三条21号院时院子宽了许多,开始大种花木。鲁迅的母亲也喜欢花木,院子的泥地上种满了太阳花,开花的时候五颜六色,十分好看。这是一种南方的花,比较娇贵,秋风一起就枯萎了。于是鲁迅向云松阁订购了紫、白丁香各两株，碧桃一株、榆叶梅两株。后院的花园更宽敞，但土质不如前面，都是用煤渣垫起来的，所以种下了两株花椒、两株刺梅，还有三株白杨。鲁迅很喜欢白杨树，在后院的西墙种了三株，说白杨生长力强，风吹树叶沙沙响，别有风味。后院东南角，即"老虎尾巴"东侧，还有一棵杏树，当时果实累累。俞家姐妹曾到鲁迅家去玩，鲁迅说："等杏熟了，请你们来吃。"俞家姐妹开玩笑说："吃不完我们用袋子带回去。"鲁迅说："记得绍兴出杨梅、出瓜的地方，都只管吃饱，不许带走，我们这杏树也按这规定办。"今天的西三条鲁迅旧居已辟为开放参观的场所，花木还有些原来的样子，比如紫丁香、黄刺梅等还保留着，但白杨树已被伐掉了。院落整洁干净，春天花开的时候仍然是繁荣茂盛的景象，但却缺少了生活气息。

西三条的花木

北京西三条鲁迅故居内，一进门就能看见两株巨大的白丁香，春天时满院飘香。树上的说明牌写道："鲁迅手植白丁香"。其实这说明牌有点问题。鲁迅日记中常见一个名字：李庆裕，又记作李竹齐、李竹泉。他是北京琉璃厂云松阁店主之子。云松阁是一家古玩店，鲁迅常去云松阁购买古钱。门口横匾上写着李竹庵之名，当时的店主是李竹庵的儿子李尧臣，李庆裕在店中协助做生意。李庆裕懂得种树，1925年4月3日鲁迅日记记载："云松阁李庆裕来，议种花树。"4月5日又记载："云松阁来种树，计：紫白丁香各二，碧桃一，花椒、刺梅、榆梅各二，青杨三。"由此可见，这树苗是鲁迅亲订，应为李庆裕所种，鲁迅是否动手帮忙，在史料上并无记载。

吸鸦片

1924年7月,鲁迅应邀到西安讲学。那时北京到西安要走上七天,先坐火车到河南陕州,然后乘船逆流而上到潼关,再换汽车到临潼。讲学之余,鲁迅考察了西安的名胜,想为他计划写的剧本《杨贵妃》找到实地的线索,然而西安的残破、人事的颓唐把他原本的想象破坏了。西安之行似乎很平淡。那时西安的鸦片不但没禁,还相当流行。鲁迅忽然想尝尝鸦片的味道,有许多诗人如波德莱尔曾用麻醉剂来获得灵感,鲁迅幼时曾见过尊长的烟具,但从未尝试过烟味。他对医药本是有研究的,常说鸦片原是有价值的药品,不济的人却拿来当饭吃,自有死路一条。这次他要亲自尝试一下了。于是在孙伏园和张辛南的安排下进行了一次前所未有的尝试。鲁迅吸的时候还算顺利,吸完后就静静地等候灵感的来临,但那天灵感却没有降临。事后孙伏园问鲁迅吸鸦片的感觉怎么样,鲁迅失望地说:"有些苦味!"如果那天的鸦片能给鲁迅带来灵感,也许《杨贵妃》就写成了。

"周鲁迅"

鲁迅去西安时,接待鲁迅的张辛南与他商议为西安的下级军官士兵演讲时讲个有趣的题目,鲁迅的回答是:"我向士兵讲说是可以的,但我要讲的题目仍然是小说史,因为我只会讲小说史。"张辛南描述那时的鲁迅牙齿是深黄色,牙根是深黑色,其黑如漆,身穿黑布裤,白小褂,上街时再穿一件白小纺大褂,头发不剪,面色黑黄。讲演几次后,许多人认为鲁迅吸鸦片。有人悄悄地问:"周先生恐怕有几口瘾吧？"他说："周先生吃香烟。"还有一个军人问："学者也吸鸦片么？"张辛南问："哪个学者？"军人说："周鲁迅满带烟容，牙齿都是黑的，还能说不吃烟吗？"那军人只知鲁迅姓周，并认为鲁迅是他的名字，所以称他"周鲁迅"。

老板

鲁迅曾经做过书店的老板。1927年春，鲁迅在广州中山大学任文学系主任兼教务主任。他看到广州进步青年都渴求知识，但广州的进步书籍又非常少，于是教学之余，在旧番禺学宫的芳草街创办了一家小书店。鲁迅与上海北新书局的李小峰取得业务联系，组织图书运到广州，租用芳草街的一个小楼，开办了名为"北新书屋"的书店。3月25日，书店开张。书店由许广平的妹妹许月平进行日常经营，鲁迅也经常到书屋与青年聊天，谈文学。很多青年除了买书外，等在这里与鲁迅交谈，请教问题。由于鲁迅的热情投入，小书屋办得有声有色，成为广州文化沙漠中一块小小的绿洲。"四·一五"反革命政变后，爱国青年遭到拘捕，鲁迅愤然辞去了中山大学的职务，北新书屋随之停业，剩下的存书，鲁迅廉价卖给了永汉路的共和书局。9月底，鲁迅离开广州到上海。以后鲁迅再也没开书店，而"老板"的称呼，送给了在上海开书店的日本人内山完造。文人与书店，有着密不可分的联系，大作家更是如此。

假鲁迅

1928年初，杭州的青年们盛传鲁迅先生到了杭州，而且有人亲眼看见他在孤山脚下的苏曼殊坟前题了诗。在上海的叶圣陶也对鲁迅提起这件事，开明书店也给鲁迅转来一位马湘影女士的信函，信中说："自一月十日在杭州孤山别后，多久没有见面了。前蒙允时常通讯及指导……"鲁迅赶紧回信说明：我已十年没去过杭州，你见的鲁迅是另外一个人。鲁迅又写信给在杭州的许钦文和章川岛，让他们调查一下。二人来到孤山脚下苏曼殊墓前，没有发现题诗，据传闻说，这里确实曾题过四句诗："我来君寂居，唤醒谁氏魂？飘萍山林迹，待到他年随公去。"二人后来在青年中打听出，题诗的人是西湖附近的一名小学教师。他们二人便去拜访了他。此人确姓周，名鼎（或是鼎夏），脸瘦长，上唇留短须，三十多岁，长得一点不像鲁迅，一身白裤褂，脚上一双草鞋，其时正在执教鞭上课。他自称"鲁迅"，说因对世风不满，又怀才不遇，隐姓埋名到乡下教书，曾写过一本《彷徨》的小说，虽畅销八万多册，但并不满意，还要另写一本。鲁迅得知此事经过后，遂在刊物上写了一篇《在上海的鲁迅启事》，文中说："我之外，今年至少另外还有一个叫'鲁迅'的在，但那些个'鲁迅'的言动，和我也曾印过一本《彷徨》而没有销到八万本的鲁迅无干。"

胡须

鲁迅挺爱照相，从存世的一百多张照片看，最初一张留胡子的照片摄于 1909 年的日本东京，那时他二十八岁。大约从这时起，鲁迅的胡子越来越浓密了，直到逝世的那一天，仍然留下一张有浓密胡子的遗像，以至于鲁迅遗容的面膜上还粘上了几根鲁迅的胡须，又黑又粗的。

"身体发肤，受之父母"，父母所赐的东西不能丢，这是孝顺的表现，这种习俗从西周就有了。古人的留胡须，大约与留辫子有相似的意义。但胡子要修整，否则吃饭、说话都不便。男人留胡须，也是一种成熟的标志，民国文化人士中留胡须的真是不少，蔡元培、李大钊、周作人等的标准像中胡须都是各有特色的。文章中形容一个人，常常要形容一下他的胡须。周作人说章太炎"夏天盘膝坐在席上，光着膀子，只穿一件背心，留着一点泥鳅胡须，笑嘻嘻地讲书，庄谐杂出，看去好像一尊庙里哈喇菩萨"，鲁迅说李大钊"椭圆的脸，细细的眼睛和胡子，蓝布袍，黑马褂，就时时出现在我的眼前，其间还隐约看见绞首台"。对胡须最有研究的当属鲁迅。鲁迅有篇杂文《说胡须》，讲述了他自己的胡须的故事：

鲁迅从日本回家乡，在船上与船夫聊天。那时他的胡子两端是向上翘起的样式，那船夫以为他是外国人，夸他中国话讲得好。鲁迅解释说："我是中国人，而且和你是同乡，怎么会……"船夫却哈哈大笑，说鲁迅真会讲笑话，搞得鲁迅挺无奈。后来又有一位"国粹家兼爱国者"骂他："你怎么学日本人的样子，身体既矮小，胡子又这样，……"鲁迅说："可惜我那时还是一个不识世故的少年，所以就愤愤地争辩。第一，我的身体是本来只有这样高，并非故意设法用什么洋鬼子的机器压缩，使他变成矮小，希图冒充。第二，我的胡子，诚然和许多日本人的相同，然而我虽然没有研究过他们的胡须样式变迁史，但曾经见过几幅古人的画像，都不向上，只是向外，向下，和我们的国粹差不多。维新以后，可是翘起来了，那大约是学了德国式。你看威廉皇帝的胡须，不是上指眼梢，和鼻梁正作平行么？"总有人指责，于是总要辩解，鲁迅索性就听其自然生长了，"听其自然之后，胡子的两端就显出毗心现象来，于是也就和地面成为九十度的直角。国粹家果然也不再说话，或者中国已经得救了罢"。胡子向下该没问题了吧，可是改革家们又出来指责了。有一天，鲁迅终于研究出胡须备受指责的原因，"知道那祸根全在两边的尖端上。于是取出镜子,剪刀,即刻剪成一平,使他既不上翘,也难拖下,如一个隶书的一字"。

颜值

民国以来,跨时最长、流传最广泛的肉身的影像恐怕就是鲁迅了。鲁迅研究的著作可以说浩如烟海,鲁迅之后的美术家,特别是版画家、油画家、雕塑家,几乎都创作过鲁迅的形象。但不同时期的鲁迅形象又各有不同,染着时代的痕迹。艺术创作要体现艺术家眼中的形象,不同人笔下的鲁迅形象也就大有不同。比如雕塑,鲁迅最早的雕塑应该是鲁迅去世时日本雕塑家奥田杏花从鲁迅遗容上直接翻制的。面膜上的鲁迅遗容,瘦削,苍老,然而虽然是躺着,仍是一副高昂着的模样,似乎在说:"让他们怨恨去,我一个都不宽恕。"中国许多著名的雕塑家刘开渠、张松鹤等,乃至现在的雕塑家吴为山都雕塑过各种形态的鲁迅像。版画中的鲁迅形象就更多了,因为鲁迅是中国现代版画的倡导者、先驱者。横眉的,立目的,拿笔的,拿枪的,微笑的,思考的,千姿百态。一万个人心中就会有一万种鲁迅的形象,这都源于鲁迅一生留下的写真照片,美术家们塑造的美术形象以及人们阅读鲁迅时产生的审美反应,这就是鲁迅颜值的魅力所在。影视、网络的发达,引发着"粉丝"们对明星偶像颜值的关注,美的,丑的,都可以是人们茶余饭后的谈资。鲁迅时代没有电视、互联网,鲁迅的照片很多,这些照片记录了鲁迅真实的面容。鲁迅的面容,真的长得很特别,用现在的话来说,的确是可以靠脸吃饭的那一种,是集美貌与才华于一身的中华帅老头。陈丹青说:"老先生的相貌先就长得不一样。这张脸非常不买账,又非常无所谓,非常酷,又非常慈悲,看上去一脸的清苦、刚直、坦然，骨子里却透着风流与俏皮……可是他拍照片似乎不做什么表情，就那么对着镜头，意思是说：怎么样！我就是这样！"

关于颜值，鲁迅也给一些外国名家做过评估："托尔斯泰，伊孛生，罗丹都老了，尼采一脸凶相，勖本华尔一脸苦相，淮尔特穿上他那审美的衣装的时候，已经有点呆相了，而罗曼罗兰似乎带点怪气，戈尔基又简直像一个流氓。"但鲁迅一向不喜欢扮成葬花黛玉那样的"小鲜肉"，这大约是希望中国成为一个强壮的民族吧。北京鲁迅博物馆的展厅中有一件鲁迅穿过的长袍，结合鲁迅全身照来丈量，他的身高大约不足一米六，然而肉身的小个子鲁迅并不妨碍他精神的高大。由鲁迅的颜值来评判、刻画鲁迅的形象，他不过是一个普通的国民，但他又是那么地不普通。

长相

鲁迅的日本老师藤野严九郎曾回忆鲁迅在日本读书时的情形："周君身材不高，脸圆圆的，看上去人很聪明。记得那时周君的身体就不太好，脸色不是健康的血色。"这是有照片为证的。

女作家吴曙天有一天与孙伏园同去看鲁迅，她描述："在一个很僻静的胡同里，我们到了鲁迅先生之居所。房门开了，出来一个比孙老头更老的老年人，然而大约也不过五十岁左右吧，黄瘦脸庞，短胡子，然而举止很有神，我知道这就是鲁迅先生。鲁迅先生说笑话时他自己并不笑。启明先生说笑话时他自己也笑，这是他们哥儿俩说笑话的分别。"

鲁迅老友林语堂说鲁迅："他机警的短评，一针见血，谁也写不过他。平常身穿白短衫、布鞋，头发剪平，浓厚的黑胡子，粗硬盖满了上唇。一口牙齿，给香烟熏得暗黄。衣冠是不整的，永远没有看过他穿西装。颧高,脸瘦,一头黑发黑胡子,看来就像望平街一位平常烟客。许广平女士爱他,是爱他的思想文字,绝不会爱他那副骨相。"

鲁迅夫人许广平第一次听鲁迅讲课,得到的第一印象是:"突然,一个黑影子投进教室来了。首先惹人注意的便是他那大约两寸长的头发,粗而且硬,笔直地竖着,真当得'怒发冲冠'的一个'冲'字。一向以为这句话有点夸大,看到了这,也就恍然大悟了。褪色的暗绿夹袍,褪色的黑马褂,差不多打成一片。手弯上、衣身上的许多补丁,则炫着异样的新鲜色彩,好似特制的花纹。皮鞋的四周也满是补丁。人又鹘落,常从讲坛上跳上跳下,因此两膝盖的大补丁,也遮盖不住了。一句话说完:一团的黑。那补丁呢,就是黑夜的星星,特别熠眼耀人。小姐们哗笑了!'怪物,有似出丧时那乞丐的头儿。'也许有人这么想。讲授功课,在迅速地进行。当那笑声还没有停止的一刹那,人们不知为什么全都肃然了。没有一个人逃课,也没有一个人在听讲之外,拿出什么东西来偷偷做。"

1926年作家白薇在日本读了鲁迅的《呐喊》,她说:"我读了才惊知中国有一位文才鲁迅,在我的幻想中,以为他是矫健及俏皮的青年。不久我回到广州,郁达夫先生对我说:'鲁迅是中国唯一的美少年。'"

1932年11月,鲁迅赴北平探母,北方"左联"成员王志之曾邀请鲁迅去北平师范大学演讲,他回忆起初见鲁迅的情形:"我被高度震慑住了,当前的一切都很模糊,我只恍惚感到当前坐着那位老头子灰黑色的头发是那样凌乱,好像刚从牢里放出来,浓密的眉毛和胡须好像在很活跃地耸动,显得有深厚的涵蓄,我想到不知道还有多少人生的经验和富贵的智慧潜藏在里面。"

上海英商汽车公司售票员阿累曾在内山书店遇见鲁迅:"他的面

孔是黄里带白,瘦得教人担心,好像大病新愈的人,但是精神很好,没有一点颓唐的样子。头发约莫一寸长,原是瓦片头,显然好久没剪了,却一根一根精神抖擞地直竖着。胡须很打眼,好像浓墨写的隶体'一'字。"

英国作家萧伯纳访问上海时见到鲁迅说:"都说你是中国的高尔基,但我觉得你比高尔基漂亮。"鲁迅幽默地答道:"我老了会更漂亮。"看来,鲁迅对自己的颜值信心满满。

鲁迅好友曹聚仁在他写的《鲁迅传》中说:"鲁迅的样儿,看起来并不伟大,有几件小事,可以证明。有一回,鲁迅碰到一个人,贸贸然问道:'那种特货是哪儿买的?'他的脸庞很瘦削,看起来好似烟鬼,所以会有这样有趣的误会的。又有一回,他到上海的南京路外滩惠中旅馆去看一位外国朋友(好像是史沫特莱);他走进电梯去,那开电梯的简直不理他,要他走出去,从后面的扶梯走上去。看样子,他是跟苦工差不多的。"

马幼渔的女儿马珏,写她初次见鲁迅的印象:"鲁迅这人,我是没有看见过的,也不知道他是什么样子,在我想来,大概和小孩子差不多,一定很爱和小孩子在一起的。不过我又听说他是老头儿,很大年纪的。爱漂亮吗?大概爱穿漂亮西服吧;分头吧,却不一定,但是要穿西服,当然是分头了。我想他一定是这么一个人,不会错误。"后来鲁迅到她家去了,她从玻璃窗外一看,只见一个瘦瘦的人,脸也不漂亮,不是分头,也不是平头。她父亲叫她去见见鲁迅,她看他穿了一件灰青长衫,一双破皮鞋,又老又呆板,她觉得很奇怪,就说:"鲁迅先生,我倒想不到是这么一个不爱收拾的人;他手里总是拿着一个烟卷,好像脑筋里时时刻刻在那儿想什么似的。我心里不住地想,总不以为他是鲁迅,因为脑子里已经存在了鲁迅是一个小孩似的老头儿,现在看了他竟是一个老头儿似的老头儿,所以很不相信。这时，也不知是怎么一回事，只看着他吃东西，看来牙也不受使唤的，嚼起来是很费力的。"那时，鲁迅还不到五十岁，却已显得十分衰老了。

看电影

鲁迅是绍兴人，爱看家乡的目连戏，再就是爱看当时还是新生事物的话剧和电影。北京最早放映电影是在 1902 年。1907 年北京有了由外商经营的第一家电影院——平安电影公司，放映一些侦探片和滑稽片。之后，电影场所迅速增加。鲁迅很早就开始看电影了，鲁迅日记中 1916 年就开始有了看电影的记录，曾在平安电影公司即后来的儿童影院看过《萨罗美》，在珠市口的开明戏园看过"非洲探险影片"，1924 年 4 月 20 日《晨报》对影片有广告介绍："开明影院 非洲百兽大会 演期三天 空前未有 猛兽生活 非洲实景 以血肉枪炮摄影机器之代价换来 费资百五十万元 费时二年有半 美国政府特别奖励赞许 日本文部省特别通令各学校分别租演……"鲁迅还在真光影院、中天影院看过许多部电影。鲁迅还曾带着小朋友们去看电影：1925 年元旦，"午伏园邀午餐于华英饭店，有俞小姐姊妹、许小姐及钦文，共七人。下午往中天看电影，至晚归"。这次看电影，俞芳在《杂忆鲁迅先生与少年儿童》一文中回忆："饭后，孙先生邀请鲁迅先生和我们大家去看电影。到哪家电影院去呢？孙先生征求鲁迅先生的意见，鲁迅先生想了一想说：还是到'中天电影院'去好，因为那里放映的片子，是适合中、小学生看的，适合小客人们看。孙先生点头称是。那天放映的是美国片子，内容是体操表演，柔软操、高低杠等技巧表演，运动员们的动作灵活轻巧，姿势优美。在电影休息时间，鲁迅先生对我们说：这样纯熟的技巧，全是从小锻炼出来的。电影看完,鲁迅先生对这部电影给以很高的评价,他说,以后有这样的好片子,再来看。走出影院,天已傍晚,我们依依不舍地和鲁迅先生告别。"

电影迷

鲁迅曾对萧红说:"电影没有什么好看的,看看鸟兽之类倒可以增加一些对于动物的知识。"他嘴上是这么说,可他也经常介绍《夏伯阳》《复仇艳遇》《人猿泰山》等电影给别人去看。由于有声电影是1931年以后才在上海首次放映,所以鲁迅在北京所看的电影都是黑白默片。鲁迅离京到上海以后,电影发展很快,在上海十年,鲁迅看过一百四十多场电影,有人统计过,从1933年4月迁居上海虹口施高塔路(今山阴路)大陆新村直到病危之前的三年内,鲁迅看电影的次数达到九十五场次。这说明鲁迅是一个不折不扣的电影迷。

鲁迅看电影常常带上许广平和海婴,有时与三弟一家一起去看,有时还和友人一起去看,茅盾、郑振铎、柔石、黎烈文、黄源、萧军、萧红等都随鲁迅去看过电影。鲁迅的日记有:"夜同柔石、真吾、方仁及广平往百星大戏院看卓别林之演《嘉尔曼》电影,在北冰洋冰店饮刨冰而归。"这是多么潇洒的时光啊。看电影对于鲁迅其一是娱乐休闲,其二也是一种对孩子的教育方法。比如,《米老鼠》《神猫艳语》《暹罗野史》《兽国春秋》《南极探险》《禽兽世界》等基本都是童话题材,孩子喜欢,鲁迅也很喜欢。海婴一到礼拜天就要去看电影,他对友人说:"海婴的顽皮颇有进步,最近看了电影,就想上非洲去,旅费已经积蓄了两角来钱。"看过电影,他还经常和友人交流,看了《克来阿派忒拉》后他说:"这部电影并不如广告上说的那么好。"看了杰克·伦敦的《野性的呼唤》后说:"大吃一惊,与原著迥然不同。今后对于名著改编的电影再不敢领教了。"看过《诗人挖目记》后评道:"浅妄极矣。"鲁迅还翻译过关于电影的外国论文《现代电影与有产阶级》,写过许多关于电影的杂文,如《略论中国人的脸》《电影的教训》《朋友》,等等,甚至对于连环画都用电影来启发,他谈到麦绥莱勒的连环画时说:"我想,这和电影有极大的因缘,因为一面是用图画来替文字的故事,同时也是用连续来代活动的电影。"

吸烟

鲁迅有诗云:"中夜鸡鸣风雨集,起然烟卷觉新凉。"看鲁迅的照片,手持烟卷的有许多张。吸烟确是鲁迅的一大嗜好。他在日本东京留学时住在中越馆,早上醒来第一件事就是伏在枕头上吸一两支烟,牌子是"敷岛",晚上回来后在洋灯下看书,他是睡得最晚的一个,第二天房东来拿洋灯,整理炭盆,那炭盆上插满了烟蒂,像一个大马蜂窝。他在北京绍兴会馆居住时,早上醒来就在蚊帐里吸烟,白色的蚊帐被熏成了黄黑色。鲁迅的小说有许多篇都描写过吸烟者,《风波》中的七斤手中的"象牙嘴白铜斗六尺多长的湘妃竹烟管",《阿Q正传》中阿Q手中的旱烟都给读者留下了很深的印象,这也是鲁迅对家乡中吸烟风俗的描述。《孤独者》《在酒楼上》对魏连殳、吕纬甫这些知识分子烟不离手的描写,亦是因为鲁迅自己有吸烟的体验才写得那样生动。鲁迅知道吸烟对他的气喘病很不利,曾想戒烟,但最后一直也没戒掉,为此鲁迅曾对许广平检讨"我于这一点不知何以自制力竟这么薄弱,总是戒不掉。但愿明年有人管束,得渐渐矫正,并且也甘心被管,不至于再闹脾气的了"。然而鲁迅直到去世前一天,手里还拿着香烟。他的吸烟量巨大,每天都要三四十支，几乎是烟不离口。鲁迅吸烟一般吸的都是廉价烟，在北京时吸的是"红锡包""哈德门"牌。郁达夫回忆："鲁迅的烟瘾一向是很大的；在北京的时候，他吸的，总是哈德门牌的十支装包。当他在人前吸烟的时候，他总探手进他那件灰布棉袄的袋里去摸出一支来吸；他似乎不喜欢将烟包先拿出来，然后再从烟包里抽出一支，而再将烟包塞回袋里去。"北师大事件中，鲁迅被教育总长章士钊非法免职，学生尚钺去看望他，鲁迅顺手点燃一支烟并递给尚钺一支，尚钺一看是很贵的"海军"牌，就问："丢了官为什么还买这么贵的烟？"鲁迅笑着答道："正是因为丢了官，所以才买这贵烟。官总是要丢的，丢了官多抽几支好烟，也是集中精力战斗的好方法。"鲁迅在广州时吸的是起码一两角一包的十支装，那时香烟里面赠画片，有《三国演义》《西游记》《二十四孝》《百美图》，等等；在上海时吸的是"金"牌、"品海"牌一类的卷烟，还吸过"黑猫""强盗"牌等。萧红到鲁迅家，看到他备有两种烟，一种是白听子的，是前门烟，用来招待客人；一种是绿听子的很便宜的，五十支才四五角钱，通常放在桌上自己随时吸的。高长虹回忆说："烟、酒、茶三种习惯，鲁迅都有，而且很深。到鲁迅那里的朋友，一去就会碰见一只盖碗茶的。我同培良，那时也正是喜欢喝酒的时候，所以在他那里喝酒，是很寻常的事。有时候也土耳其牌，埃及牌地买起很阔的金嘴香烟来。劝他买便宜的国产香烟，他说：'还不差乎这一点！'"

饮酒

　　饮酒也是鲁迅生活中的一大嗜好。他的酒量不是很大，但却常喝。抽烟与喝酒，鲁迅继承的是父亲的习惯。父亲周伯宜有吸鸦片的瘾，年轻时喝黄酒有不过一斤的量，白酒也喝不过四两，平时不和家人吃饭，因为他总要先喝酒，酒后常给孩子们讲些诸如《聊斋》一类的故事。绍兴产黄酒，可以说鲁迅生在酒乡，因而颇懂得饮酒的情趣，他的杂文《魏晋风度及文章与药及酒之关系》可以看出他对酒真的是颇有研究。鲁迅小说《在酒楼上》《孔乙己》都描写到在绍兴饮酒的细节。鲁迅到北京后，住在绍兴会馆，有过七年多孤独的生活历程，与朋友聚会餐饮自然是他生活的重要部分。也许在餐桌上，他就构思了文章的题目和内容，生发出许多思考。在与朋友的聚会中，他们曾谈论中国的社会，谈论刊物的编辑，讨论文学与革命的问题，也谈论朋友之间的友情，同乡之间的亲情，等等。鲁迅的日记中留下许多"微醉""小醉""颇醉""大醉"的记录。酒的品种他不太讲究，白干酒、五加皮、汾酒等烈性酒他都喝过，白玫瑰、白兰地、啤酒他也喝，而喝得最多的，还是家乡绍兴的黄酒。许广平不懂酒，只知五加皮是烈性酒。有一段鲁迅喝五加皮，因为酒性太烈，许广平就老把瓶塞在平时打开，好教酒气散一点，变得淡些。后来郁达夫笑她太没有对于酒的知识，告诉她这样是降低不了酒精度的。以后，许广平就只让鲁迅喝陈黄酒或度数不高的啤酒了。

鲁迅的酒量究竟有多少，周作人说过，鲁迅的酒量不大，可是喜欢喝几杯，特别是有朋友对谈的时候。他在《在酒楼上》写自己叫堂倌来"一斤绍酒，十个油豆腐，辣酱要多"，这大概就是鲁迅的酒量吧。在家乡他与范爱农对酌时，范爱农可以喝到两斤多。

嗜糖

鲁迅有三大嗜好，除吸烟、饮酒外就是吃糖。鲁迅从小喜爱吃甜食，这大概与浙江人的饮食习惯有关。他年轻时写过一首诗《庚子送灶即事》，就描述过家乡旧时十二月二十三送灶日时吃"胶牙糖"的习俗。鲁迅在杂文《送灶日漫笔》中也描述过"胶牙糖"："灶君升天的那日，街上还卖着一种糖，有柑子那么大小，在我们那里也有这东西，然而扁的，像一个厚厚的小烙饼。那就是所谓'胶牙饧'了。"关于"胶牙糖"的作用，鲁迅说："本意是在请灶君吃了，粘住他的牙，使他不能调嘴学舌，对玉帝说坏话。"爱吃糖应该是儿童的习惯，而鲁迅一生都保持着这爱好。他吃饭的时候也要找糖或者一些甜的东西吃，衣袋里经常装着糖果，随时嚼吃。来客人时，他也拿出糖果来招待客人。在鲁迅日记中可见他对糖果不可缺少的习惯，出去购买生活用品时，总要买些糖果。那品种也很多，诸如蒙糖、果糖、饴糖、咖啡薄荷糖、玫瑰酥糖、冰糖、巧克力糖，等等。很多朋友知道他的这习惯，也经常给他送糖果。有一次，鲁迅的学生荆有麟从河南带给鲁迅一包方糖，鲁迅打开一看，糖不是"方"的，而是黄棕色圆圆的薄片，品尝后，"又凉又细腻，确是好东西"。许广平告诉他，这是河南名产，用柿霜制成，性凉，如果嘴上生些小疮之类，一搽便好。可惜她说的时候，鲁迅已经吃了一大半了，于是连忙将所余收起，预备嘴上生疮的时候，好用这来搽。鲁迅自己描述："夜间，又将藏着的柿霜糖吃了一大半，因为我忽而又以为嘴角上生疮的时候究竟不很多，还不如现在趁新鲜吃一点。不料一吃，就又吃了一大半了。"可见这柿霜糖多么好吃。白糖更是他饮食中不可少的。他在厦门大学任教时，白糖就放在桌上，但那里有一种小的红蚂蚁无处不在，爬得到处都是，于是鲁迅想了个办法，把放白糖的碗放在贮水的盘子中间，鲁迅把这方法叫作"四面围水之法"，但偶尔忘记，却又被蚂蚁爬满，桌上放的点心也如是。鲁迅住在四楼，常常把未吃完的点心和白糖连同蚂蚁一同抛到草地上去。鲁迅的牙早早就掉光了，是不是也和吃糖有关呢？但糖毕竟是人类不可或缺的食品。

花生政策

鲁迅好客，客人中青年居多。萧红说："鲁迅先生从下午二三点钟起就陪客人，陪到五点钟，陪到六点钟，客人若在家吃饭，吃完饭又必要在一起喝茶，或者刚刚吃完茶走了，或者还没走又来了客人，于是又陪下去，陪到八点钟、十点钟，常常陪到十二点钟。从下午三点钟起，陪到夜里十二点，这么长的时间，鲁迅先生都是坐在藤躺椅上，不断地吸着烟。客人一走，已经是下半夜了，本来已经是睡觉的时候了，可是鲁迅先生正要开始工作。"

鲁迅待客，茶点或糖果是必备的。鲁迅讲过他在北京时招待客人的故事：一天午后，密斯高来访，正好家中没有点心，"只得将宝藏着的搽嘴角生疮有效的柿霜糖装在碟子里拿出去。我时常有点心，有客来便请他吃点心；最初是'密斯'和'密斯得'一视同仁，但密斯得有时委实利害，往往吃得很彻底，一个不留，我自己倒反有'向隅'之感。如果想吃，又须出去买来。于是很有戒心了，只得改变方针，有万不得已时，则以落花生代之。这一著很有效，总是吃得不多，既然吃不多，我便开始敦劝了，有时竟劝得怕吃落花生如织芳之流，至于因此逡巡逃走。从去年夏天发明了这一种花生政策以后，至今还在继续厉行。但密斯们却不在此限，她们的胃似乎比他们要小五分之四，或者消化力要弱到十分之八，很小的一个点心，也大抵要留下一半，倘是一片糖，就剩下一角。"由此可见，鲁迅待客对"密斯"（小姐）和"密斯得"（先生）是有区别的。

鲁迅到上海后，待客的茶点有所不同了，因为柿霜糖和花生不是南方的特产。徐梵澄说，在上海时访鲁迅，没有了"花生政策"，自始至终都没吃到过花生米。浙江产的榧子、广东产的杨桃等都是作为茶点来待客的。一次吃到秀水产的小菱，那话题就谈到秀水人朱彝尊、王仲瞿；一次吃凉面，话题便谈到唐人的槐叶冷淘。这槐叶冷淘，是中国古代的一种传统凉面，杜甫的诗中提到过。鲁迅真是太渊博了。

茶道

鲁迅之于茶道，本是个行家。浙江本是中国产茶名郡，除杭州外古越绍兴亦为产茶名乡，茶圣陆羽在著名的《茶经》中就有"浙东以越州上"之论。而鲁迅生于家道昌盛的封建士大夫家庭，祖父是清代翰林，家族的日常生活包括茶事自然是奢华讲究的。鲁迅自幼便有了喝茶的习惯，周作人曾描述："在老家里有一种习惯，草囤里加棉花套，中间一把大锡壶，满装开水，另外一只茶缸，泡上浓茶汁，随时可以倒取，掺和了喝，从早到晚没有缺乏。"鲁迅十三岁时，家道变故，就在那时，他养成了抄书的习惯，曾经把陆羽的三卷《茶经》抄录一过。对产茶、制茶、泡茶、品茶的学问都有初步的认识。鲁迅与周作人都曾以"喝茶"为题写过散文，可能是对越城周家的一种怀旧情结吧。

增田涉是鲁迅晚年认识的日本学者，1931年曾向鲁迅请教翻译其所著的《中国小说史略》等有关问题，同时他还研究中国文学史。鲁迅用了大约四个月的时间每天三个小时对他讲解，后来结集成《鲁迅增田涉师弟答问录》一书。鲁迅曾向他推荐八种中国文学著作，其中有一种张天翼的短篇小说《稀松的恋爱故事》，里面提到"打茶围"一词，增田涉问鲁迅："是一起喝茶之意吗？"鲁迅答：

"去妓馆饮茶的意思。"这"打茶围"亦称"打茶会",在鲁迅的小说《弟兄》中也提到过这个词,原是旧时陋俗,指到妓女所在的青楼喝酒、吃点心、聊天。可见鲁迅对中国茶文化传统之熟稔。

鲁迅爱喝茶而且是懂得品茶之道的。有一次一个茶叶公司打折售茶,他用二角大洋买来二两好茶叶,回家就泡了一壶,怕它冷得快,就用棉袄包起来,却不料郑重其事地品茶时,那茶水颜色很重浊,味道也竟和他一向喝的粗茶差不多。鲁迅立刻感到是自己错了——喝好茶一定要用盖碗的——于是改用盖碗重新泡。"果然,泡了之后,色清而味甘,微香而小苦,确是好茶叶。"(鲁迅《喝茶》)鲁迅懂茶,但一般情况下喝茶并不十分讲究,周作人在《补树书屋旧事》中写道:"平常喝茶一直不用茶壶,只在一只上大下小的茶杯内放一点茶叶,泡上开水,也没有盖,请客吃的也只是这一种。"北京鲁迅故居内有一张他用过的书桌,现在上面还放着一只他用过的盖碗茶杯,睹物思人,让人能联想到鲁迅在夜间写作时烟与茶的陪伴。

茶习

鲁迅从日本留学归国后也常喝咖啡,但他在《革命咖啡馆》一文中曾说,"我是不喝咖啡的,我总觉得这是洋大人所喝的东西(但这也许是我的'时代错误'),不喜欢,还是绿茶好"。他还做过这样的比喻:"我亦非中庸者,时而为极端国粹派,以为印古色古香书,必须用古式纸,以机器制造者斥之,犹之泡中国绿茶之不可用咖啡杯也。"(鲁迅《致曹聚仁》)不错,鲁迅最喜欢喝的茶叶还是浙江的绿茶,这恐怕是他自幼养成的习惯吧。

鲁迅到北京工作后,茶叶一般在前门一带临记洋行、鼎香村茶叶店购买,再就是亲友同乡好友如周建人、宋紫佩、许钦文等从家乡带来。友人所赠还有乌龙茶、红茶、普洱茶、天台山云雾茶、野山茶,等等。新茶上市时,有时他一次买很多,如日记载 1930 年 6 月 21 日,"下午买茶六斤,八元"。1931 年 5 月 15 日,"买上虞新茶七斤,七元"。五六月份新茶上市,鲁迅这个时候是不会错过的。浙江龙井久负盛名,也是鲁迅较喜欢的茶叶。鲁迅曾与许广平游杭州西湖,将回上海时想起忘记买龙井茶。在要回上海的头一天,鲁迅约好友章廷谦到书店买了一些旧书,晚上一起到清河坊隆盛茶庄专门去买龙井茶。鲁迅说,杭州旧书店的书价比上海的高,茶叶则比上海的好。书和茶都是鲁迅所好,所以他常托章在杭州买好寄到上海。2008 年在广东的一次拍卖会上,对一块由鲁迅和许广平共同珍藏了数十年的"清宫普洱茶砖"进行了拍卖,一位买家以一万二千元的价格竞得这块茶砖。据报,此砖共有三十九块,至今保存完整的有二十四块,普洱被称为"可饮可藏的古董",加上名人效应,这块稀有的茶砖具有了极高的价值。

茶友

1912 年鲁迅初到北京教育部工作,"枯坐终日,极无聊赖",不过每年新年都要有一次部员茶话会,就像现在各单位新年举办的茶话会、联欢会。这样的茶话会,鲁迅多是例行出席一下。鲁迅日记中就有许多关于茶话会的记录,举几例:

1914 年 1 月 5 日鲁迅在日记中这样记录了茶话会:"始理公事。上午九时部中开茶话会,有茶无话,饼饵坚如石子,略坐而散。""有茶无话"的茶话会鲁迅的确感到没意思。

1915 年 1 月 4 日,"赴部办事,十一时茶话会。午后同汪书堂、钱稻孙至益昌饭"。看看,开完会就与好友溜出去吃饭了。

1915年12月16日,"下午本部为黄炎培开茶话会,趣令同坐良久"。显然鲁迅对被"令"表示出了不满。

1916年1月6日,"雨雪。赴部办事,午后茶话会并摄景。夜同人公宴王叔钧于又一村"。雨雪天,到教育部开茶话会,合影留念,晚上又公家掏钱聚餐,很有年味。

1916年2月27日,京师图书分馆开馆,鲁迅也参加了举办的茶话会。

1917年2月4日,"往通俗教育研究会茶话会,观所列字画"。通俗教育研究会成立于1915年9月6日,下设小说、戏剧、讲演三股,鲁迅被派为小说股主任,1916年2月14日辞职。是日出席茶话会属例行公事,意在观画。地点在手帕胡同,展品有自六朝以来的名人书画一百五十余种。

除公办茶话会外,鲁迅还常常以茶会友。鲁迅日记载,1918年12月22日,"刘半农邀饮于东安市场中兴茶楼,晚与二弟同往,同席徐悲鸿、钱秣陵、沈士远、君默、钱玄同,十时归"。1926年好友林语堂南下福建时,鲁迅应邀参加了为他饯别的茶话会。1926年8月30日,鲁迅赴厦门经上海,"上午广平来。午李志云、邢穆卿、孙春台来。午后雪篦来。下午得郑振铎柬招饮,与三弟至中洋茶楼饮茗,晚至消闲别墅夜饭,座中有刘大白、夏丏尊、陈望道、沈雁冰、郑振铎、胡愈之、朱自清、叶圣陶、王伯祥、周予同、章雪村、刘勋宇、刘叔琴及三弟。夜大白、丏尊、望道、雪村来寓谈"。可见鲁迅的朋友圈多么有人气。

鲁迅在北京时与朋友喝茶有时在前门外青云阁、北海公园、中山公园,有时就在小茶馆。在广州时去过的茶楼有陆羽居、陶陶居、南园、妙奇香等,在上海去过新亚茶室、"ABC"吃茶店、"Astoria"

茶店等。鲁迅的喝茶,常常连带着一些文化娱乐活动,再举两个鲁迅日记的例子:1928年3月13日,"午后同方仁、广平往司徒乔寓观其所作画讫,又同至新亚茶室饮茗"。1929年4月5日,"午后同贺昌群、柔石、真吾、贤桢、三弟及广平往光陆电影园观《续三剑客》。观毕至一小茶店饮茗。夜雨"。一次是看画家司徒乔绘画,然后去茶馆喝茶聊天;一次是与朋友及家人同看电影,然后又去小茶店喝茶。这就是鲁迅的真实的生活,也工作,也战斗,也休息,也娱乐,也品茶。鲁迅在上海时经常与左翼作家会谈,曹靖华、茅盾、胡风、叶紫、聂绀弩、魏猛克、徐懋庸等都与鲁迅一起喝过茶。1926年,鲁迅与齐寿山一起翻译荷兰作家望·蔼覃的长篇童话《小约翰》,从7月开始至8月中旬译毕。这期间他们约好每天下午在中山公园的一个僻静处开译,鲁迅说,"我们的翻译是每日下午,一定不缺的是身边一壶好茶叶的茶和身上一大片汗。有时进行得很快,有时争执得很凶,有时商量,有时谁也想不出适当的译法。译得头昏眼花时,便看看小窗外的日光和绿荫,心绪渐静,慢慢地听到高树上的蝉鸣,这样地约有一个月"。北京的七八月份,正是酷暑当头,那时也没有空调设备,公园树荫下才是唯一的凉爽之所。可以想象,他们满头大汗地译书有多么艰辛,一壶好茶便将这著名的作家、译者与民国北京的夏天紧密联系起来。

内山书店的老板内山完造是鲁迅的好友。他在书店前面放一个施茶桶,供口渴的行人或车夫免费取用,鲁迅很赞赏内山老板的做法,曾经"以茶叶一囊交内山君,为施茶之用",表示对他的支持。茶,加深了鲁迅与家人、朋友之间的情谊。

五十寿辰

1930年9月17日,"左联"一些青年作家通过史沫特莱借上海吕班路荷兰莱馆为鲁迅庆祝五十岁寿辰。这些青年包括柔石、冯雪峰、冯乃超等人。那天参加活动的有一百多人,史沫特莱讲:"在鲁迅生日的那天下午,客人陆续来到那小饭店的花园中。他们有单独来的,有成群来的。有许多没有钱,因而不能留到晚上吃晚饭。鲁迅和他的夫人(他的夫人抱着一个孩子),在园里一张桌子旁边坐着或是站着,招待着进园来的向他们致敬的客人。那天鲁迅真是神采奕奕,——因为当他快乐的时候,或是对于什么东西发生兴味的时候,他总是神采奕奕的。他的脸老是那么动人,他的眼睛老是带着智慧和兴味闪耀着。他那件长的绸袍增添了他的丰采,增添了成为他的一部分的那种尊严。"鲁迅日记中记:"晚与广平携海婴同往,席中共二十二人。"这其中有叶圣陶、茅盾、傅东华等。鲁迅生于1881年9月25日,按现在的算法,他五十岁生日应是1931年9月25日,显然,这个生日是按虚岁的算法。鲁迅9月24日日记又记:"今日为阴历八月初三日,予五十岁生辰,晚广平治面见饷。"生日还是私家过得好,而且是许广平亲自做了长寿面。第二天,"午后同广平携海婴往阳春堂照相"。鲁迅在这张照片上题了字:"海婴与鲁迅,一岁与五十。"其实那年鲁迅周岁四十九岁,海婴是名副其实的一岁。

4. 佛缘

法名

　　鲁迅不到一岁时,就被送到离家不远的长庆寺,拜了一个和尚为师,于是鲁迅也做了一回和尚。鲁迅说:"名孩子为'和尚',其中是含有迷信的。中国有许多妖魔鬼怪,专喜欢杀害有出息的人,尤其是孩子;要下贱,他们才放手,安心。和尚这一种人,从和尚的立场看来,会成佛——但也不一定,——固然高超得很,而从读书人的立场一看,他们无家无室,不会做官,却是下贱之流。读书人意中的鬼怪,那意见当然和读书人相同,所以也就不来搅扰了。这和名孩子为阿猫阿狗,完全是一样的意思:容易养大。"在长庆寺,鲁迅得到一个法名,两件法宝。法名为"长庚",后来鲁迅曾用"长庚"做过笔名。法宝是"百衲衣"和"牛绳"。"百衲衣"是用橄榄形的各色小绸片缝就,非喜庆大事不给穿;"牛绳"原意是牵牛的绳索,而这小孩的饰品是用红丝线编成,长约二尺,两头打结,上挂零星小件,如历本、镜子、银筛之类,套在脖子上,出门去的时候戴上。

龙师父

　　绍兴长庆寺的和尚被大家称为"龙师父"。和尚一般都是不留胡须的,但龙师父却有两绺下垂的小胡子,他待人和气,不教鲁迅念经或是佛门规矩,管着寺里琐屑的事。鲁迅说他"不过是一个剃光了头发的俗人"。龙师父有老婆,还有孩子,鲁迅讲过他们恋爱的故事:"听说龙师父年青时,是一个很漂亮而能干的和尚,交际很广,认识各种人。有一天,乡下做社戏了,他和戏子相识,便上台替他们去敲锣,精光的头皮,簇新的海青,真是风头十足。乡下人大抵有些顽固,以为和尚是只应该念经拜忏的,台下有人骂了起来。师父不甘示弱,也给他们一个回骂。于是战争开幕,甘蔗梢头雨点似的飞上来,有些勇士,还有进攻之势,'彼众我寡',他只好退走,一面退,一面一定追,逼得他又只好慌张的躲进一家人家去。而这人家,又只有一位年青的寡妇。以后的故事,我也不甚了然了,总而言之,她后来就是我的师母。"鲁迅在北京时,曾经认真研究过佛经,买过一百多种佛经。许寿裳曾回忆:"民三以后,鲁迅开始看佛经,用功很猛,别人赶不上。"鲁迅曾对他说:"释迦牟尼真是大哲,他把我们平常对于人生难以解决的问题,早已给我们明白启示了,真是大哲。"可见鲁迅对佛学有过深入的研究。鲁迅还曾捐资六十元给南京金陵刻经处印刻了佛教故事《百喻经》。他与佛学的渊源,是不是与他从小拜师做和尚的事情有点关联呢?

和尚老婆

鲁迅最早的师父竟然是和尚。在鲁迅回忆散文《我的第一个师父》中,描述了绍兴的民俗——将出生的孩子舍给寺院做和尚,以轻贱为名避免鬼的骚扰。而那寺庙的和尚,不过是剃光了头的俗人,"都是有女人,或声明想女人,吃荤,或声明想吃荤的和尚"。鲁迅的三师兄,就是这样的和尚。这三师兄心里想的女人却不是尼姑,而是千金小姐或是少奶奶之类，因为和尚与尼姑相好特别"不便当"。终于，三师兄也有了老婆。鲁迅那时也已长大，就用和尚应守清规的古老话来嘲笑他，本意是要他受窘，不料三师兄毫无窘态，立刻用"金刚怒目"式狮吼喝道：

"和尚没有老婆，小菩萨哪里来！？"

鲁迅说："这真是所谓'狮吼'，使我明白了真理，哑口无言，我的确早看见寺里有丈余的大佛，有数尺或数寸的小菩萨，却从未想到他们为什么有大小。经此一喝，我才彻底的省悟了和尚有老婆的必要，以及一切小菩萨的来源，不再发生疑问。"鲁迅在《小杂感》中说："人往往憎和尚，憎尼姑，憎回教徒，憎耶教徒，而不憎道士。懂得此理者，懂得中国大半。"

佛法

鲁迅与佛教有很多渊源，最早应该是受到他的老师章太炎的影响。在文章中鲁迅经常提到佛学观点。鲁迅求弘一上人书法一纸，写的是"戒定慧"，那是鲁迅想要的一幅德高望重的高僧的书法，但鲁迅既没说过好，也没说过不好。1914年鲁迅在北京买过一百多种，二百五十册佛经，还与其弟交换阅读，与好友许寿裳共同研究。如1914年10月4日日记载："午后阅《华严经》竟。"他阅读过的佛经包括《华严经》《妙法莲华经》《金刚经》《维摩诘经》《楞伽经》等，主要涉及华严、唯识二宗。鲁迅对佛学研究是有心得的，鲁迅出生时，按照风俗就拜龙祖法师为师，他的文章中常常渗透出他所研究过的佛学思想，去世那一年还写了一篇《我的第一个师父》，这是不是一种佛缘呢？然而研究佛经与信佛是两回事。鲁迅对佛学的研究也是有扬弃的，对于宣佛者，鲁迅这样看："说佛法的和尚，卖仙药的道士，将来都与白骨是'一丘之貉'，人们现在却向他听生西的大法，求上升的真传，岂不可笑！"鲁迅对于佛教是一种理性的接受，他反对佛学中虚无深奥的义理而更注重现实。他曾举过一个生动的例子："天下事尽有小作为比大作为更烦难的。譬如现在似的冬天，我们只有这一件棉袄，然而必须救助一个将要冻死的苦人，否则便须坐在菩提树下冥想普度一切人类的方法去。普度一切人类和救活一人，大小实在相去太远了，然而倘叫我挑选，我就立刻到菩提树下去坐着，因为免得脱下唯一的棉袄来冻杀自己。"

革命与佛教

1927年3月22日上海工人第三次武装起义成功，3月24日北伐军攻克南京，史称"沪宁克复"。鲁迅写下一篇杂文《庆祝沪宁克复的那一边》，文中警示人们："陶醉着革命的人们多，好自然是好的，但有时也会使革命精神转成浮滑。"鲁迅以自己对佛学的认识举例："我对于佛教先有一种偏见，以为坚苦的小乘教倒是佛教，待到饮酒食肉的阔人富翁，只要吃一餐素，便可以称为居士，算作信徒，虽然美其名曰大乘，流播也更广远，然而这教却因为容易信奉，因而变为浮滑，或者竟等于零了。"徐梵澄说，鲁迅对佛学另有一高论，曰"居士起而佛法亡"。"不知道现在高僧大德还有没有，……一般皆是形同白衣，心如俗子。"关于革命，鲁迅说道："革命也如此的，坚苦的进击者向前进行，遗下广大的已经革命的地方，使我们可以放心歌呼，也显出革命者的色彩，其实是和革命毫不相干。这样的人们一多，革命的精神反而会从浮滑，稀薄，以至于消亡，再下去是复旧。"广东曾是革命的策源地，那时却处在革命的后方，鲁迅所揭示的危机极具前瞻性。

高僧

　　唐弢是著名的鲁迅研究专家，曾写过《鲁迅的美学思想》《鲁迅传》（未完成）及大量回忆和研究鲁迅的文章。唐弢回忆鲁迅的文章中，讲到许多鲁迅幽默风趣的故事。有一次，鲁迅给唐弢和郁达夫讲了一个故事：说某地有一位高僧，因为一生没有接近过女色，临死时不甘心，无法闭目。徒弟们见他折腾得很痛苦，便商量着出钱雇来一个妓女，让老僧见识见识。等到妓女脱下裤子，高僧看过后，恍然大悟道："哦，原来是和尼姑一样的啊！"说完便撒手归西断了气。听过这故事，郁达夫在回家时笑了一路。第二天他在与唐弢见面时说："鲁迅厉害。他讲的故事，我翻了许多书都找不到出处。"他们都非常佩服鲁迅这故事的深刻含义。

5. 求学

《西游记》

鲁迅的祖父很喜欢《西游记》，在家里经常谈论《西游记》中的故事。他主张小孩应该看小说，通过读小说可以把文理弄通，然后再读其他经书就会容易了。他常给孩子们讲猪八戒和孙悟空的故事，周作人就曾记得他讲过，孙行者被二郎神打败逃走，变化成一座破庙，但尾巴没法安排，只好变作一根旗杆，竖在庙门后，可是立即被二郎神识破了。鲁迅很小的时候就读过《西游记》，而且很喜欢读，以至于后来他研究中国小说史时，对《西游记》有很深入的考证。《西游记》作者的考定就是鲁迅做出的。《西游记》在明代风行后，书上都不署作者的名字，鲁迅据前人推论，又据明代《淮安府志》所载，推定小说《西游记》的作者乃是淮安人吴承恩。鲁迅在《中国小说的历史的变迁》中说："《西游记》世人多以为是元朝的道士邱长春做的，其实不然，邱长春自己另有《西游记》三卷，是纪行，今尚存《道藏》中：惟因书名一样，人们遂误以为是一种。加以清初刻《西游记》小说者，又取虞集所作的《长春真人西游记序》冠其首，人更信这《西游记》是邱长春所做的了。——实则做这《西游记》者，乃是江苏山阳人吴承恩。"鲁迅总结了《西游记》的成书过程："由此可知玄奘西天取经一事，自唐末以至宋元已渐渐演成神异故事，且多作成简单的小说，而至明吴承恩，便将它们汇集起来，以成大部的《西游记》。"鲁迅的结论对中国小说史做出了重大贡献，以后出版的《西游记》便都署上了作者吴承恩的名字。《西游记》这部伟大的著作，非常应该列入青少年教育的必读书之列的。

"绿杉野屋"

鲁迅少年时曾用过一枚印章"绿杉野屋"，但这印文的出处很少有人关注过，甚至《鲁迅遗印》也没有详细考证过。周作人在《鲁迅的故家》中写道："又有一回不记何年，中房芹侯在往调马场舟中，为鲁迅篆刻一印，文曰'只有梅花是知己'，石是不圆不方的自然形，文字排列也颇好，不知怎地钤印出来不大好看。这印是朱文的，此外还有一块白文方印，也是他所刻，文曰'绿杉野屋'，似乎刻的不差……"出生在水乡绍兴的鲁迅，骨子里也渴望田园山水的闲适生活，可人生的磨难使他在少年时便经历了"从小康坠入困顿"。1930年时，鲁迅曾想到德国去游历，在德国留学的好友徐梵澄帮他了解了德国情况说："先生来游，大致每月六百马克也就够了。"鲁迅回信说："我感谢你替我计划了很好的田园。这些梦，我少年时也曾作过的，还请了一位族人刻了一颗图章，取《诗品》句曰：'绿杉野屋'。"这就是这枚印章的出处。晚唐诗人司空图《诗品·沉着》："绿杉野屋，落日气清。脱巾独步，时闻鸟声。鸿雁不来，之子远行。所思不远，若为平生。海风碧云，夜渚月明。如有佳语，大河前横。""绿杉野屋"表达了鲁迅少年时的一种理想。

海军学校

1898年5月，鲁迅考取江南水师学堂试习生，"走异路，逃异地，去寻求别样的人们"。这所学校 1913 年更名为海军军官学校，1915 年又改名为海军雷电学校。鲁迅自己讲过这个故事："我也曾学过海军，现在知道的人是很少了，一般人都以为我仅学过医学，校名雷电，实习时却只能在内舱机器间中，后来知道只有福建人才可在舱面甲板上工作，外省人一律只好管理机器间。照这样子下去，等到船沉了还钻在里面不知道呢！所以我就不干了。"

在科举制度时代，读书考取功名才是正路，而读洋学堂学习洋务会被社会上的人们认为是一种走投无路的表现，因此会被人奚落排斥。1897 年在绍兴由徐树兰开办的"绍郡中西学堂"，其中有洋文与算学课程，就成了全城的笑柄。鲁迅在《琐记》中写道："S 城人的脸早经看熟，如此而已，连心肝也似乎有些了然。总得寻别一类人们去，去寻为 S 城人所诟病的人们，无论其为畜生或魔鬼。"鲁迅毅然离家，投入学习现代科学的学堂。在这学堂里，鲁迅初次知道世界上还有格致（含物理、化学等自然科学）、算学、地理、历史、绘图和体操。外语学的是英语，汉文作文的题目也与军事有关，如《知己知彼百战百胜论》《颖考叔论》《云从龙风从虎论》《咬得菜根则百事可做论》等。

"凤凰展翅"

鲁迅年轻时身体很灵巧的。南京水师学堂院子里有一个埋在地上的桅杆，很高，鲁迅很喜爱那桅杆，在《琐记》中曾讲过："并非如'东邻'的'支那通'所说，因为它'挺然翘然'，又是什么的象征。乃是因为它高，乌鸦喜鹊，都只能停在它的半途的木盘上。人如果爬到顶，便可以近看狮子山，远眺莫愁湖。"鲁迅在那里读书时喜欢爬上去，他说在桅杆上面可以顺便看一看四处的风景，人在上面还可以做各种造型,比如"凤凰展翅"之类,即使掉下来也不要紧,因为下面有一个大网接着。

制服

鲁迅年轻时也不是好欺负的。有一次放假后,从上海乘船回南京,因为没钱,所以只好坐统舱。鲁迅找了个地方铺好铺盖就离开了一会儿,待回来时铺盖却被别人卷起,地方被人占了,于是鲁迅就把那铺盖卷走,重新把自己的铺盖铺上。这时忽然看见一个流氓动手打了过来,鲁迅随手抓起一个洋铁罐打在那流氓身上。流氓不干了,凶狠地要打架。这时只听背后大喝一声"你敢!"那流氓吓得赶快跑掉了。原来那天正好遇到矿路学堂总办钱德培,也坐这条轮船到南京,他身边带着四个卫兵,卫兵一看鲁迅穿着矿路学堂的制服,所以大喝一声,把那流氓吓跑。

学矿物

鲁迅1927年在黄埔军校演讲时曾说:"我首先正经学习的是开矿,叫我讲掘煤,也许比讲文学要好一些。"南京矿路学堂主要教授矿物学,目的也是采矿,教学采用德国体制,学的是德语。课程包括矿学、地质学、化学、熔炼学、格致学、测算学、绘图学等。所做论文题目有《工欲善其事必先利其器论》等。由于课本采用的是翻译过来的西方科学书籍,教学时,由老师写在黑板上,学生进行抄录。鲁迅当时抄录的笔记现在还保存在博物馆,其中有在水师学堂抄录的《水学入门》笔记,在矿路学堂抄录的《几何》《开方》《八线》《开方提要》。整本抄录的还有英国赖耶尔的《地质学纲要》

的译本《地质学浅说》、美国代那撰写的矿物学课本《金石识别》。周作人说:"这使他得着些关于古生物学的知识,于帮助他了解进化论很有关系"。笔记中还有鲁迅据中国矿冶情况写的注文,可见他学习先进科学的兴趣与认真态度。在矿路学堂读书期间,鲁迅博览群书,阅读了严复译述的《天演论》、日本加藤弘之的《物竞论》等新书报,使得眼界大开。

为了学习的需要,鲁迅还采集了许多矿石标本,其中有铁矿石、石英石、三叶虫化石等。学习期间,鲁迅还随同学到青龙山煤矿考察,他看到的情景是这样的:"到第三年我们下矿洞去看的时候,情形实在颇凄凉,抽水机当然还在转动,矿洞里积水却有半尺深,上面也点滴而下,几个矿工便在这里面鬼一般工作着。"他还把一包铁、铜、煤矿石标本带了回来。1902年初,鲁迅以一等第三名的成绩毕业,获得了他人生第一张毕业文凭。鲁迅在《琐记》一文中总结说:"毕业,自然大家都盼望的,但一到毕业,却又有些爽然若失。爬了几次桅,不消说不配做半个水兵;听了几年讲,下了几回矿洞,就能掘出金银铜铁锡来么?实在连自己也茫无把握,没有做《工欲善其事必先利其器论》的那么容易。爬上天空二十丈和钻下地面二十丈,结果还是一无所能,学问是'上穷碧落下黄泉,两处茫茫皆不见'了。所余的还只有一条路:到外国去。"

变卖金牌

1897年10月,鲁迅投考江南陆师学堂附设的南京矿务铁路学堂。鲁迅考入矿务学堂时的入学考题是"不以规矩不能成方圆论"。鲁迅入学时是学堂中年龄最小的学生,但他聪颖过人,课后从不复习功课,整天读小说,且过目不忘,《红楼梦》几乎能背诵,考试时总是第一个交卷，而成绩却总是名列前茅。学堂每星期作文一次，凡得第一名的赏银牌一个，每月月考一次，凡第一名的，也赏三等银牌一个。四个三等银牌换一个二等银牌，四个二等银牌换一个三等金牌。鲁迅在矿务学堂的学习成绩很好，得到过不少银质奖牌。学校为鼓励学生学习，规定得够十个银牌可换十五钱重的金牌。学生中只有鲁迅获得过金牌。鲁迅却把这金牌变卖了，换成自己喜爱读的书籍。他说："金牌是可以用钱换的，要什么样子就可以买什么样子，再说金牌充其量只能表示当时我的学习成绩，它不能证明我将来学习成绩的好与坏，况且把金牌保存起来，它永远只是一块金牌，金牌再也变不出什么其他的东西来。弄得不好，反会使人增加虚荣心，滋长傲气，从此不再上进。而从书本里却可以得到知识。"

被记过

鲁迅在南京的学堂读书的时候也曾因调皮而被记过。这是鲁迅自己讲的故事："我在N的学堂做学生的时候，也曾经因这'钊'字碰过几个小钉子，但自然因为我自己不'安分'。一个新的职员到校了，势派非常之大，学者似的，很傲然。可惜他不幸遇见了一个同学叫'沈钊'的，就倒了楣，因为他叫他'沈钧'，以表白自己的不识字。于是我们一见面就讥笑他，就叫他为'沈钧'，并且由讥笑而至于相骂。两天之内，我和十多个同学就迭连记了两小过两大过，再记一小过，就要开除了。但开除在我们那个学校里并不算什么大事件，大堂上还有军令，可以将学生杀头的。做那里的校长这才威风呢，——但那时的名目却叫作'总办'的，资格又须是候补道。"鲁迅上的是军校，校长名为"总办"，他的权力是可以将犯大错误的学生杀头，现在世界上恐怕已没有这么大权力的校长了。鲁迅被记两大过又记一小过，离被开除也不远了。

后来鲁迅又专门考证过这个"钊"字。1925年时，某报把教育总长章士钊的名字误印为"章士钉"，鲁迅在一篇文章中写道："因此想起中国有几个字，不但在白话文中，就是在文言文中也几乎不用。其一是这误印为'钉'的'钊'字，还有一个是'淦'字，大概只在人名里还有留遗。我手头没有《说文解字》，钊字的解释完全不记得了，淦则仿佛是船底漏水的意思。我们现在要叙述船漏水，无论用怎样古奥的文章，大概总不至于说'淦矣'了罢，所以除了印张国淦，孙嘉淦或新淦县的新闻之外，这一粒铅字简直是废物。"接着鲁迅又讲述了一个小笑话："曹锟做总统的时代（那时这样写法就要犯罪），要办李大钊先生，国务会议席上一个阁员说：'只要看他的名字，就知道不是一个安分的人。什么名字不好取，他偏要叫李大剑？！'于是乎办定了，因为这位'大剑'先生已经用名字自己证实，是'大刀王五'一流人。"曹锟曾为直系军阀首领，是靠贿选议员当上中华民国大总统的，"钊""剑"不分也说明了他是一个没有多少文化的军阀。

南京到日本

鲁迅的学习历程：十八岁时，目睹英美各国都用海军侵略中国，鲁迅满怀着青春热血，抱着建设中国海军的愿望，考入了南京水师学堂。半年后，想到国家的当务之急，首先是开发矿业，而不是建设海军，于是就退出了水师学堂转入了矿务学堂。毕业后又想，要使中国变成强国，首先得改良人种，把中国变为强种人，于是到日本开始学医，因为日本的维新就是从发展医学开始的。但两年后，鲁迅在一部幻灯片里看到一个中国人因为当了侦探而被枪毙的情景，又想，只有从精神上使中国复活才行，因而必须提倡新文学，于是放弃学医，转而研究文艺，并开始试写小说。鲁迅的抱负始终是与中国的命运相关的，非常人能与之相比。

地质学

鲁迅很早就对中国的地质地理感兴趣。童年时就喜欢读带插图的《山海经》，这是先秦时富于神话传说的地理书籍，他还买过《徐霞客游记》等地理类书籍。鲁迅深知这门学科的意义，在南京读书时，学习过译本《地质浅说》《求矿指南》等著作，对中国的地质矿产有了更多的了解，打下了坚实的地质学基础。

1902年3月，鲁迅以"南京矿路学堂毕业奏奖五品顶戴"的资格，官派留学日本，4月进入东京弘文学院学习日语。"凡留学生一到日本，急于寻求的大抵是新知识。除学习日文，准备进专门的学校之外，就赴会馆，跑书店，往集会，听讲演。"他剪辫拍照，以表反封建的决心。1903年，浙江同乡会连续刊载浙江地区列强掠夺浙江矿产的事件，鲁迅于10月在《浙江潮》杂志上发表《中国地质略论》，通过论述中国地质分布、地质发育、地下矿藏，使人们了解"中国大陆里面之情状"，成为中国第一篇系统介绍本国矿产的科学论文。鲁迅指出："中国者，中国人之中国，可容外族之研究，不容外族之探捡；可容外族之赞叹，不容外族之觊觎者也"，呼吁国人"奋袂而起"，表现了极大的爱国情怀。

1906年，鲁迅与顾琅合著的《中国矿产志》由上海普及书局出版发行，马良作序，书后附有《中国矿产全图》一幅和《中国各省矿产一览表》。其中《中国矿产全图》是将日本政府农商务省地质矿山调查局所绘中国矿产地质的秘图放大十二倍改绘而成。这是辛亥革命前第一部全面记述我国矿产资源的专著。全书分述了全国地质状况及矿产分布,以科学著述表达了作者"以备后日开采之计"的爱国思想。序言中称此书"罗列全国矿产之所在,注之以图,陈之以说,使我国民深悉国产之所自有,以为后日开采之计,致富之源,强国之本,不致家藏货宝为他人所攘夺,用心至深,积虑至切"。此书同年12月修订再版,1907年1月增订发行第三版。时年清政府农工商部通饬各省矿务、商务界购阅,学部批准此书为中学堂参考书。此书虽为合著,但足以表现鲁迅对地质科学有着深入的研究并取得了丰硕的成果。

"富士山"

1902年4月,东渡日本的鲁迅进入东京弘文学院学习。他在《藤野先生》中写道:"东京也无非是这样。上野的樱花烂熳的时节,望去确也像绯红的轻云,但花下也缺不了成群结队的'清国留学生'的速成班,头顶上盘着大辫子,顶得学生制帽的顶上高高耸起,形成一座富士山。"日本的富士山,曾经是一座蕴藏着丰富能量的火山,是日本著名的风景。当时在日本东京的留学生人数超过二万以上,大多学习法政、铁路和速成师范,目的是为了做官发财。鲁迅很看不起那些清国留学生,因为他们不求上进、不学无术,头顶上盘着大辫子,把学生制服中的帽子顶得高高耸起,所以称他们是"形成了一座富士山"。和鲁迅一起的同学听到鲁迅的比喻后笑得喷饭。当时有个同学名叫王立才,送了鲁迅一个绰号叫"富士山",于是"富士山"就成为鲁迅的一个诨名在学生中流传。那是因为鲁迅内心有一股火一样的热情,时时都想喷发出来。虽然是留学,但各有不同,鲁迅曾说:"现在的留学生是多多,多多了,但我总疑心他们大部分是在外国租了房子，关起门来燉牛肉吃的，而且在东京实在也看见过。那时我想：燉牛肉吃，在中国就可以，何必路远迢迢，跑到外国来呢？"

学医

少年鲁迅经历过父亲生病给他带来的痛，当时的药方，诸如用原配的蟋蟀一对、经霜三年的甘蔗、破鼓皮制成的药丸等做药引，现在看来简直是莫名其妙。中医的巫术使他痛恨不已，鲁迅认为"中医不过是一种有意的或无意的骗子，同时又很起了对于被骗的病人和他的家族的同情；而且从译出的历史上，又知道了日本维新是大半发端于西方医学的事实"。鲁迅在南京求学时，就已经接触到医学书籍如《全体新论》和《化学卫生论》等，那是他向往读到的，因为医学曾是鲁迅的理想。鲁迅在《〈呐喊〉自序》中说："我的梦很美满，预备卒业回来，救治像我父亲似的被误的病人的疾苦，战争时候便去当军医，一面又促进了国人对于维新的信仰。"

1904年9月，鲁迅进入地处日本东北部的偏僻小镇仙台医学专门学校学习医学。课程有解剖学、组织学、物理学、化学、伦理学等，外语是德语。老师藤野严九郎，教解剖学理论，敷波教授教组织学理论。鲁迅在这里学习是很刻苦的，因为没有教科书，听课和记笔记必须特别用功。敷波教授讲课用的是拉丁文和德语，背记起来难度就更大。鲁迅上课从不迟到，藤野先生对他也特别关心，他记的笔记藤野先生从头到尾地加以批改，连文法的错误都一一改正。他跟藤野先生学完了骨学、血管学、神经学。鲁迅说："在我所认为我师的之中，他是最使我感激，给我鼓励的一个。"鲁迅第一年的学习成绩平均为65.5分，在一百四十二名学生中列第六十八名，属于中等的排名。第二年的学习又增加了解剖学实习、组织学实习、细菌学、生理学、病理学、诊断学、外科及药物学等科目。鲁迅在学习期间,参与解剖过二十几具尸体,许寿裳说:"他的学医,是出于一种尊重生命和爱护生命的宏愿,以便学成之后,能够博施于众。"

妒忌

鲁迅在日本仙台医学专门学校学医时是很努力的,从现在保存在鲁迅博物馆的鲁迅的医学笔记中,可以看到鲁迅手绘的解剖图简直就像印刷的线条画,一丝不苟。由于学校考试十分严格,全班有三十人因成绩不及格而不能升级。鲁迅中等的学习成绩受到了猜忌,学生会干事检查鲁迅的讲义,并有匿名信举报鲁迅能有这样的成绩是因为藤野先生在讲义上做了记号,因而预先知道了题目。鲁迅把这事告诉了藤野,班长铃木逸太郎也向藤野做了汇报。藤野先生说:"没有这样的事!"后来事情被平息了,这事使鲁迅受到了很强烈的刺激。后来鲁迅在《藤野先生》一文中回忆:"中国是弱国,所以中国人当然是低能儿,分数在六十分以上,便不是自己的能力了:也无怪他们疑惑。"

独立思考

藤野先生是个在教学上很严谨的老师,同时他的教学方法也很独特。鲁迅在回忆散文《藤野先生》之外还讲过一个故事:有一次测验骨骼系统,他把四肢的骨头摆放在讲台上,然后向学生们提问:这是左臂骨还是右臂骨?考验学生识别骨骼的能力,当然会带来五花八门的回答。实际上，他在台上摆放的那块骨头既不是左臂骨也不是右臂骨，而是一段脚胫骨。藤野先生的目的是训练学生们独立思考和观察的能力。教师的教学方法各有不同，藤野先生的确是一名好的教师。

弃医

1906年初，鲁迅在仙台医专一学期没有学完的时候，在一次微生物学的课上，鲁迅看到了播放日俄战争的幻灯片，"我竟在画片上忽然会见我久违的许多中国人了，一个绑在中间，许多站在左右，一样是强壮的体格，而显出麻木的神情。据解说，则绑着的是替俄国做了军事上的侦探，正要被日军砍下头颅来示众，而围着的便是来赏鉴这示众的盛举的人们。"这件事给了鲁迅很大的刺激，"从那一回以后，我便觉得医学并非一件紧要事，凡是愚弱的国民，即使体格如何健全，如何茁壮，也只能做毫无意义的示众的材料和看客，病死多少是不必以为不幸的。所以我们的第一要著，是在改变他们的精神，而善于改变精神的是，我那时以为当然要推文艺，于是想提倡文艺运动了"。这年3月，鲁迅弃医从文，走上文艺救国之路。

嗜书

鲁迅在东京读书时博览群书，买书是他最大的开销。神田一带的旧书铺、银座的丸善书店是他常光顾的地方。由于读书爱好面很广，鲁迅常常逛完书店即钱袋空空，说："又穷落了！"有一次他从东京到仙台，买完车票后只剩银币两角和铜板两枚了，因为学费马上会由公使馆寄达学校，他就大胆买了两角钱的香烟上了车。车到某站后上来一大堆人,座位没有了,鲁迅见一位老妇人上车便起身让座。妇人很感激,开始聊天,并送给他一大包咸煎饼。他大嚼一通,觉得口渴,到了下一站,便唤买茶,但忘记囊中已羞涩,只好对卖茶人支吾了一声不买了。可好心的老妇人以为他没来得及买,所以到了第二站就急忙为他代为唤茶,鲁迅只好推说不要了。于是老妇人买了一壶送他,鲁迅口渴,一饮而尽了。

外语

鲁迅精通日语,粗通德语,略知英语和俄语,他也和爱罗先珂学过世界语,但是没能掌握。鲁迅留学日本多年,对日语极为精通,以至于刚见到鲁迅的日本友人一开始就以为鲁迅是一个地道的日本人。至于德语,鲁迅在南京矿路学堂附设的江南陆师学堂里就学习过德文,后来到日本的医学院也学习德文。他的德文水平能够达到阅读的程度,在日本,他阅读的欧洲文学作品都是德文版的,说德文的能力不是很强,听力还是不错的。然而他对德国文学并没有什么兴趣,他有一部德国诗人海涅的诗集。德国哲学家尼采对鲁迅的影响是很大的,他曾翻译过尼采的《查拉图斯特拉如是说》的第一篇。再就是喜欢收藏德国的版画书。1924年时,有一次北京世界语专门学校从哈尔滨请来一位俄国教授谢利谢夫,因为鲁迅的大名,他希望会见鲁迅。在荆有麟、孙伏园、章衣萍的陪同下,他们在东安市场的饭店见面了。谢利谢夫能讲德语,日语勉强可以对付,但不会讲英文。他以为鲁迅能讲德语,但鲁迅以为谢氏能懂日本话,所以讲的是日语。后来荆有麟说,"两人都选取自己熟悉的语言而应用,无法顾到对方对另一种语言的听觉的能力,这会谈,是干干脆脆失败了"。至于英文,鲁迅在南京读书时,也学过英文,但水平不是很好，鲁迅自己说过"我于英文是漠不相识"。俄文是鲁迅在日本留学期间跟犹太人孔特夫人学习过，但只是略知而已。

6. 师说

生理"青椒"

现在网络流行语称青年教师为"青椒",鲁迅也做过这样的"青椒"。1909年8月,鲁迅从日本回国,9月,赴任浙江两级师范学堂初级化学和优级生理学教员,成为一名青年教师。其间他编写了一本二百五十页的生理学讲义,许寿裳后来为这部油印本的书题写了书名《人生象教》,后面还附录《生理实验术要略》。这本书是中国近代生理学上较为完整的生理教科书,讲述了人体的生理构造、生理功能、保护健康以及公共卫生等方面的知识。鲁迅的课深得学生们的欢迎,讲课中,学生要求加讲生殖系统,这在清末是非常超前的。讲义用文言写成,简明扼要,还运用了一些古文字,如用"也"表示女阴,用"了"表示男阴,用"系"表示精子,等等。由这部讲义可以看出鲁迅作为理科生时的学习成就及严谨的科学态度,并把所学应用到改变国衰民弱的事业中去。

解剖尸体

鲁迅在浙江两级师范学堂做教员时,中国的解剖学、生理学等医学领域是很薄弱的,人们对尸体解剖的事觉得很新奇,很多人请鲁迅讲这些"海外奇谈"。鲁迅对他们说,他曾经解剖过不少尸体,有老年的，壮年的，男的，女的。他最初也感到不安，后来就不觉得什么了，不过对于年轻的妇人和小孩的尸体，当开始去破坏的时候，常会感到一种可怜不忍的心情，尤其是小孩的尸体，更觉得下不了手，要鼓起很大勇气，才能拿起手术刀。鲁迅虽然后来弃医从文，但他的医学应是学得比较扎实的，直到回国后还购买许多医学方面的书入藏。他的文章也如一把手术刀，不但解剖别人，还解剖自己。

化学"青椒"

鲁迅在南京读洋务学堂时就已开始学习化学，在日本学医时更是经常做化学实验，在化学方面经过系统的学习。鲁迅从日本回国后在浙江两级师范学堂做教员时，还担任过化学老师。当时他只有二十九岁，看上去很年轻。而他的学生许多都留着长辫子，岁数很大。他们在鲁迅背后偷偷开玩笑，有的说，这么小的教员，我的儿子比他还大呢；有的说，我的孙子还比他大呢。这些学生虽然岁数大，但还很淘气。有一次上化学课，讲硫酸，鲁迅告诉学生硫酸的腐蚀性很强，要是皮肉上蘸到一点，就会感到被胡蜂螫了一样痛。后来在做实验时，突然有一个学生按着后颈大叫起来，原来是另一个学生用竹签蘸了一点硫酸，偷偷在他的后头颈上点了一下，他痛得叫起来。鲁迅赶快为他搽药止痛。这些年长的学生对这个年轻的教员讲的话，既不相信又相信，因为不相信，所以要试一下；因为相信，所以要在别人身上去试。

"一枝黄花"

鲁迅也爱花,而且在植物学方面很有造诣。他的藏书中有许多植物学方面的书,很多都是从日本买回的带插图的画册。青少年时期他爱读的《花镜》就是一本讲植物观赏栽培的书,共六卷,内有大量插图。鲁迅十三岁时从族兄寿颐处以二百文购得木版大本翻刻的《花镜》,又读又抄,经过多次批校,分订成三册,又亲自栽种花木,在每株花木上都插上竹签,写上花名,观察它的生长情况。他还根据自己的经验指出了书上的错误。鲁迅从这部书中获得了许多植物学知识。1910年鲁迅在杭州教书时经常和讲植物学的日本教员铃木珪寿一起带学生到孤山、葛岭、北高峰、钱塘门一带采集植物标本。有一次,学生看到一株开着黄花的植物,问其名称,铃木答:"一枝黄花。"学生大笑,不相信铃木老师的回答,说:"这个花就是黄色的,就叫一枝黄花?它的学名呢,也是这样?"鲁迅严肃地告诉学生:"你们可以查植物大词典,这个植物属于菊科,汉名叫一枝黄花嘛!为什么不懂装懂,乱批评呢?"

"拼命三郎"

鲁迅在浙江两级师范学堂任教时,有个绰号叫"拼命三郎"。当时该校的教职员十之八九是留日归来的,短衣无辫,思想新潮。这年冬天,夏震武接任浙江两级师范学堂监督,此人自命理学大儒,封建思想极端顽固,于是鲁迅等给他起了个外号叫"木瓜"。他刚到学堂,就要求时任教务长的许寿裳:一,定某日在礼堂与各教师相见;二,必须各穿按品礼服;还要设立孔子牌位。教师们对这种倒行逆施的行为极为不满，拒绝参礼的形式并全体罢教，向学校提出辞呈，学校只能停课。于是夏震武一面写信给浙江巡抚请求支持，一面指使一些师生劝诱教员复课，但复课终未成功，夏震武只好辞职。在这场风潮中带头的几位被反对派按《水浒传》中的诨名编排了绰号：许寿裳是"白衣秀士"，鲁迅是"拼命三郎"，张宗祥是"霹雳火"，等等。可见鲁迅在这场斗争中的大无畏。事后，教师回校，学校复课，大家开了一个"木瓜纪念会"，并合影留念。鲁迅的同事张宗祥为这场斗争取名为"木瓜之役"。后来，凡是照片上的人，相遇时都互称"木瓜"，鲁迅当然地也被这些同事戏称为"周木瓜"。

女生们

1922年，鲁迅的好友许寿裳组建北京女子师范大学，并出任校长。凭着许寿裳的好人缘，当时教育界许多名流都受邀到女师大兼课，鲁迅、周作人、胡适、钱玄同、沈尹默、马裕藻、陈独秀、李大钊都到过女师大兼课或讲学。许广平在1923年也考入女师大国文系，成为鲁迅的学生。那年鲁迅四十二岁，许广平二十五岁。

鲁迅的学生陆晶清曾这样说过作为教师的鲁迅：未受教前很仰慕，很想看看他是怎样一个人；初受教时，十分敬重，但有畏惧。看到他那严峻的面孔就有些怕。有时他讲了幽默话引得我们笑了，可是当他的脸一沉嘴一闭，我们的笑声就戛然而止。后来，逐渐察觉他并不"怪僻可怕"，才消除畏惧，不仅敢于和他亲近，还敢于对他"淘气"，乃至"放肆"。许广平讲过这样的故事：

有一天，新的讲义还没印出来，鲁迅正准备讲课，坐在前排的几个女学生开始和他捣乱："周先生，天气真好哪！"鲁迅不理。

"周先生，树枝吐芽哪！"还是不理。"周先生，课堂空气没有外面好哪！"鲁迅笑了笑。"书听不下去哪！""那么下课！""不要下课，要去参观。""还没有到快毕业的时候呢，不可以的。""提前办理不可以吗？""到什么地方去？""随便先生指定罢！""你们是不是全体都去？"鲁迅是想测试一下是不是几个少数人在捣乱，结果全体起立，大家都笑了："先生，一致通过。"鲁迅想了想，在黑板上写出"历史博物馆"几个字。当时历史博物馆设在午门，是皇宫的一部分。鲁迅要大家分头出发，到了午门聚齐。那时历史博物馆是归教育部直辖，一般人还进不去，鲁迅在教育部当佥事，所以那里面的管事人都很客气地招待我们参观各种陈列：有大鲸鱼的全副骨骼，各种标本，和古时用的石刀石斧、泥人、泥屋，有从外国飞到中国来的飞机，也保存在一间大房子里。有各种铜器，有一个还是鲁迅用周豫才名捐出的。其他平常看不到的东西真不少，胜过我们读多少书，因为有先生随处给我们很简明的指示。

讲堂

1920 年起，鲁迅在北京大学、北京师范大学等学校兼课，讲授中国小说史，许多听过鲁迅在北京大学讲课的学生描述过鲁迅讲课时的情形，读起来都令人感动和神往。民国时北京大学的旧址在沙滩红楼。鲁迅那时头发很长，胡须很直硬，脸上皱纹深刻，眼睛微陷，着小袖长衫，平凡而无名流学者气。他没有皮包，只有一只布包，其中夹着讲义。听讲的教室总是挤得满满的，有时甚至教室的过道上都挤满学生。上课前，鲁迅总是提前半小时就坐到休息室，许多同学就挤上去问问题。上课铃声响后，鲁迅由青年学生簇拥着走进教室，然后开始讲课。他讲课的语言有绍兴方言口音，但缓慢清晰，能达到人人听懂的程度。鲁迅走上讲台，打开小布包，取出讲稿，翻开就讲。他讲课幽默风趣，旁征博引，常使学生大笑不止，而他自己并不笑。鲁迅的学生王冶秋描述鲁迅讲述历史"往深处钻，往皮里拧，把一切的什么'膏丹丸散，三坟五典'的破玩意撕得净尽。你只看他眯缝着眼睛认真地在那撕，一点也不苟且的在那里剥皮抽筋，挖心取胆"……他讲课一般都是两小时连堂一起讲，因为如果中间休息十分钟被学生包围起来提问题，也许比讲堂上还要忙碌。每次下课后，学生们还要跟他到休息室去发问。看鲁迅的文章就可以想象到他讲演时会是多么精彩。

"酸酒"

1924年，鲁迅在北师大国文系兼课。1月13日早晨，鲁迅还睡着，家里的女工就把他叫了起来，说师大有一个叫杨树达的学生要见他。鲁迅以为是北师大国文系的杨树达，便叫女工把客人请进来。客人进屋后，鲁迅发现这并不是他所认识的杨树达，而是"一个方脸，淡赭色脸皮，大眼睛长眼梢，中等身材的二十多岁的学生风的青年"。他的行为举止非常傲慢无礼，伸手向鲁迅要钱，并威胁如果不给钱，就找鲁迅的兄弟去要，还躺在床上哼哼唧唧地唱起歌来，闹腾了半天才离开。鲁迅认为这学生是来这里装疯的，非常气愤，便写了一篇文章《记"杨树达"君的袭来》，记述了整个事件。

几天后，鲁迅的学生李遇安给鲁迅写了一封信，说明了鲁迅文中写的这个"杨树达"是北师大中文系的一名学生，名叫杨鄂生，确实患有精神病。此人病前对鲁迅非常敬仰，想拜访鲁迅。得病后，他偷了一张杨树达的名片去鲁迅家撒了一通疯。鲁迅弄清事情的原委后，对误解杨鄂生感到很内疚，于是又写了一篇《关于杨君袭来事件的辩正》,检讨自己的过错,并希望他恢复健康,还写信给《语丝》编辑孙伏园:"自己感到太易于猜疑,太易于愤怒。他已经陷入这样的境地了,我还可以不赶紧来消除我那对于他的误解么?"他希望孙伏园将这"辩正"刊出,说:"由我造出来的酸酒,当然应该由我自己来喝干。"这个故事,体现了鲁迅的人格,也反映了鲁迅多重的性格。

7. 为官

夏期讲演会

鲁迅于1912年5月到北京教育部，其时仅仅是一名社会教育司第二科科员，6月，便接受了夏期讲演会的任务。1912年，作为教育总长的蔡元培在《对于新教育之意见》中提出"五育"的教育方针，认为世界观教育须通过美感教育来实现，这两者均是"超轶政治之教育"。鲁迅赞同蔡元培的观点并积极实施这一教育方针，欣然承担了教育部夏期美术讲习会中关于《美术略论》的课程。

6月21日，鲁迅到宣武门虎坊桥法律学堂进行首次讲演，题目是《美术略论》。鲁迅日记载："下午四时至五时赴夏期讲演会演说《美术略论》，听者约三十人，中途退去者五六人。"尽管如此，鲁迅仍按时授课。第二讲是在6月28日，"四时赴夏期讲演会述《美术略论》，至五时已"。第三讲在7月5日，"下午四时赴讲演会，讲员均乞假，听者亦无一人，遂返"。由于蔡元培7月1日提出辞职，消息传开，讲员都请了假，学员更是无人前往了。鲁迅仍然坚持进行了第四讲，7月10日，"上午九时至十时诣夏期讲习会述《美术略论》，听者约二十余人"。这时又生事端，由于蔡元培提出辞职，临时教育会议决定删除美育。7月12日，鲁迅听闻这件事情，气愤得在当天的日记中写道："此种豚犬，可怜可怜！"7月14日，蔡元培辞职。在时政混乱、教育思想混乱的情况下，鲁迅于7月17日坚持讲完最后一讲,"上午九时至十时在夏期讲会述《美术略论》,初止一人,终乃得十人,是日讲毕"。鲁迅的阅读范围甚广,深谙中国美术的真谛,留学日本期间又接触到大量外国美术理论和作品。《美术略论》的讲稿虽然现在佚失,但从鲁迅后来的美术思想及对中国美术的贡献来看,应有不俗的见解。听众少的原因,一是动乱时代使人们对美术理论没有兴趣,二是没有认识到美育的重要性。正如鲁迅在《坟·娜拉走后怎样》一文中所说的:"可惜中国太难改变了,即使搬动一张桌子,改装一个火炉,几乎也要血;而且即使有了血,也未必一定能搬动,能改装。不是很大的鞭子打在背上,中国自己是不肯动弹的。我想这鞭子总要来,好坏是别一问题,然而总要打到的。但是从那里来,怎么地来,我也是不能确切地知道。"

设计国徽

1912年8月26日,鲁迅被任命为教育部社会教育司第一科科长。社会教育司第一科实际上是北洋政府时期文化艺术方面的最高领导机构,按照《教育部分科规程》,鲁迅负责的业务范围是:

关于博物馆、图书馆事项;

关于动植物园等学术事项;

关于美术馆及美术展览会事项;

关于文艺、音乐、演剧等事项;

关于调查及收集古物事项。

8月28日鲁迅日记载:"与稻孙、季市同拟国徽告成,以交范总长,一为十二章,一为旗鉴,并简章二,共四图。"这一天,鲁迅将与钱稻孙、许寿裳合作设计的国徽图稿上交给当时的教育总长范源濂,并作《致国务院国徽拟图说明书》一文。钱稻孙后来回忆,这个国徽的创意是由三个人商量之后设计的,由钱稻孙绘制,鲁迅为之撰写了说明。这篇文章连同国徽图刊载于1913年2月北京《教育部编纂处月刊》第一卷第一册。文中论述了国徽的由来和历史,国徽的作用,同时提出了独特的设计思想,"应远据前史,更立新图,确有本柢,庶几有当"。并为所设计的国徽做了详细的说明。十二章,基于古代天子的冕服制度,出自《尚书》,为古代十二种吉祥图案,通常绣在礼服上,包括日、月、星辰、山、龙等。

2005年,《致国务院国徽拟图说明书》才被收入《鲁迅全集》。从这篇文章可以看出鲁迅的文言文撰写得非常精彩。文章不足千字,录在这里供读者欣赏:

"谨按西国国徽,由来甚久,其勾萌在个人,而曼衍以赅一国。昔者希腊武人,蒙盾赴战,自择所好,作绘于盾,以示区别。降至罗马,相承不绝。迨十字军兴,聚列国之士而成师,惧其杂糅不可辨析,则各以一队长官之盾徽为识,由此张大,用于一家,更进而用于一族,更进而用于一国。故权舆之象,率为名氏,表个人也;或为十字,重宗教也。及为国徽,亦依史实,因是仍多十字,或摹盾形,复作衮冕旗帜之属,以为藻饰。虽有新造之国,初制徽识,每不能出其环中,盖文献限之矣。今中华民国,已定嘉禾为国徽,而图象简质,宜求辅佐,俾足以方驾他徽,无虑朴素。惟历史殊特,异乎欧西,彼所尚者,此不能用。自应远据前史,更立新图,确有本柢,庶几有当。考诸载籍,源之古者,莫如龙。然已横受抵排,不容作绘。更思其次,则有十二章。上见于《书》,其源亦远。汉唐以来,说经者曰:日月星辰,取其照临也;山,取其镇也;龙,取其变也;华虫,取其文也;宗彝,取其孝也;藻,取其洁也;火,取其明也；粉米，取其养也；黼，取其断也；黻，取其辨也。美德之最，莫不赅备。今即从其说，相度其宜，会合错综，拟为中华民国徽识。作绘之法，为嘉禾在于中，是为中心。嘉禾之状，取诸汉'五瑞图'石刻。干者，所以拟盾也。干后为黼，上缀粉米。黼上为日，其下为山。然因山作真形，虑无所置，则结缕成篆文，而以黻充其隙际。黼之左右，为龙与华虫，各持宗彝。龙复有火丽其身，月属于角。华虫则其味衔藻，其首戴星。凡此造作改为，皆所以求合度而图调和。国徽大体，似已略具。复作五穗嘉禾简徽一枚，于不求繁缛时用之。又曲线式双穗嘉禾简徽一枚，于笺纸之属用之。倘更得深于绘事者，别施采色，令其象更美且优，则庶几可以表华国之令德，而弘施于天下已。"

鲁迅参与设计的这枚国徽图在民国的旗帜和钱币上都使用过。在钱币收藏家手上，可以看到这样一枚铸有"中华民国十二年造"字样的硬币，下面铸有国徽图，甚为精美。北京鲁迅博物馆还藏有一枚由天津造币厂雕制的"十二章国徽图"铅模。由于流传稀少，所以现行收藏价格不菲。

哭脸校徽

校徽是一个学校的标志，也是一种荣耀。北京大学的校徽也是中国近代第一枚校徽，是由鲁迅设计的。北京大学的前身是京师大学堂，1898年创立，是中国近代第一所大学，中国近代高等教育由此发端。1912年5月15日，京师大学堂更名为"国立北京大学"，也正是在这个时间，鲁迅受蔡元培之邀来到教育部工作。1916年12月，蔡元培出任北京大学校长，他很赞赏鲁迅的美术功底，于是1917年他邀请鲁迅为北京大学设计校徽，8月，鲁迅完成北大校徽图样设计，后即被采用。

这枚校徽的造型采用的是中国传统的瓦当形象，简洁的线条轮廓颇具现代设计感。"北大"两个篆书字体上下排列，其中"北"构成背对背的两个侧立的人像，而"大"构成了一个正面站立的人像。校徽突出"以人为本"的办学理念，并给人以北大人肩负重任的想象。设计亦文亦画、古朴简洁、寓意丰富。至今，北京大学仍沿用鲁迅设计的基本元素，足见这一设计的生命力。北大教授刘半农在为《北京大学卅五周年纪念刊》撰文时曾写道："我以为这愁眉苦脸的校徽，正在指示我们应取的态度，应走的路。我们唯有在愁眉苦脸中生活着，唯有在愁眉苦脸中咬紧了牙齿苦干着，在愁眉苦脸中用沉着刚毅的精神挣扎着，然后才可以找到一条光明的出路。"

蔡元培为什么请鲁迅而不是请专业美术家设计北大校徽呢？这其中有这样几个原因：蔡元培是鲁迅的同乡与师长，长鲁迅十三岁。蔡元培出任中华民国教育总长后，许寿裳将鲁迅推荐给蔡元培。蔡元培对许寿裳说："我久慕其名，正拟驰函延请，现在就托先生代函敦劝，早日来京。"鲁迅从绍兴进教育部后，对蔡元培非常尊重与信赖，对他提倡美术教育的观点非常赞同。进京后，鲁迅被聘为教育部佥事、社会教育司第一科科长，主管美术馆、博物院、图书馆、音乐会、演艺会等事宜。鲁迅自幼就有深厚的美术修养，作为教育部的公务员，他积极参加教育部美术教育工作，在夏期讲习班讲授《美术略论》，1913年还发表了著名的《拟播布美术意见书》。这一切蔡元培是了解的，因此他对鲁迅充满了信任。

1920年8月至1926年8月，鲁迅在北京大学兼任讲师，前后有六年之久。北大是鲁迅任教时间最长的一所学校。1925年，北大建校二十七年的时候，鲁迅写了一篇短文《我观北大》，文中说："北大是常为新的，改进的运动的先锋，要使中国向着好的，往上的道路走。虽然很中了许多暗箭，背了许多谣言；教授和学生也都逐年地有些改换了，而那向上的精神还是始终一贯，不见得弛懈。"他指出："北大究竟还是活的，而且还在生长的。凡活的而且在生长者，总有着希望的前途。"鲁迅这段话，也可以看作他对北大校徽的设计思想。

历史博物馆

现在的国家博物馆前身即民国时期国立历史博物馆，鲁迅曾参与过国立历史博物馆的筹建。在蔡元培的倡议下，1912年6月国民政府责成教育部开始筹建。当时教育部指定社会教育司负责，并委派该司第二科科长周树人（鲁迅）勘选馆址。因国子监毗邻孔庙，内有辟雍、彝伦堂等建筑，内藏典籍、鼎、石鼓等及前朝典学器具，遂经政府国务会议议决，国立历史博物馆筹备处于1912年7月9日在国子监成立。教育部聘任京师大学堂文科教授胡玉缙为主任。

鲁迅因筹建历史博物馆付出过很多心血，经常到这里来检查工作。他对历史博物馆的工作非常重视，1913年，因万国书业雕刻及他种专艺赛会准备在1914年5月至8月于德国莱比锡举办展览，故委托在华留学的米和伯博士在北京设筹办处，征集中国展品。这是国立历史博物馆自筹备以来首次将藏品公开展陈。1913年11月20日，历史博物馆送藏品十三种至教育部，鲁迅"以其珍重，当守护"，回家取了两条被毯，住在教育部中看守，"不眠至晓"。

1917年，教育部以国子监"地处偏僻，屋舍狭隘"为由，将馆址改设在端门至午门一带的建筑内，1918年7月将午门城楼及两翼朝房辟为陈列室。1926年10月10日历史博物馆正式开馆，在午门城楼及东西雁翅楼开设了十个专题陈列。鲁迅还把自己买到的一些文物捐献给历史博物馆。鲁迅日记载：1921年3月23日，"为历史博物馆买瓦当二个，三元。"1923年7月23日，"上午以大镜一枚赠历史博物馆。"现在鲁迅博物馆馆藏的一只铜镜和一只大碗就是鲁迅当时捐赠给历史博物馆的文物。

赞同世界语

1923年6月，蔡元培等人为造就世界语的专门人才和师资，普及世界语，创办了北京世界语专门学校，蔡元培任校长。6月7日，鲁迅日记载："午后往世界语学校筹款游艺会。"这是由陈空三、陈声树、冯省三等人发起的世界语学校筹款游艺会，鲁迅、蔡元培、爱罗先珂、周作人、钱玄同连同陈空三、陈声树、冯省三等11人，共同组成该校董事会。鲁迅作为发起人和董事之一，于同年9月至1925年3月在该校讲授小说史。

早在1908年，鲁迅在日本东京民报社就听过世界语讲座，当时听讲座的还有宋教仁、章太炎、朱执信、周作人、苏曼殊。鲁迅对世界语的历史、世界语创始人柴门霍夫的理想和世界语的特点有深刻的理解。1912年蔡元培任教育总长时，还通令全国师范学校开设世界语课。1916年11月，《新青年》杂志曾为此开展过一场历时三年的讨论，鲁迅、胡适、钱玄同等都阐发了自己的观点。这场讨论推动了世界语运动在中国的发展。1918年11月4日，鲁迅在《渡河与引路》一文中表达了自己对世界语赞同的观点："要问赞成的理由，便只是依我看来，人类将来总当有一种共同的言语；所以赞成Esperanto（世界语）。至于将来通用的是否Esperanto，却无从断定。大约或者便从 Esperanto 改良，更加圆满；或者别有一种更好的出现；都未可知。但现在既是只有这 Esperanto，便只能先学这 Esperanto。现在不过草创时代，正如未有汽船，便只好先坐独木小舟；倘使因为豫料将来当有汽船，便不造独木小舟，或不坐独木小舟，那便连汽船也不会发明，人类也不能渡水了。"并强调说，"学 Esperanto 是一件事，学 Esperanto 的精神，又是一件事"。"灌输正当的学术文艺，改良思想，是第一事；讨论 Esperanto，尚在其次；至于辨难驳诘，更可一笔勾消。"

鲁迅在世界语专门学校讲授小说史时多是义务授课。在这两年间，鲁迅经历着兄弟失和的感情挫伤，以及教育部欠薪、借款购房的债务压力，同时又身患重病，但他仍然尽自己的努力支持世界语这一新生事物。

直到去世前，鲁迅始终都在关心世界语在中国的发展，并发表支持世界语的演讲，支持青年用世界语翻译，多次为世界语组织捐款。1936 年 8 月，当时鲁迅已身患重病，他在《答世界社信》中说："这几天正在吐血，医生连话也不准讲，想一点事就头晕，但大约也未必死。""我自己确信，我是赞成世界语的。赞成的时候也早得很，怕有二十来年了罢，但理由却很简单，现在回想起来：

一，是因为可以由此联合世界上的一切人——尤其是被压迫的人们；

二，是为了自己的本行，以为它可以互相绍介文学；

三，是因为见了几个世界语家，都超乎口是心非的利己主义者之上。"

世界语专门学校的地址在北京西城孟端胡同，离白塔寺很近，旧屋已大部分被拆除，世界语专门学校旧面貌已荡然无存。

大内档案

鲁迅有一篇杂文《谈所谓"大内档案"》，描述了这样一段故事：清代康熙九年起，开始把一些档案存放在紫禁城内阁大库内，这些档案被称为"大内档案"。其中包括皇帝诏令、臣僚进呈、皇帝批阅过的奏章、皇帝起居注、历科殿试的卷子等，是研究明清历史的珍贵资料。鲁迅说："这正如败落大户家里的一堆废纸，说好也行，说无用也行的。因为是废纸，所以无用；因为是败落大户家里的，所以也许夹些好东西。况且这所谓好与不好，也因人的看法而不同，我的寓所近旁的一个垃圾箱，里面都是住户所弃的无用的东西，但我看见早上总有几个背着竹篮的人，从那里面一片一片，一块一块，检了什么东西去了，还有用。更何况现在的时候，皇帝也还尊贵，只要在'大内'里放几天，或者带一个'官'字，就容易使人另眼相看的，这真是说也不信，虽然在民国。"1909年（宣统元年），由于库房塌落一角，亟须修缮，库内几百万件档案就被搬了出来。其中一部分年代久远，用处不大的，准备焚毁。清代学者罗振玉发现后，通过张之洞奏请皇帝将这些档案保存下来，后用八千麻袋装好后运到学部后堂保存，后又转移到国子监敬一亭。1914年北洋政府在国子监成立了历史博物馆筹备处，教育部接管了大内档案。1918年教育总长傅增湘派鲁迅等人去整理这些档案，傅增湘是著名的藏书家，他是想从这批东西中找到一些宋版书之类的宝贝。鲁迅参加了部分整理工作，他看到当时教育部的官员们常将搜拣出来的东西拿走，待送还时就少了一些，还有的干脆顺手牵羊塞进洋裤袋里。1922年春，历史博物馆将大内档案残余卖给北京同懋增纸店，售价四千元；其后又由罗振玉以一万二千元买得。1927年9月，罗振玉又将它卖给日本人松崎。鲁迅感慨："中国公共的东西，实在不容易保存。如果当局者是外行，他便将东西糟完，倘是内行，他便将东西偷完。而其实也并不单是对于书籍或古董。"

人浮于事

鲁迅的一位表兄叫阮和森，是鲁迅母亲方面的亲戚，他到北京经常住到鲁迅家里。鲁迅在教育部上班时，人浮于事的官场很令他厌烦。他对阮和森说："我在教育部见天学做官。"阮和森奇怪地问："为什么？"鲁迅回答说："我每天签个到，一个字值好些钱呀，除了报到，什么事也不干。"从1912年到1926年近15年的时间，政治上军阀混战，总统、总理、部长都频繁更换，教育总长更是如走马灯一样，先后换过三十四人，更换次数有四十二次。北洋政府时期的教育部，基本就是一个人浮于事的官僚机构，很多人上班打牌、聊天、下棋，无所事事。鲁迅在《世故三昧》一文中曾写过在教育部中的一件事："那是十多年前，我在教育部里做'官僚'，常听得同事说，某女学校的学生，是可以叫出来嫖的，连机关的地址门牌，也说得明明白白。有一回我偶然走过这条街，一个人对于坏事情，是记性好一点的，我记起来了，便留心着那门牌，但这一号，却是一块小空地，有一口大井，一间很破烂的小屋，是几个山东人住着卖水的地方，决计做不了别用。待到他们又在谈着这事的时候，我便说出我的所见来，而不料大家竟笑容尽敛，不欢而散了，此后不和我谈天者两三月，我事后才悟到打断了他们的兴致，是不应该的。"

索薪

鲁迅在北洋政府教育部上班相当于现在的国家公务员,他又是科长,能挣到每月三百多元的薪水,在当时已经是很不错的了,能养活一家人,还能攒钱买房子。如果按每月上二十五天班算,"周树人"三字乘以二十五等于每月七十五个字,合每个字四块大洋啊。按当时的生活水准两块大洋一袋洋面,鲁迅家中的女工月收入也只有两元。可见民国时的一个小官就可称为大款了。

鲁迅在北京时由于军阀混战,教育经费多被挪用作军费。1919年以后直到北洋军阀政府覆灭,教育经费拖欠长达七年。鲁迅在杂文《记"发薪"》中记述,从1926年1月至7月,鲁迅只领了四次薪水190.5块大洋,而历年所欠薪水高达9240银元(合现在的32万多元)。鲁迅说自己成了"精神上的财主""物质上的穷人"。鲁迅在《娜拉走后怎样》一文中曾说:"钱——高雅的说吧,就是经济,是最要紧的了。自由固不是钱所能买到的,但能够为钱而卖掉。"鲁迅也作为学界代表,到国务院参加了索薪斗争,但不是太积极。闻一多当时也参加了索薪,他回忆当时讲话最多的是林语堂。在场的人只有两个没有说话,一个是闻一多,另一个不但没说话,甚至在那里打起了瞌睡。1926年7月,鲁迅接受了林语堂的邀请到厦门大学任教,高达四百块大洋的薪水也是鲁迅南下的原因之一。

女师大风潮

北京女子师范大学位于西城区石驸马大街。1923年7月鲁迅应校长许寿裳之聘,担任国文系小说史科兼任教员,开设小说史和文艺理论课。1924年2月18日，杨荫榆任女师大校长，5月7日，女师大学生要求参加国耻纪念日游行，不被允许，学生要求教育部更换校长。8月13日，因不满杨的封建治校方针，鲁迅退还女师大聘书，宣布辞职，后因学生热情挽留才继续留任。同月，国文系三名学生因不满杨荫榆被勒令退学，再次引起风潮。1925年1月，学生代表赴教育部要求撤换杨荫榆，2月1日，学生自治会在中山公园来今雨轩开记者茶话会，发表驱杨宣言。5月7日，女师大学生会召开会议纪念国耻日和纪念孙中山，杨荫榆登台演讲，学生们坚持要她退席。9日，杨荫榆假借校评议会的名义，将学生自治会干部许广平、刘和珍等六人开除。11日，女师大学生召开全校紧急大会，决定驱逐杨荫榆出校，并出版了《驱杨运动特刊》；同时请鲁迅、马裕藻等人出面伸张正义，维持校务。5月27日，鲁迅、马裕藻、沈尹默、钱玄同等七人联名在《京报》上发表由鲁迅起草的《对于北京女子师范大学风潮宣言》，坚决支持女师大学生。8月初，杨荫榆被迫辞职。1925年8月7日，教育部下令，以北京女子师范大学闹学潮为由，将其解散并封闭其校舍。8月10日，段祺瑞政府下令停办女师大，另成立国立女子大学。鲁迅坚决反对，并参加了女师大维持会，站在学生一边。12日，教育总长章士钊呈请段祺瑞，下令免去鲁迅教育部佥事的职务。鲁迅以章士钊免职令时间倒填在校务维持会成立之前为由，向平政院提起诉讼。1925年冬，章士钊离职，女师大复校。1926年1月17日，教育部决定恢复鲁迅教育部佥事职务。1926年3月，北京临时执政府发布了"撤销对周树人免职处分"的训令。至此，历时一年半的女师大风潮以鲁迅为代表的进步势力获得胜利而告平息。

起诉部长

因鲁迅在北京女子师范大学学潮时,站在学生一边,教育总长章士钊呈请段祺瑞,下令免去鲁迅的教育部佥事的职务。呈文写道:"本部佥事周树人,兼任国立女子师范大学教员,于本部下令停办该校以后,结合党徒,附和女生,倡设校务维持会,充任委员。似此违法抗令,殊属不合,应请明令免去本职,以示惩戒。"鲁迅以章士钊免职令时间倒填在校务维持会成立之前为由,向平政院提起诉讼。1925年冬,章士钊离职,女师大复校。平政院于1926年2月23日开会做出裁决,判定鲁迅胜诉。鲁迅终于赢得了这场下级起诉上级的官司。

8. 亲情

椿寿的画像

在北京鲁迅故居的正房东壁上,挂着一幅画像,那是鲁迅的四弟椿寿,生于1893年6月13日,1898年12月20日因患急性肺炎去世。椿寿,本是一个典故,出自《庄子·逍遥游》,"上古有大椿者,以八千岁为春,八千岁为秋"。椿寿即指大椿的寿命,比喻长寿。从椿寿的取名也见得鲁迅祖父的学问,然而椿寿却没有长寿,按虚岁说只活了六岁。椿寿去世后,鲁迅的母亲很悲伤,鲁迅兄弟特意请了绍兴有名的画家叶雨香给四弟画了一幅遗像,这幅画跟随鲁迅的母亲一直挂了四五十年。画像上的脸是照鲁迅的脸画的。鲁迅曾经对友人讲过这个故事,当时请来的画师没见过四弟,只好询问四弟的相貌特征,而鲁迅母亲在极度悲痛中一时说不出来。鲁迅对画师说:"四弟的面容很像我,就照着我的脸画好了。"这样解决了画师的难题。画像画好裱完送来时,鲁迅的母亲非常满意,连称画师的手艺高。这幅画像至今还在,从脸部来说,这可称作鲁迅的第一幅画像。

鲁瑞评《呐喊》

鲁迅的母亲鲁瑞,绍兴乡下安桥头人。她没有正式上过学,幼时塾师给她的兄弟上课,她只能站在门外听。后来她就自己找些书看,遇到不认识的字,问问别人,终于自修到能看书的程度。她喜欢读章回小说,读过很多旧小说,当时的新小说喜欢读李涵秋的《广陵潮》,还喜欢读《红玫瑰》杂志。随鲁迅移居北京后喜欢读报纸,每天要看两三份报纸,看过之后就与家人谈论时事,她对段祺瑞、张作霖、冯玉祥、蒋介石这些人都有批评。每隔一段时间,她就会说:"老大(指鲁迅),我没有书看哉!"鲁迅就为她到处搜集小说看。一天,章衣萍的夫人吴曙天给她拿来了一本《呐喊》,指着书中的《故乡》说:"这一篇特别好。"老太太马上戴上眼镜读起来。读后,老太太说:"没啥好看,我们乡间也有这样的事情,这怎么也可以算作小说呢?"说罢把书还给了吴女士。在场的人都笑了,因为她并不知道这篇文章就是她儿子写的。这故事说明鲁迅对母亲非常孝顺,母亲对儿子也相当地不客气。鲁老太太1943年在北京去世,享年八十七岁。

原配夫人

鲁迅在日本读书,家里所闻传言说他是新派人物,担心他可能不拜祖先,反对旧式婚礼,又有传言说他在日本娶了老婆,于是急急火火地催促他回国,有时一天来两次信,鲁迅因为生气和烦躁搞得有点神经衰弱了。后来又打来电报,说母亲病危了。没办法,只好回国,到家一瞧,房已修理好,家具全新,一切结婚的布置都已停当,只等他回来做新郎了。在旧中国,由家长给孩子包办婚姻是天经地义的事,悔婚是不行的。鲁迅的妈妈急于给他成亲,也是出于无奈。鲁迅不忍违背母亲的意愿,于是牺牲了自己的意志,与朱安结了婚。婚后第二天,他便睡到母亲床边的一张床上。第四天,就回日本去了。鲁迅后来说:"这是母亲给我的一件礼物,我只能好好地供养它,爱情是我所不知道的。"无论如何,鲁迅还是一个孝顺的孩子,在婚姻大事上尽管违心,还是听了家长的话。可见孝与幸福并不是一回事。

朱安比鲁迅大三岁,身材矮小,不识字,小脚,会烹饪,会做针线活,性格温顺。周作人说朱安"新人极为矮小,颇有发育不全的样子"。1906 年 7 月 6 日鲁迅与朱安结婚,那年鲁迅二十五岁,在旧中国算是晚婚了,婚后鲁迅对朱安并没有产生爱情。1936 年鲁迅在上海去世,朱安又在北京阜成门内西三条用丁香与枣树点缀的四合院中,陪伴并送走鲁迅的母亲。1947 年,朱安经过了四十一年漫长无爱的婚姻生活后离世。

兄弟失和

1919 年底,鲁迅全家搬进八道湾胡同 11 号院,一家人其乐融融。鲁迅在这里写下了著名的《阿 Q 正传》等十篇小说,发表杂文三十余篇,译作四十余篇,出版了第一本小说集《呐喊》、译文集《爱罗先珂童话集》《桃色的云》和《工人绥惠略夫》,编定了《中国小说史略》上卷。八道湾之所以有名,还因为这里常有文化名人造访。鲁迅与周作人的同事好友经常到八道湾做客。许寿裳、孙伏园、章廷谦、马幼渔、沈尹默、沈兼士、张凤举等都是常客。蔡元培、胡适、郑振铎、郁达夫、许地山等都到过八道湾。八道湾胡同的出名还和周氏兄弟的出名与恩怨分不开。周氏兄弟从 1918 年起,就参加《新青年》杂志的编辑工作,并成为主要撰稿人,发表小说、杂文、翻译作品一百多篇。1921 年初,文学研究会成立,周作人是发起人之一。兄弟二人对新文化运动的发展起到了重要作用。1919

年末，鲁迅刚买了房，全家迁入北京，教育部从 1920 年起就开始欠薪。作人患肋膜炎，建人的儿子沛患重病住院，二弟媳又挥霍无度，致使经济压力巨大。鲁迅从 1920 年起在北京大学、北京师范大学等学校开始兼职授课也有经济上的原因。鲁迅作为周家老大，家中困难主要由他来承担。这样大家庭的团聚生活维持了三年，终于在 1923 年 7 月，积蓄已久的家庭矛盾爆发了。鲁迅日记 7 月 14 日载："是夜始改在自室吃饭，自具一肴，此可记也。" 7 月 19 日又载："上午启孟自持信来，后邀欲问之，不至。"周作人的信这样写道："鲁迅先生：我昨天才知道，——但过去的事不必再说了。我不是基督徒，却幸而尚能担受得起，也不想责难，——大家都是可怜的人间。我以前的蔷薇的梦原来都是虚幻，现在所见的或者才是真的人生。我想订正我的思想，重新入新的生活。以后请不要再到后边院子里来，没有别的话。愿你安心，自重。七月十八日，作人。" 8 月 2 日，鲁迅"下午携妇迁居砖塔胡同六十一号"。关于兄弟失和的原因众说纷纭，但可考的史料都已公之于众。主要的原因在于：一是周作人之妻羽太信子的歇斯底里性，凶悍泼辣，持家无度，制造谣言；二是兄弟二人的思想取向产生了分歧。

爱情

爱情叩开鲁迅心扉的时间应该是在 1923 年的秋天。这年鲁迅在北京女子师范大学兼课，许广平正是他的学生。许广平出生于 1898 年 2 月 12 日，老家是广东番禺。出生没几天，父母就为她定下娃娃亲，许配给广州一户姓马的绅士家。许广平长大后坚决反对这门亲事，最后终于逃脱掉这场包办婚姻。1922 年，许广平考入北京女子师范大学，第二年就由鲁迅给他们讲授中国小说史的课程。鲁迅在当时已经很有名气，他来上课女生们期待已久。许广平通常坐在教室的第一排，经常向老师提问，非常活跃。鲁迅也认为她很聪明，爱动脑筋，对她很有好感。

情书

《两地书》是鲁迅与许广平自1925年3月至1929年6月间的通信结集，共收信一百三十五封（其中鲁迅信六十七封半），鲁迅将他与许广平的通信经过编辑修改出版，分为三集。原信的内容与出版后的文字有一些出入，隐去了一些私密的内容。鲁迅说：《两地书》中"既没有死呀活呀的热情，也没有花呀月呀的佳句"。

1925年3月11日，许广平在同学林凤卓的鼓励下，给鲁迅写了第一封信。她在信中写道："现在执笔写信给你的，是一个受了你快要两年的教训，是每星期翘盼着听讲《小说史略》的，是当你授课时每每忘形地直率地凭其相同的刚决的言语，好发言的一个小学生。他有许多怀疑而愤懑不平的久蓄于中的话，这时许是按抑不住了罢，所以向先生陈诉"。信中谈到对教育、对青年的种种看法，还写道："先生，你自然是只要放下书包，洁身远引，就可以'立地成佛'的。然而，你在仰首吸那醉人的一丝丝的烟叶的时候，可也想到有在蛋盆中展转待拔的人们么？""希望先生不以时地为限，加以指示教导的。先生，你可允许他么？"她还说："苦闷之果是最难尝的"。问鲁迅："先生，可有甚么法子能在苦药中加点糖分，令人不觉得苦辛的苦辛？而且有了糖分是否即绝对的不苦？"这"不以时地为限，加以指示教导"分明是一种求爱的信号，希望能在他们中间加些甜蜜的成分。没想到，鲁迅接到许广平的信后当晚就热情地写了长长的回信，谈到了学风、女师大校中的事，还谈到了他的处世方法。

关于"加糖",鲁迅回答说:"苦茶加糖,其苦之量如故,只是聊胜于无糖,但这糖就不容易找到,我不知道在那里,这一节只好交白卷了。"那信是以"广平兄"为开头的,鲁迅这样给她解释:"旧日或近来所识的朋友,旧同学而至今还在来往的,直接听讲的学生,写信的时候我都称'兄';此外如原是前辈,或较为生疏,较需客气的,就称先生,老爷,太太,少爷,小姐,大人……之类。"以后的一个月间,他们通信共六次。要知道,那时邮递不发达,每月六次的书信往来是非常稠密的了。一个月后,许广平第一次拜访鲁迅在西三条的居所,并在信中说"'尊府'居然探检(?)过了!"许广平第一次探检"秘密窝"之后,给鲁迅写检:"归来的印象,觉得在熄灭了的红血的灯光,而默坐在那间全部的一面满镶玻璃的室中时,偶然出神地听听雨声的滴答,看看月光的幽寂……"可见他们师生的感情已经日见亲昵,逐渐热烈起来。

醉打许广平

民国时期的端午节和现在一样,有一天的假。1925年6月25日鲁迅日记载:"晴。端午,休假。上午得有麟信。下午得三弟信,廿二日发。晚雨。"其实那一天,鲁迅家里来了许多人,请了许羡苏、许广平、俞芬、俞芳、王顺亲五位小姐到家里吃饭。许羡苏、俞芬、王顺亲都是周建人在绍兴教书时的学生。席间许广平与俞芬姐妹、王顺亲串通起来,把鲁迅灌醉。那天先是喝葡萄酒,然后说这酒太轻了,改喝黄酒,然后说黄酒又太轻了,问鲁迅有没有胆量吃白酒。鲁迅说,吃白酒就吃白酒。果然鲁迅多喝了几杯,醉后用拳头击打俞芬、俞芳的颧骨,又按住许广平的头。这几个女孩本来就是鲁迅家的熟客,只有许广平是新加入进来的。聚酒狂欢以度佳节本是一件好玩的事,这样一闹许羡苏觉得有点过分了,于是愤然离席。事后她对许广平说:这样灌酒会酒精中毒的,而且先生可喝多少酒,太师母订有戒条。

三天后,许广平赶快写了一封"诚恐惶恐的赔罪"信给鲁迅。鲁迅回信说:"第一,酒精中毒是能有的,但我并不中毒。即使中毒,也是自己的行为,与别人无干。且夫不佞年届半百,位居讲师,难道还会连喝酒多少的主见也没有,至于被小娃儿所激么!?这是决不会的。第二,我并不受有何种'戒条'。我的母亲也并不禁止我喝酒。我到现在为止,真的醉止有一回半,决不会如此平和。"并且告诉许广平:"此后不准再来道歉"。不料许广平又写信嘲笑鲁迅:"这点酒量都失败,还说'喝酒我是不怕的',羞不羞?"

1926年8月,鲁迅离京南下,其中有被段祺瑞执政府通缉、兄弟失和等原因,最重要的原因恐怕是鲁迅与许广平相爱却不能在北京结合。《两地书》中鲁迅在北京给许广平的最后一封信有这样的话:"天只管下雨,绣花衫不知如何?放晴的时候,赶紧晒一晒罢,千切千切!"是不是可以说明他们这时已经亲密无间了呢?

爱情执着

1918年5月,鲁迅写过一首白话诗《爱之神》:

一个小娃子,展开翅子在空中,
一手搭箭,一手张弓,
不知怎么一下,一箭射着前胸。
"小娃子先生,谢你胡乱栽培!
但得告诉我:我应该爱谁?"

娃子着慌，摇头说，"唉！
你是还有心胸的人，竟也说这宗话。
你应该爱谁，我怎么知道。
总之我的箭是放过了！
你要是爱谁，便没命的去爱他；
你要是谁也不爱，也可以没命的去自己死掉。"

鲁迅诗中的"小娃子"是西方神话中的爱神丘比特，是身上长着一对翅膀的天真少年，他在空中飞翔，向人间射送爱情之箭。鲁迅诗中说爱神之箭射中了一个人，但那人并不知道去爱谁，爱神告诉他："你要是爱谁，便没命的去爱他；你要是谁也不爱，也可以没命的去自己死掉。"1925年鲁迅在《华盖集·杂感》一文中还说过："无论爱什么，——饭，异性，国，民族，人类等等，——只纠缠如毒蛇，执着如怨鬼"。这就是鲁迅的爱情观。

与猪决斗

章衣萍，安徽籍作家，鲁迅在北京时与他关系很密切。鲁迅曾对章衣萍讲过一件事："在厦门，那里有一种树，叫相思树，是到处生长着的。有一天，我看见一只猪，在啖相思树的叶子。我觉得：相思树的叶子是不该给猪啖的，于是便和猪决斗。恰好这时候，一个同事的教员来了。他笑着，问：'哈哈，你怎么同猪决斗起来了？'我答：'老兄，这话不便告诉你。'"鲁迅住厦门时正与许广平两地相思，当然要与咬吃相思树叶子的猪来决斗了。

花笺传情

　　古代用于写信的纸称为信笺,又名诗笺、花笺、彩笺、锦笺等。信笺作为毛笔时代写信的载体,鲁迅一直在使用。1912年鲁迅到北京教育部工作后,一直在琉璃厂购买笺纸,写信、记日记都用笺纸。鲁迅日记中有许多诸如到琉璃厂清秘阁、前门青云阁等笺纸店买信笺的记录。1929年3月8日,"得钦文信并信笺四十余种"。这是鲁迅收藏信笺的开始。1929年鲁迅回京探亲,《两地书》中记载了鲁迅与许广平的鸿雁之情,一段关于花笺的故事——5月17日,许广平在信中提醒鲁迅:"你如经过琉璃厂,不要忘掉了买你写日记用的红格纸,因为所余无几了。你也许不会忘记,不过我提起一下,较放心。"5月23日鲁迅日记载:"从静文斋、宝晋斋、淳菁阁搜罗信笺数十种,共泉七元。"这天鲁迅在致许广平的信中说道:"走了三家纸铺,集得中国纸印的信笺数十种,化钱约七元,也并无什么妙品。如这信所用的一种,要算是很漂亮的了。还有两三家未去,便中当再去走一趟,大约再用四五元,即将琉璃厂略佳之笺收备了。"28日,"往松古斋及清秘阁买信笺五种,共泉四元"。鲁迅给许广平的信正是用了在琉璃厂购买的漂亮的花笺纸,传递着他的爱意。许广平也非常喜爱鲁迅的手札,回信说:"打开信来,首先看见的自然是那三个通红的枇杷。这是我所喜欢的东西,……然而那时枇杷的力量却如此其大,我也是喜欢的人,你却首先选了那种花样的纸寄来了。其次是那两个莲蓬,并题着的几句,都很好,我也读熟了。你是十分精细的,那两张纸心不是随手捡起就用的。"鲁迅回复道:"我十五日信所用的笺纸,确也选了一下,觉得这两张很有思想的,尤其是第二张。但后来各笺,却大抵随手取用,并非幅幅含有义理,你不要求之过深,百思而不得其解,以致无端受苦为要。"这段故事说明中国传统的版画、笺纸与书法会带给人们高雅的艺术享受。

9. 生计

暗杀行动

光复会是清末著名的革命团体，又名复古会。1903年冬，王嘉伟、蒋尊簋、陶成章等人在东京酝酿协商。1904年11月，光复会在上海成立，推蔡元培为会长，陶成章为副会长。宗旨为"光复汉族，还我山河，以身许国，功成身退"。主张除文字宣传外，更以暗杀和暴动为主要革命手段。鲁迅说他曾经加入过光复会，并被命令去进行暗杀活动，但鲁迅说，我可以去，也可能会死，死后丢下母亲，母亲怎么安置。他们说担心死后的事可不行，你不用去了。如果鲁迅那时因行暗杀行动真的死了，就没有现在的鲁迅了。

买彩票

中国的彩票发端于清末，盛行于民国。彩票，鲁迅在文章中也做过考证："古之上海文人，已尝慨乎言之，曾出一联，索人属对，道：'三鸟害人鸦雀鸽'，'鸽'是彩票，雅号奖券，那时却称为'白鸽票'的。"由此，起源大概是从清乾隆年间赌鸽开始的。三鸟中的"鸦"是指鸦片；"雀"指叉麻雀，即打麻将。虽然鲁迅对彩票并不热衷，但他也的确参与过买彩票的事情。

1924年4月25日鲁迅日记载："上午往师大讲。午后在月中桂买上海竞马采票一张，十一元。往北大讲。下午从齐寿山借泉百。收去年四月分奉泉卅。收孙伏园寄校稿。"第二天日记又载："晨往女师校讲。上午往留黎厂买什物。午后往视西三条胡同宅。下午寄三弟信并竞马券一枚。寄还伏园校稿。"

  彩票属博彩业，博彩包括赌场赌博、赌马及发行彩票。鲁迅所记的"竞马"，指的是赌马彩票。民国时期彩票业盛行主要用于赈灾、集资建设，等等，这种彩票并不太具有博彩性质。鲁迅买的这"竞马"纯属一种讨彩头的活动。鲁迅日记中购买"竞马"彩票只有这一次，第二天就寄给了三弟周建人。关于鲁迅购买这彩票的原因，鲁迅自己没有说，但可以有这样的推测：

  首先，鲁迅一生从无赌博之习，他在教育部上班时看到同事聊天打牌都很反感。鲁迅购买彩票的时间是1924年兄弟失和之后，他从八道湾搬出后又要物色购买新的居所。当时教育部欠薪严重，三百元的月薪鲁迅只能拿到三十元，经济生活上显得极为拮据，心情也很沮丧。路遇卖彩票时便买上一张，不能说没有一点赌博心理。第二，鲁迅所购为上海竞马彩票，其时三弟周建人在上海工作，或许是出于好玩，买上一张，让三弟开心。当然这张彩票最后并没有中奖，如果中奖了，这将是又一个有趣的鲁迅掌故。

  鲁迅在北京教育部做公务员期间为赈灾事多次捐过银圆，例如1914年12月30日日记载："下午助湖北赈捐二元，收观剧券一枚。"看来那时赈灾捐款还有点小奖励。1919年9月26日日记又载："捐湖北水灾赈款六元。"鲁迅还参加过几次类似的赈灾会，就像现在国家遭受地震、水灾等自然灾害时号召全民捐款赈灾一样。还有一种是集资建设用的彩票，比如1933年5月国民党政府就曾发行过航空、公路建设奖券，还发行过黄河彩票，等等。

  关于航空彩票，它是具有爱国性质的。1932年"一·二八"淞沪会战时，日寇出动飞机轰炸上海，中国军队因缺乏航空作战能力而颇为被动，因此便以上海为中心，掀起了一股"航空救国"的热潮，航空公路建设彩票由此问世。鲁迅曾著《航空救国三愿》一文，并提出自己的希望。在文章中鲁迅讽刺了各种各样的救国："现在各色的人们大喊着各种的救国，好像大家突然爱国了似的。其实不然，本来就是这样，在这样地救国的，不过现在喊了出来罢了。所以银行家说贮蓄救国，卖稿子的说文学救国，画画儿的说艺术救国，爱跳舞的说寓救国于娱乐之中，还有，据烟草公司说，则就是吸吸马占山将军牌香烟，也未始非救国之一道云。"

赔钱的买卖

有一次，鲁迅在商务印书馆预订了德文书，书到后，鲁迅得到通知，要他带四元五角钱去取书。鲁迅以为那书钱加上运费总要五六十元，就多带了些钱去。伙计拿出书，要鲁迅付四元五角钱。鲁迅说："这书无论如何也要四十多块钱，请你仔细查一番。"那伙计还是说："四元五角就够了。"鲁迅又说："这的确不对，这是四十马克的书籍，我想中国钱无论如何也要四五十元左右，所以还是请你查查看。"但那伙计却说："麻烦透了！你可以不那么啰唆！如果你要，就付四元五角钱拿去，如果不要，那你就回去吧。"鲁迅无奈，只得付了四元五角钱将书取走了。这笔生意商务印书馆肯定是赔了。这故事一是描述了那奇怪而可笑的书店伙计，又说明了鲁迅不贪小便宜的人品。

稿酬

中国书的销量一直是很小的，20世纪30年代鲁迅的《呐喊》《彷徨》的销量能超过十万册是很稀见的，说明了鲁迅作品的魅力所在。有人说中国的文人都是乞丐，花了大量的劳动，向书商求乞极低的报酬。大书局中还专门雇用数字数的职员，按字计算稿费。鲁迅曾为某书局翻译过一部书，这家书局对作家很是苛刻，计算字数时完全以实际字数来计，标点和空格都不计算。于是鲁迅就将译稿从头至尾连接起来，每张稿纸都写得满满的，不漏空一个字，章和节都看不出来了，而且还不加一个标点。稿子送到书局后，又给退了回来，并附信说，请先生分一分段落，加一加标点。鲁迅回复书局说，分段落加标点是要另加钱的。书局无奈，只得照办了。

鲁迅那个时代，稿酬的标准相对今天来说应该是不算低的。鲁迅在文章中讲过："在中国，骈文寿序的定价往往还是每篇一百两，然而白话不值钱；翻译呢，听说是自己不能创作而嫉妒别人去创作的坏心肠人所提倡的，将来文坛一进步，当然更要一文不值。我所写出来的东西，当初虽然很碰过许多大钉子，现在的时价是每千字一至二三元，但是不很有这样好主顾，常常只好尽些不知何自而来的义务。有些人以为我不但用了这些稿费或版税造屋，买米，而且还靠它吸烟卷，吃果糖。殊不知那些款子是另外骗来的；我实在不很擅长于先装鬼脸去吓书坊老板，然后和他接洽。我想，中国最不值钱的是工人的体力了，其次是咱们的所谓文章，只有伶俐最值钱。倘真要直直落落，借文字谋生，则据我的经验，卖来卖去，来回至少一个月，多则一年余，待款子寄到时，作者不但已经饿死，倘在夏天，连筋肉也都烂尽了，那里还有吃饭的肚子。"

兼课收入

1920年时，鲁迅的收入为三百大洋，但教育部欠薪情况严重，每月常常连一半都拿不到。鲁迅住在砖塔胡同期间，教育部发薪就更是不像话了，在鲁迅的收入账中大多是兼课或稿费的收入，而兼课的收入是相对较低的。鲁迅曾在北京的八个学校兼过课，基本都是讲小说史、新文艺等。鲁迅从1920年起在北京大学国文系和高等师范学校任讲师，月薪各为十八元，在世界语学校月薪十五元，在女子师范学校十三元五角，在中国大学月薪十元，在黎明中学月薪仅六元。1924年开始，鲁迅的业余收入超过了教育部的薪水收入。买房、养家等沉重的负担也是鲁迅拼命工作的一个重要原因。1924年鲁迅买下阜成门内西三条21号的房子，用了八百大洋，为此曾向好友许寿裳和齐寿山各借了四百元，这八百大洋直到1926年鲁迅离开北京时才还清。鲁迅的收入在民国时不算低，有人算过，那时的一块大洋约合现在的四十元人民币的水平，那么八百大洋就合现在的三万二千元人民币了，而那时的消费水平是较低的，他在西三条21号时女工的工资仅为两元。

10. 动物

胡羊尾巴

鲁迅年幼时大人们给他起了个绰号叫作"胡羊尾巴"。"胡羊尾巴"是绍兴的方言，胡羊原本是北方的一种羊，尾巴短而圆，摆动时很灵巧可爱。鲁迅年幼时个子矮小灵活，穿着红棉袄，拿着和尚木匠给他做的大关刀跑来跑去，像胡羊的尾巴一样可爱，因此得了这样一个绰号。鲁迅的曾祖母通称九太太，平常她总坐在房门口的太师椅上。有时鲁迅便与她开玩笑，假装在她面前跌跟头倒在地上。老太太看见后就关心地对他说："阿宝呀，阿宝，衣裳弄脏了呀。"这时鲁迅就赶快从地上爬起来，可是过一会儿又假装跌倒，仍然等着老太太说那两句话。看来鲁迅的曾祖母对这个曾孙还是非常喜爱的，鲁迅的幼年也是非常调皮的，鲁迅后来的幽默诙谐、爱开玩笑是从小就形成的。

美女蛇

长妈妈是鲁迅童年时的保姆，鲁迅的祖母叫她阿长，鲁迅平时叫她"阿妈"。其实她不姓长，绍兴城里也没有姓长的，这名字的由来，是鲁迅家原来用的一个保姆个子很高，就叫她阿长，后来叫惯了，又来了保姆也就称为长妈妈了。长妈妈生得黄胖而个子很矮，鲁迅最讨厌的是她总爱与人切切察察。到夏天时，她与鲁迅睡在一张床上，伸开四肢，身体摆成一个"大"字，一条胳膊还搁在鲁迅的脖子上，鲁迅说："挤得我没有余地翻身，久睡在一角的席子上，又已经烤得那么热。推她呢，不动；叫她呢，也不闻。"她懂得许多旧时的规矩，比如过年时，她就对鲁迅说："正月初一，清早一睁开眼睛，第一句话就得对我说：'阿妈，恭喜恭喜！'记得么？你要记着，这是一年的运气的事情。不许说别的话！说过之后，还得吃一点福橘。"鲁迅特别喜爱的《山海经》就是长妈妈替他买到的。夏夜乘凉时，她常给鲁迅讲故事，鲁迅在回忆录中几次写到这位可爱的长妈妈。有一次长妈妈给鲁迅讲了一个故事："先前，有一个读书人住在古庙里用功，晚间，在院子里纳凉的时候，突然听到有人在叫他。答应着，四面看时，却见一个美女的脸露在墙头上，向他一笑，隐去了。他很高兴；但竟给那走来夜谈的老和尚识破了机关。说他脸上有些妖气，一定遇见'美女蛇'了；这是人首蛇身的怪物，能唤人名，倘一答应，夜间便要来吃这人的肉的。他自然吓得要死，而那老和尚却道无妨，给他一个小盒子，说只要放在枕边，便可高枕而卧。他虽然照样办，却总是睡不着，——当然睡不着的。到半夜，果然来了，沙沙沙！门外像是风雨声。他正抖作一团时，却听得豁的一声，一道金光从枕边飞出，外面便什么声音也没有了，那金光也就飞回来，敛在盒子里。后来呢？后来，老和尚说，这是飞蜈蚣，它能吸蛇的脑髓，美女蛇就被它治死了。结末的教训是：所以倘有陌生的声音叫你的名字，你万不可答应他。"这故事让鲁迅知道了"做人之险"。

隐鼠

在地上走动只有拇指那么大的小鼠在绍兴被称为"隐鼠"。鲁迅童年时候的床上就贴着一张"老鼠成亲"的花纸,"自新郎新妇以至傧相,宾客,执事,没有一个不是尖腮细腿,像煞读书人的,但穿的都是红衫绿裤"。鲁迅对它充满了喜爱。"正月十四的夜,是我不肯轻易便睡,等候它们的仪仗从床下出来的夜。然而仍然只看见几个光着身子的隐鼠在地面游行,不像正在办着喜事。"有一回,他发现一条蛇把一只隐鼠咬伤,就把它养在一只纸盒里。第二天,隐鼠竟活了下来,也不逃走,时时跑到人前,还顺着腿往上爬。鲁迅把它放在饭桌上,喂它些菜渣;又放在书桌上,它还舐吃了些墨汁,这使鲁迅非常惊喜,因为他听父亲说过:"中国有一种墨猴,只有拇指一般大,全身的毛是漆黑而且发亮的。它睡在笔筒里,一听到磨墨,便跳出来,等着,等到人写完字,套上笔,就舐尽了砚上的余墨,仍旧跳进笔筒里去了。"鲁迅就想有一只这样的墨猴,但不知到哪里去弄。这只小隐鼠养了一两个月。然而有一天,小隐鼠不见了,鲁迅感到若有所失的寂寞。终于,长妈妈告诉他,隐鼠是昨天晚上被猫吃去了。鲁迅很愤怒,决定为隐鼠报仇。他见到猫就追赶、袭击,用石块打,或诱进空屋子里,打得猫垂头丧气,以至于猫一见到鲁迅就跑。过了约大半年,鲁迅才知道那隐鼠并不是被猫吃掉,而是它要爬到长妈妈的腿上,被她一脚踩死了。鲁迅于是改称长妈妈作阿长。直到有一天,阿长给鲁迅带来了"最为心爱的宝书"——《山海经》,鲁迅才对阿长产生新的敬意:"别人不肯做,或不能做的事,她却能够做成功。她确有伟大的神力。谋害隐鼠的怨恨,从此完全消灭了。"看来,爱是可以消除恨的。

敌猫

鲁迅对猫的仇恨来自童年时谋杀了他喜爱的隐鼠的嫌疑，然而鲁迅还总结了两条仇猫的理由：一是猫的性情与别的猛兽不同，捕食雀鼠后尽情玩弄后才吃下去，颇与人们的幸灾乐祸、折磨弱者相同；二是虽与狮虎同族，但有一副媚态。鲁迅童年时，在一个夏夜，祖母摇着芭蕉扇，在院中的桂树下给他讲过一个猫的故事："'你知道吗？猫是老虎的先生。'她说。'小孩子怎么会知道呢，猫是老虎的师父。老虎本来是什么也不会的，就投到猫的门下来。猫就教给它扑的方法，捉的方法，吃的方法，像自己的捉老鼠一样。这些教完了；老虎想，本领都学到了，谁也比不过它了，只有老师的猫还比自己强，要是杀掉猫，自己便是最强的脚色了。它打定主意，就上前去扑猫。猫是早知道它的来意的，一跳，便上了树，老虎却只能眼睁睁地在树下蹲着。它还没有将一切本领传授完，还没有教给它上树。'"鲁迅想："这是侥幸的，我想，幸而老虎很性急，否则从桂树上就会爬下一匹老虎来。"虽然后来证实了猫并没有谋杀鲁迅喜爱的隐鼠，但他对猫的感情始终没有缓和。鲁迅到北京后继续打猫，因为他住的地方经常有猫在交配时的嗥叫，吵得鲁迅不能看书和睡眠。住在绍兴会馆时，就常有猫来骚扰，鲁迅的日记中就有几处记着这样的事："夜为猫所扰，不能安睡。"周作人讲："事实上在那时候大抵大怒而起，拿着一枝竹竿，我搬了小茶几，到后檐下放好，他便上去用竹竿痛打，把它们打散，但也不能长治久安，往往过一会儿又回来了。"在八道湾，那矮墙上的大黑猫还残害了家中饲养的小兔子。旧恨新仇叠加，让鲁迅决定使出更辣的辣手："那黑猫是不能久在矮墙上高视阔步的了，我决定的想，于是又不由的一瞥那藏在书箱里的一瓶青酸钾。"

螃蟹

有些人貌似朋友，但却怀有想要吃掉同类的心。鲁迅作过一篇寓言故事，便是讽刺这样的人。题目是《自言自语·螃蟹》：

> 老螃蟹觉得不安了，觉得全身太硬了。自己知道要蜕壳了。
>
> 他跑来跑去的寻。他想寻一个窟穴，躲了身子，将石子堵了穴口，隐隐的蜕壳。他知道外面蜕壳是危险的。身子还软，要被别的螃蟹吃去的。这并非空害怕，他实在亲眼见过。
>
> 他慌慌张张的走。
>
> 旁边的螃蟹问他说，"老兄，你何以这般慌？"
>
> 他说，"我要蜕壳了。"
>
> "就在这里蜕不很好么？我还要帮你呢。""那可太怕人了。"
>
> "你不怕窟穴里的别的东西，却怕我们同种么？"
>
> "我不是怕同种。"
>
> "那还怕什么呢？"
>
> "就怕你要吃掉我。"

鲁迅是浙江人，那里秋天是盛产螃蟹的地方。鲁迅对于吃螃蟹颇有研究，他讲过一个关于螃蟹的民间传说故事：

> 秋高稻熟时节，吴越间所多的是螃蟹，煮到通红之后，无

论取那一只,揭开背壳来,里面就有黄,有膏;倘是雌的,就有石榴子一般鲜红的子。先将这些吃完,即一定露出一个圆锥形的薄膜,再用小刀小心地沿着锥底切下,取出,翻转,使里面向外,只要不破,便变成一个罗汉模样的东西,有头脸,身子,是坐着的,我们那里的小孩子都称他"蟹和尚",就是躲在里面避难的法海。

鲁迅还喜欢在文章中用螃蟹做比喻,小说《肥皂》中的四太太"伏在洗脸台上擦脖子,肥皂的泡沫就如大螃蟹嘴上的水泡一般,高高的堆在两个耳朵后,比起先前用皂荚时候的只有一层极薄的白沫来,那高低真有霄壤之别了"。他写《孤独者》中的魏连殳"螃蟹一般懒散而骄傲地堆在大椅子上,一面唉声叹气,一面皱着眉头吸烟"。

"螃蟹态度"

鲁迅回忆在水师学堂读书时的情形:刚进学校时只能做三班生,待遇是卧室里一桌一凳一床,床板只有两块,而头二班学生待遇是二桌二凳或三凳一床,床板多至三块。上讲堂时"挟着一堆厚而且大的洋书,气昂昂地走着,决非只有一本'泼赖妈'和四本《左传》的三班生所敢正视;便是空着手,也一定将肘弯撑开,像一只螃蟹,低一班的在后面总不能走出他之前"。鲁迅称他们为"螃蟹式的名公巨卿"。鲁迅在教育部工作时"竟在教育部的破脚躺椅上,发见了这姿势,然而这位老爷却并非雷电学堂出身的,可见螃蟹态度,在中国也颇普遍"。这种螃蟹态度至今仍到处都存在,鲁迅描述的真是形象而深刻呀。

鲁迅称第一个吃螃蟹的人是"勇士"。他说:"许多历史的教训,都是用极大的牺牲换来的。譬如吃东西罢,某种是毒物不能吃,我们好像全惯了,很平常了。不过,这一定是以前有多少人吃死了,才知道的。所以我想,第一次吃螃蟹的人是很可佩服的,不是勇士谁敢去吃它呢?螃蟹有人吃,蜘蛛一定也有人吃过,不过不好吃,所以后人不吃了。像这种人我们当极端感谢的。"

臭虫

鲁迅是 1912 年 5 月 5 日约晚上七点到北京的,他这样描述北方路上的观感:"途中弥望黄土,间有草木,无可观览。"第二天,他住进了绍兴会馆,然后坐骡车到西单南大街旧学部的北洋政府教育部报到,随即回到住所。这是鲁迅第一天的工作。晚上睡觉时躺上床不到半小时,发现叮咬得厉害,赶忙起来一看,床褥下有三四十只臭虫。于是他把铺盖搬到桌上睡了一宿。一百年前的北京还有臭虫,现在城市中已不见了,臭虫只认血,可不管什么鲁迅不鲁迅。鲁迅也不是神,他也怕蚊虫叮咬,在众多的臭虫面前,只好败下阵来给臭虫腾地方。

猫头鹰

猫头鹰,又称为"枭",在民间常以不吉之鸟来象征厄运,在西方神话中,却被认为是智慧的象征。科学证实,猫头鹰确是一种益鸟。鲁迅留过洋,大约知道这种观点,对猫头鹰情有所钟。他在浙江杭州两级师范学堂教书时的一个笔记本现藏国家图书馆,笔记本的封面上,画着一只猫头鹰,这是现在保存的鲁迅最早的绘画。这只猫头鹰双眼圆睁,双耳直立,用笔简洁,极富装饰效果。1927年,鲁迅在出版杂文集《坟》时,自己设计了一个猫头鹰图案,放在书的扉页上。这只猫头鹰头部侧歪,一眼圆睁,一眼紧闭。鲁迅的文章中,也有多次描写到猫头鹰。1924年他在一首《我的失恋》中有几句:"爱人赠我百蝶巾;回她什么:猫头鹰。""爱人赠我双燕图;回她什么:冰糖壶卢。""爱人赠我金表索;回她什么:发汗药。""爱人赠我玫瑰花;回她什么:赤练蛇。"许寿裳说,诗中冰糖壶卢(即冰糖葫芦)是鲁迅爱吃的,发汗药是鲁迅常用的,赤练蛇是鲁迅爱看的,"猫头鹰本是他自己所钟爱的"。鲁迅还以猫头鹰自喻:"我有时决不想在言论界求得胜利,因为我的言论有时是枭鸣,报告着大不吉利事,我的言中,是大家会有不幸的。"沈尹默曾回忆,在北京时,他有个绰号就叫作"猫头鹰",因为他在大庭广众中有时会凝然冷坐,不言不笑,衣冠又一向不甚修饰,毛发蓬蓬然,因此有人给他起了这个绰号。

养壁虎

作家章衣萍,是鲁迅的小友,曾参加筹办《语丝》并常为之撰稿,1924年后与鲁迅交往甚密。他曾记述鲁迅这样一个故事:"壁虎有毒,俗称五毒之一。但,我们的鲁迅先生,却说壁虎无毒。有一天,他对我说:'壁虎确无毒,有毒是人们冤枉它的。'后来,我把这话告诉孙伏园。伏园说:'鲁迅岂但替壁虎辩护而已,他住在绍兴会馆的时候,并且养过壁虎的。据说,将壁虎养在一个小盒里,天天拿东西去喂。'"沈尹默也是鲁迅家的常客,他讲过这样的故事:鲁迅"住在会馆一个小偏院里,有两三间小屋,书案向着一扇方格糊纸的窗子。有一次,我发现窗纸上,有一个胖而且大的壁虎,很驯熟的样子，见人来了也不逃走，后来才知道这是他喂养着的，每天都要给他稀饭吃"。科学证实，壁虎确实是无毒的，它主要是以昆虫为食。鲁迅对动植物学都是很有研究的，这个故事就是个明证。

苍蝇之声

鲁迅去西安讲学途经陕州夜宿一晚，那旅馆内苍蝇非常多，以至给他留下了深刻的印象，他在《马上支日记》中讲道："记得前年夏天路过 S 州，那客店里的蝇群却着实使人惊心动魄。饭菜搬来时，它们先追逐着赏鉴；夜间就停得满屋，我们就枕，必须慢慢地，小心地放下头去，倘若猛然一躺，惊动了它们，便轰的一声，飞得你头昏眼花，一败涂地。到黎明，青年们所希望的黎明，那自然就照例地到你脸上来爬来爬去了。但我经过街上，看见一个孩子睡着，五六个蝇子在他脸上爬，他却睡得甜甜的，连皮肤也不牵动一下。在中国过活，这样的训练和涵养工夫是万不可少的。与其鼓吹什么'捕蝇'，倒不如练习这一种本领来得切实。"当时的河南正在直系军阀吴佩孚的统治下，鲁迅感慨道："《诗经》所咏'匪鸡则鸣，苍蝇之声'，于今朝可以证明了。"与鲁迅同行的夏元琛是鲁迅的上司夏曾佑的儿子，他过洛阳时访问过吴佩孚，他与吴有一段对话，吴佩孚问他在北大教什么课，夏说："担任新物理学中电子研究。"吴指着墙上的一幅八卦图问："你能说说这图中的阴阳变化的奥妙吗？"夏回答说："这是旧物理，与新物理学不是一回事。"吴说："旧有旧的奥妙，新有新的道理。"鲁迅听罢评论道："这也是苍蝇之声耳。"

说猴

鲁迅对猴子的研究可算是行家，当他还是小孩子的时候，鲁迅的爷爷就让鲁迅读《西游记》，这是他的文学启蒙读物。后来他又学到达尔文的进化论，对猴子与人类的关系知道得门儿清。至于对《西游记》版本的研究，日本的学者都佩服得五体投地。看看鲁迅怎样说猴的故事吧：

生物学家告诉我们："人类和猴子是没有大两样的，人类和猴子是表兄弟。"但为什么人类成了人，猴子终于是猴子呢？这就因为猴子不肯变化——它爱用四只脚走路。也许曾有一个猴子站起来，试用两脚走路的罢，但许多猴子就说："我们底祖先一向是爬的，不许你站！"咬死了。它们不但不肯站起来，并且不肯讲话，因为它守旧。人类就不然，他终于站起，讲话，结果是他胜利了。——《革命时代的文学》

我听父亲说过的，中国有一种墨猴，只有拇指一般大，全身的毛是漆黑而且发亮的。它睡在笔筒里，一听到磨墨，便跳出来，等着，等到人写完字，套上笔，就舐尽了砚上的余墨，仍旧跳进笔筒里去了。我就极愿意有这样的一个墨猴，可是得不到；问那里有，那里买的呢，谁也不知道。"慰情聊胜无"，这隐鼠总可以算是我的墨猴了罢，虽然它舐吃墨汁，并不一定肯等到我写完字。——《狗·猫·鼠》

生物在进化，被达尔文揭发了，使我们知道了我们的远祖和猴子是亲戚。然而那时的绅士们的方法，和现在是一模一样的：他们大家倒叫达尔文为猴子的子孙。罗广廷博士在广东中山大学的"生物自然发生"的实验尚未成功,我们姑且承认人类是猴子的亲戚罢,虽然并不十分体面。但这同是猴子的亲戚中,达尔文又不能不说是伟大的了。那理由很简单而且平常,就因为他以猴子亲戚的家世,却并不忌讳,指出了人们是猴子的亲戚来。

猴子的亲戚也有大小,有好坏的。——《"论语"一年》

且看动物中的猴子,它们自有它们的首领;首领要它们怎样,它们就怎样。在部落里,他们有一个酋长,他们跟着酋长走,酋长的吩咐,就是他们的标准。酋长要他们死,也只好去死。那时没有什么文艺,即使有,也不过赞美上帝(还没有后人所谓 God 那么玄妙)罢了!——《文艺与政治的歧途》

说鸡

鲁迅作《中国小说史略》搜罗宏富,其中提到《汉书·艺文志》中一篇是说鸡的:"鸡者,东方之畜也。岁终更始,辨秩东作,万物触户而出,故以鸡祀祭也。"鲁迅认为这篇应是说"礼"的,不知当时为何进入了小说的范畴。不过杀鸡祭祀的礼俗,一直在中国流传下来。

关于鸡的含贬义的成语较多,如鸡犬不宁、杀鸡儆猴、杀鸡求卵、偷鸡摸狗、鸡肠狗肚等,而闻鸡起舞、金鸡报晓等应该是最值得鸡们骄傲的成语了。鸡与吉谐音,画家们常画雄鸡以图吉利。鲁迅的小说《伤逝》中的"吉兆胡同",原来就叫"鸡爪胡同",也是因了吉利而改的,但人们养鸡常常不把鸡作为吉利的宠物,却是为了那鸡蛋和鸡肉的美味而已。鲁迅曾嘲讽过中国"鸡犬升天"的陋俗："'骨肉归于土，命也；若夫魂气，则无不之也，无不之也！'一个人变了鬼，该可以随便一点了罢，而活人仍要烧一所纸房子，请他住进去，阔气的还有打牌桌，鸦片盘。成仙，这变化是很大的，但是刘太太偏舍不得老家，定要运动到'拔宅飞升'，连鸡犬都带了上去而后已，好依然的管家务，饲狗，喂鸡。"（鲁迅：《家庭为中国之基本》）鲁迅还讲过一个故事："我们有一个传说。大约二千年之前，有一个刘先生，积了许多苦功，修成神仙，可以和他的夫人一同飞上天去了，然而他的太太不愿意。为什么呢？她舍不得住着的老房子，养着的鸡和狗。刘先生只好去恳求上帝，设法连老房子，鸡，狗，和他们俩全都弄到天上去，这才做成了神仙。"（《中国文坛上的鬼魅》）这故事出自东晋葛洪的《神仙传》。

不过有人还是把小鸡当作宠物养的。鲁迅在《鸭的喜剧》中讲述了一个故事：俄国盲诗人爱罗先珂在北京时住在鲁迅家，养了一群小鸡，满院飞跑，把院中铺地锦的嫩叶都啄光了，但好景不长，没几天便死了。死了又买，买了又死，活下来的一只，被爱罗先珂写成了一篇童话《小鸡的悲剧》，写那一只作非分之想的小鸡想得到小鸭的爱，于是学游泳，结果淹死在池塘里。

鲁迅的购书账中，还有《养鸡学》《养鸡全书》。鲁迅在家乡绍兴时，家里就养鸡，绍兴有一种养鸡的器具，叫"狗气杀"，那形状是木盘上面有栅栏，内盛食料，鸡可以伸进颈子去啄，狗却不能，只能看着气死。民国时的北京人也有养鸡的习惯，一是可以生鸡蛋，二是可以吃鸡肉。鲁迅住西三条时，后院里就养了三只鸡。鲁迅有时透过老虎尾巴的后窗看它们争斗。鲁迅的小说《白光》《明天》《故乡》《肥皂》《伤逝》等都有关于养鸡的描写。

有人统计过，全唐诗中关于鸡的诗句有上千首，"三更灯火五更鸡，正是男儿读书时""我有迷魂招不得，雄鸡一声天下白"等都是千古名句。说明鸡与人的生活息息相关。鲁迅的诗中也多次写到鸡。《诗经》中有"风雨潇潇,鸡鸣胶胶""风雨如晦,鸡鸣不已",鲁迅诗中就曾用过这个典:"中夜鸡鸣风雨集,起然烟卷觉新凉。"(《秋夜有感》)《哀范君三章》中有"华颠萎寥落,白眼看鸡虫"。并在诗的附记中写道:"昨忽成诗三章,随手写之,而忽将鸡虫做入,真是奇绝妙绝,辟历一声,群小之大狼狈。"在《教授杂咏》中有"鸡汤代猪肉,北新遂掩门"。《亥年残秋偶作》中有"竦听荒鸡偏阒寂,起看星斗正阑干"。

鸡,也是鲁迅喜欢吃的食物。经常有一些朋友在年节时给他送些腌鸡、卤鸡之类的。鲁迅的一篇杂文《"音乐"?》的开头这样写道:"夜里睡不着,又计画着明天吃辣子鸡,又怕和前回吃过的那一碟做得不一样,愈加睡不着了。"原来辣的鲁迅也不惧啊。

11. 性情

车夫的故事

鲁迅上班一般是坐人力车，他的小说《一件小事》就是说的人力车夫的事情。那时的人力车夫虽属于苦力阶层，但很多文学作品中都对他们有很好的描述，如老舍写的《骆驼祥子》。有一次鲁迅坐人力车从教育部回绍兴会馆，不慎把钱包落在车上，鲁迅和车夫当时都没有发觉，鲁迅下车后就回家了，可那车夫发现钱包后马上跑进会馆把钱包送还，并让鲁迅当面点一下是否丢了东西。鲁迅非常受感动，因那包里除了钱外还有重要的文稿，于是拿出一元钱来酬谢车夫。车夫推辞多次才肯收下，并说谢谢。鲁迅后来赞赏道："他需要钱，但拾金不昧，这是何等可贵的品德。这个钱夹如果被慈禧太后拾到，恐怕早就落到她的腰包里去了。"鲁迅的话中，皇太后的品德还不如一个车夫。

同情车夫

鲁迅在教育部上班时，一个寒冬腊月，又逢大雪，下班的时候雪下得更大了。鲁迅乘坐人力车回绍兴会馆，风雪交加，好冷，他身上穿着棉袍还感到寒气难挡，突然发现为他拉车的车夫衣着单薄，下身只穿着单裤。到会馆后鲁迅问那车夫："这么冷的天气，你为什么不穿棉裤呢?"车夫答道:"先生,生活艰难哪,吃都顾不上,哪有钱买棉裤呢?"鲁迅付了车费后又特地给车夫一元钱,再三叮嘱他买条棉裤穿,并告诉他这样下去关节会冻坏的。第二天,积雪未化,天更冷了。鲁迅下班后在教育部门口观察,发现站在门口寻生意的人力车夫几乎都是穿着单裤的。鲁迅感慨,这是严重的社会问题,不从根本上解决,单靠个人的同情和帮助是不行的。在民国时代,百姓的生活是很艰苦的,一元钱在当时已不是个小数,差不多可以买上半袋面粉了。鲁迅的慈善之举不能解决社会问题,因为贫富不均的时代在世界上远未结束。

二秃子

鲁迅住西三条时的人力车夫叫二秃子,鲁迅对二秃子的评价很高,说他那种负责任的态度是少有的。有一次鲁迅乘坐二秃子的车,因路上结冰地面很滑,二秃子摔了一跤,车子倒了,鲁迅和他都受了伤,二秃子挣扎着起来,自己忍住伤痛过来搀扶鲁迅,问伤得如何,并说自己太不小心,连道对不起,还忍着自己的伤痛把鲁迅送回家,连连道歉而去。事后二秃子好几天没来,鲁迅很担心,就问潘妈,潘妈告诉鲁迅说,二秃子年轻,伤早好了,但那天他拉车跌跤让鲁迅受了惊吓,心里过意不去,不好意思来了。鲁迅说:"这不能怪二秃子,况且他的伤势比我重,出事后还把我送到家里,我感激他还来不及呢!"随后,让潘妈把他叫回来,二秃子感到很是高兴。民国时劳动阶层的地位很低,有点地位的人一般都作威作福,鲁迅对他们很同情,他给的车费总是较多的,他常说,人家辛辛苦苦换来一点工钱也是要养家糊口的,再斤斤计较是不道德的。鲁迅生活十分节俭,但待人很慷慨,有一颗很善良的心。

京剧

鲁迅是绍兴人,不太喜欢看京剧,只看过两次,就因为剧场的氛围让他倒了胃口。民国时北京有个剧院叫"第一舞台",在前门外西柳树井大街路北,这是北京较早建成的新式剧场,也是当时京城历史上最大的戏园,由京剧名角杨小楼、姚佩秋等贷款筹建,1914年6月落成。剧场坐北朝南,观众厅分三层,一楼、三楼为散座,二楼前排为包厢,后排为散座。舞台呈椭圆形,可旋转,能容纳三千观众。杨小楼、王瑶卿、梅兰芳、尚小云、荀慧生、余叔岩、高庆奎、言菊朋等在此演出过。许多大型义演曾在此举办。鲁迅也在这里看过京剧。1915年元旦,"晚季上来,饭后同至第一舞台观剧,十二时归"。这是鲁迅第一次到第一舞台看京剧,是湖北省赈灾京剧义演。鲁迅在小说《社戏》中描述了这次看戏的经历:"忘记了那一年,总之是募集湖北水灾捐而谭叫天还没有死。捐法是两元钱买一张戏票,可以到第一舞台去看戏,扮演的多是名角,其一就是小叫天。我买了一张票,本是对于劝募人聊以塞责的,然而似乎又有好事家乘机对我说了些叫天不可不看的大法要了。""我打听得叫天出台是迟的,而第一舞台却是新式构造,用不着争座位,便放了心,延宕到九点钟才出去,谁料照例,人都满了,连立足也难,我只得挤在远处的人丛中看一个老旦在台上唱。那老旦嘴边插着两个点火的纸捻子,旁边有一个鬼卒,我费尽思量,才疑心他或者是目连的母亲,因为后来又出来了一个和尚。然而我又不知道那名角是谁,就去问挤小在我的左边的一位胖绅士。他很看不起似的斜瞥了我一眼,说道,'龚云甫!'我深愧浅陋而且粗疏,脸上一热,同时脑里也制出了决不再问的定章,于是看小旦唱,看花旦唱,看老生唱，看不知什么角色唱，看一大班人乱打，看两三个人互打，从九点多到十点，从十点到十一点，从十一点到十一点半，从十一点半到十二点，——然而叫天竟还没有来。""这一夜，就是我对于中国戏告了别的一夜，此后再没有想到他。"这是鲁迅最后一次看京剧。后来在上海，有一次郁达夫谈到欧阳予倩和田汉想改良京剧的事，用来做宣传，鲁迅根本不赞成，并且幽默地说，以京剧来宣传救国，那就是"我们救国啊啊啊啊了，这行么"？

打牌

鲁迅不打牌，甚至很讨厌邻居打牌的吵闹。他在教育部工作时有许多同事嗜好打牌，鲁迅却用那时间读书。关于打牌与读书，鲁迅曾在《读书杂谈》中有过妙论："嗜好的读书，该如爱打牌的一样，天天打，夜夜打，连续的去打，有时被公安局捉去了，放出来之后还是打。诸君要知道真打牌的人的目的并不在赢钱，而在有趣。牌有怎样的有趣呢，我是外行，不大明白。但听得爱赌的人说，它妙在一张一张的摸起来，永远变化无穷。我想，凡嗜好的读书，能够手不释卷的原因也就是这样。他在每一叶每一叶里，都得着深厚的趣味。自然，也可以扩大精神，增加智识的，但这些倒都不计及，一计及，便等于意在赢钱的博徒了，这在博徒之中，也算是下品。"

令尊与令堂

鲁迅住砖塔胡同时，常给俞家三姐妹讲笑话。有一次他讲了这样一则笑话：有一家三口人，爸爸、妈妈和一个十来岁的孩子。一天，爸爸妈妈出去了，留下孩子看家。一个陌生人来敲门，并问孩子:"令尊、令堂在家吗?"孩子不懂令尊、令堂是什么意思,说:"我吃过许多糖,可没吃过'令糖'。"陌生人笑笑走了。爸爸妈妈回来后,孩子把这事一说,爸爸拍桌大骂:"令尊就是我,令堂就是你娘,呆虫!"过了几天爸爸妈妈又不在家,那陌生人又来了,问道:"令尊、令堂在家吗?"孩子马上回答:"令尊就是我,令堂就是你娘,呆虫!"

女人吵架

鲁迅住在砖塔胡同时与俞家姐妹做邻居。有一次鲁迅给俞家姐妹讲绍兴的女人吵架时有两个常用招式,一个是"剪刀阵",一个是"壶瓶骂",俞芳问:"什么是摆剪刀阵呀?是不是每个人拿着剪刀打架?"鲁迅说:"不是的,你们看我。"说着起身做了两脚分开、两手叉腰的姿势,又说"你们看这样子像不像一把剪刀口朝下的剪刀"?众人恍然大悟,开怀大笑。鲁迅说:"相骂的双方都摆着这种剪刀架势,互相抓住对方的缺点骂,骂得响、骂得快、骂得狠、骂得有力的得胜。""剪刀阵的姿势两手叉腰是为了壮气,两腿分开,重心底,站得稳。"鲁迅又示范了"壶瓶骂",左手叉腰,右臂向右前上方伸直,用食指指向对方做骂人状。又说:"绍兴的男人吵架比较痛快,这大概与性格有关。"这故事表现了鲁迅的幽默和对绍兴男女细致的了解。

让人出气

在砖塔胡同,鲁迅家的佣人叫王妈,俞家的佣人叫齐妈。有一次,她们不知因为什么原因深夜吵了起来,声音巨大,弄得鲁迅一夜没睡好，第二天就病了。俞家三姐妹一起去看望鲁迅，大姐俞芬说："大先生，你为什么不去'喝止'她们呢？其实你就是大声咳嗽一声，她们听到了，也会不吵的。"鲁迅说："她们吵架时，彼此心里都有一股'气'，讲话又急又响，我也听不懂，我要是去'喝止'或大声咳嗽，可能会不吵了，但心里的'气'是压不下去的，也得失眠，我的精神已提起来了，也不一定就睡得着，与其三个人或两个人失眠，还不如我一个人失眠算了，她们俩把气都出了就都能睡好了。"

版税官司

位于北京沙滩的北京大学附近，有个翠花胡同，1924年北新书局就是在这里开办的。创始人李小峰毕业于北京大学哲学系。他开始是经营《语丝》的发行，后来在鲁迅的支持下开办了北新书局。鲁迅的《呐喊》（第三版）、《彷徨》《热风》《华盖集》《华盖集续集》《野草》《而已集》《三闲集》等都交北新书局出版。1926年"三·一八"惨案发生后，北新书局被查封，设在上海的分店便成了北新书局总店。鲁迅的书，为北新书局赚来了丰厚的利润。后来，北新书局对鲁迅及其他著作人拖欠了数年的版税，欠鲁迅的版税就有两三万元。靠版税在上海维持生活的鲁迅只得请律师对北新书局提起了清算版税的诉讼。欠债还钱是天经地义的事，于是北新书局请郁达夫出面调解。几经交涉，鲁迅答应诉讼的事暂时不提了，北新书局同意分十个月还上旧欠款两万多元，新欠款则每月付四百元，决不食言。这场版税官司由鲁迅的胜利告终。以后鲁迅仍然支持北新书局的出版事业，他的书继续交由北新书局出版。

月亮情结

民国时期北京的中秋节也是放假的。鲁迅日记中对中秋节假日有很多记载,有时与家人赏月,有时与朋友饮酒聚餐吃月饼。鲁迅对月亮十分喜爱,常常发出"月色甚佳"的感叹。鲁迅还曾自况是夜,把热恋中的爱人许广平比作月亮,说:"我是夜,当然需要月亮。"小说《故乡》最后的那一段非常有名:"我在朦胧中,眼前展开一片海边碧绿的沙地来,上面深蓝的天空中挂着一轮金黄的圆月。我想:希望是本无所谓有,无所谓无的。这正如地上的路;其实地上本没有路,走的人多了,也便成了路。"把深蓝的天空中的月亮描写成金黄色,太美了。实际上如果常观月亮,是会见到金黄色的月亮的,说明鲁迅对景物有着深入的观察以及他对大自然的美好情趣。北京近年来雾霾严重,看到月亮已是很不容易的事,于是也少有人描写月亮了。鲁迅时代的天空与月亮还是令人神往的。

中秋之愿

民国时期端午节与中秋节是中国民间两个非常重要的节日。中秋节是中国古老的节日,又称月夕、八月节、团圆节等,按中国的农历,八月是秋季中的第二个月,称为"仲秋",八月十五又在"仲秋"之中,所以称"中秋",传说是纪念奔月的嫦娥。中秋节的习俗很多,如祭月、赏月、拜月、吃月饼等。北京的中秋节也有许多旧俗,这天到寺庙祭拜时要给"寺赏"。1921年夏天,鲁迅的二弟周作人因肋膜炎住到香山碧云寺养病,一直住到9月21日,其间正好遇上中秋节,于是周作人便写信问鲁迅如何打点。鲁迅为此事咨询了同僚齐寿山。齐寿山告知说：大门四吊，二门六吊，后门六吊，如不常走则四吊已够，方丈院听差，三或四元以上。按此规矩周作人照办，可是都得大哥鲁迅付钱啊。

古代的中秋，骚人墨客留下很多中秋咏月佳句，"暮云收尽溢清寒，银汉无声转玉盘。"（《苏东坡·中秋月》）"海上生明月，天涯共此时。情人怨遥夜，竟夕起相思！"（《张九龄·望月怀远》）等都是千古名句。鲁迅也有很深的秋日的情结："扶桑正是秋光好""秋波渺渺失离骚""曾惊秋肃临天下"，最牛的是"管他冬夏与春秋"！

鲁迅在1934年写过一篇著名的杂文《中秋二愿》，文中说两件事，第一件："刚过了国历的九一八，就是'夏历'的'中秋赏月'，还有'海宁观潮'。因为海宁，就又有人来讲'乾隆皇帝是海宁陈阁老的儿子'了。这一个满洲'英明之主'，原来竟是中国人掉的包，好不阔气，而且福气。不折一兵，不费一矢，单靠生殖机关便革了命，真是绝顶便宜。"于是鲁迅希望的一愿是："从此不再胡乱和别人去攀亲。"鲁迅接着说了第二件："但竟有人给文学也攀起亲来了，他说女人的才力，会因与男性的肉体关系而受影响，并举欧洲的几个女作家，都有文人做情人来作证据。"鲁迅驳斥道："他不至于忘记梭格拉第太太全不懂哲学，托尔斯泰太太不会做文章这些反证的。况且世界文学史上，有多少中国所谓'父子作家''夫妇作家'那些'肉麻当有趣'的人物在里面？因为文学和梅毒不同，并无霉菌，决不会由性交传给对手的。至于有'诗人'在钓一个女人，先捧之为'女诗人'，那是一种讨好的手段，并非他真传染给她了诗才。"所以鲁迅的第二愿是："从此眼光离开脐下三寸。"鲁迅时代的这些八卦怪论，仍然充斥着今天的网络媒体，鲁迅他老人家的"二愿"并没有实现。

厦大

1926 年 9 月 4 日，鲁迅登陆厦门，从太古码头乘小舢板来到厦门大学。他在厦门大学只工作了三个多月，虽然薪酬较高，但吃、住都不习惯，又饱受排挤和打击，鲁迅称之为"农奴生活"。最初住在国学院三层，后来竟住进了厦门大学的地下室。地下室内没有器具，鲁迅于是大发其怒。大发其怒之后，器具就有了，又添了一个躺椅，总务长亲自监督搬运。地下室内原有两个灯泡，学校声称要节约用电，摘走一个，鲁迅非常气愤。鲁迅很讨厌校长秘书，一个叫黄坚的人。有一天，黄坚突然闯进鲁迅宿舍，说"昨天吴教授的少爷已到，需要从这里搬走两个椅子"，说着就伙同来人动手搬椅子。鲁迅见状，十分愤怒，厉声道："倘若他的孙少爷也到，我就得坐在楼板上么？"黄坚听后尴尬地放下椅子溜走了。还有一次厦大国学院要举办小型展览，鲁迅拿出了他收藏的一些拓片展出，布置展品时鲁迅将一把椅子放在桌子上，自己去挂，孙伏园主动上来帮忙，黄坚借口有事将孙伏园叫走，鲁迅极为不满。在给许广平的信中说："我之讨厌黄坚，有二事：一，因为他在食饭时给我不舒服；二，因为他令我一个人挂拓本，不许人帮助。"虽然是些小事，但反映了鲁迅的性格是眼里绝不揉沙子。

理发

鲁迅在厦门大学教书时，曾到一家理发店理发。理发师不认识鲁迅，见他衣着简朴，心想他肯定没几个钱，理发时就一点也不认真。对此，鲁迅先生不仅不生气，反而在理发后极随意地掏出一大把钱给理发师——远远超出了应付的钱。理发师大喜，脸上立刻堆满了笑。过了一段日子，鲁迅又去理发，理发师见状大喜，立即拿出全部看家本领，满脸写着谦恭，"慢工出细活"地理发。不料理毕，鲁迅并没有再显豪爽，而是掏出钱来一个一个地数给理发师，一个子儿也没多给。理发师大惑："先生，您上回那样给，今天怎么这样给？"鲁迅笑笑："您上回马马虎虎地理，我就马马虎虎地给；这回您认认真真地理，我就认认真真地给。"理发师听了大窘。

领薪

鲁迅在厦门大学教书时薪水是四百大洋。学校给职员发薪水时，是由总务处开支票后自己到市区的集通银行去领取。鲁迅第一次去领薪水，来到柜台前，将四百大洋支票递过去时，柜台里的人接过支票，见鲁迅一副寒酸样，却手持如此高额的现金支票，顿时产生了怀疑，便提高嗓门问："这张现金支票是你自己的吗？"鲁迅懒得回答他，就吸了一口烟。银行职员又问："你这人是干什么差事的？"鲁迅两只眼望着前方，仍不作回答，又吸了一口烟。银行职员又再问："你每月有这么高的薪水吗？"鲁迅仍未回答，他望着银行职员，又狠狠地吸了一口烟。最后，这张国币四百大洋薪水的现金支票，还是在鲁迅连吸三口烟的沉默中一分不少地兑现了。这就是鲁迅的性格，真牛呀！

与坟合影

鲁迅有一张照片，是在厦门南普陀照的，他坐在一座坟墓前，前景是一片茂密的龙舌兰，那墓碑上有一个"许"字。鲁迅拍照后写信告诉许广平:"今天照了一个照相,是在草木丛中,坐在一个洋灰的坟的祭桌上。"可见鲁迅对自己的创意颇有几分得意呢。原版照片上还有一行鲁迅的亲笔题字:"我坐在厦门的坟中间。"1927年1月,鲁迅从厦门大学辞职。那时他刚完成了杂文集《坟》的写作,坐在坟前拍照,正好契合那书的名字,他想在出版前将照片寄给上海北新书局的李小峰使用。鲁迅在《〈坟〉题记》中说:"在我自己,还有一点小意义,就是这总算是生活的一部分的痕迹。所以虽然明知道过去已经过去,神魂是无法追蹑的,但总不能那么决绝,还想将糟粕收敛起来,造成一座小小的新坟,一面是埋藏,一面也是留恋。至于不远的踏成平地,那是不想管,也无从管了。"这张照片的创意,颇有点行为艺术的味道,能使观者感到不同寻常,也只有鲁迅,能想出这样的摄影造型,与他的杂文联系在一起,那么耐人寻味。

打杂

鲁迅到厦大以后,文科学生们掀起了一股学习文学的热潮,一批爱好写作的学生在鲁迅的帮助下成立了一个文学社团名叫"泱泱社",并出版《波艇》月刊。鲁迅的小说《眉间尺》(后改《铸剑》)就发表在《波艇》创刊号上。后来又创刊了《鼓浪》周刊。鲁迅为这两棵文学幼苗投入了不少心血,既为他们审稿、改稿,还为他们找地方出版。鲁迅讲述过那一段:"我先前在北京为文学青年打杂,耗去生命不少,自己是知道的。但到这里,又有几个学生办了一种月刊,叫作《波艇》,我却仍然去打杂。"鲁迅虽然有些抱怨,但支持青年是他一贯的作风。

"火老鸦"

1927年1月29日《北新》第23期载：鲁迅先生离厦门赴广州时给人的信中说："不知怎地我这几年忽然变成火老鸦，到一处烧一处，真是无法。此去不知如何，能停得多少日。""火老鸦"是火烧时飞扬的火星，它落在邻近屋上，也就烧起来了，所以火烧地的邻屋极怕火老鸦。可是，焚烧积污的火老鸦该是被到处欢迎的。

绑架

鲁迅到广州中山大学任教务主任和中国文学系主任，他本想到广州只是教书，但刚到广州，就受到左的和右的党派等多方面争取，想利用鲁迅的名气为自己做宣传，搞得鲁迅非常不自在。他讲："我到中山大学的本意，原不过是教书。然而有些青年大开其欢迎会。我知道不妙，所以首先第一回演说，就声明我不是什么'战士'，'革命家'。倘若是的，就应该在北京，厦门奋斗；但我躲到'革命后方'的广州来了，这就是并非'战士'的证据。不料主席的某先生——他那时是委员——接着演说，说这是我太谦虚，就我过去的事实看来，确是一个战斗者，革命者。于是礼堂上劈劈拍拍一阵拍手，我的'战士'便做定了。拍手之后，大家都已走散，再向谁去推辞？我只好咬着牙关，背了'战士'的招牌走进房里去，想到敝同乡秋瑾姑娘，就是被这种劈劈拍拍的拍手拍死的。我莫非也非'阵亡'不可么？"鲁迅由此感到很是苦恼，有一种被绑架的感觉，他说："没有法子，姑且由它去罢。然而苦矣！访问的，研究的，谈文学的，侦探思想的，要做序，题签的，请演说的，闹得个不亦乐乎。我尤其怕的是演说，因为它有指定的时候，不听拖延。临时到来一班青年，连劝带逼，将你绑了出去。而所说的话是大概有一定的题目的。命题作文，我最不擅长。否则，我在清朝不早进了秀才了么？然而不得已，也只好起承转合，上台去说几句。但我自有定例：至多以十分钟为限。可是心里还是不舒服，事前事后，我常常对熟人叹息说：不料我竟到'革命的策源地'来做洋八股了。"鲁迅在致章廷谦的信中说："我在这里，被抬得太高，苦极。作文演说的债，欠了许多。""我不想做'名人'了，玩玩。一变'名人'，'自己'就没有了。"名人有名人之苦，"玩玩"是鲁迅的真实想法。

"四·一五"

山上正义是日本新闻联合社的特派记者，1927年2月21日他的名字出现在鲁迅日记上，那是鲁迅刚到广州的第二十四天。此后他与鲁迅开始了交往，并取得翻译《阿Q正传》的允诺。1927年4月15日，广东新军阀发动了"四·一五"反革命政变，抓捕杀戮了二千一百多人，其中有四十多人是中山大学的学生。山上正义描述了当时的境况："在鲁迅潜伏的一家民房的二楼上同他对坐着，我找不出安慰的语言。刚好有一群工人纠察队举着工会旗和纠察队旗，吹着号从窗子里望得见的大路上走过去。""靠窗外的电杆上贴着很多'清党'的标语，如'打倒武汉政府''拥护南京政府''国贼中国共产党'，等等。在这下面，甚至还残存着由于没有彻底剥光，几天前大张旗鼓地张贴的'联共容共是总理之遗嘱''打倒军阀蒋介石'等完全相反的标语。""鲁迅望着走过的工会纠察队说：'真是无耻，昨天还高喊共产主义万岁，今天就到处搜索共产主义系统的工人了。'"鲁迅营救中山大学的学生无效，愤而退回中山大学的聘书，辞去了一切职务。

演讲的战术

鲁迅1926年底从厦门大学辞职，1927年1月到广州中山大学任教。在广州时鲁迅没写什么文章，至于不写文章的原因，鲁迅说："我曾在一个周围皆壁，一动即碰的地位，而我又不能不动，所以非碰不可，因此我便写了许多文章。此刻到广州来，即无壁可碰，文章也作不出了。""这里没有什么可骂，而且用不着骂，所以骂的文章也不必作了。"鲁迅在广州期间只在香港、岭南大学、黄埔学校进行了几次著名的演讲，由于语言不通，还得借助翻译。他把自己比喻成一只雄鸡，在和对方呆斗，而对方是有政治势力的。有一次他到知用中学演讲，当局想找到为鲁迅罗织罪名的证据，鲁迅深知他们的阴险，于是不忙不迫地讲了些魏晋人的风度，没有涉及时局和政治，使那些人没有办法。由此可见鲁迅是很讲究斗争方式的。由于广州政治气候凶险，鲁迅说："在如此不合理的政府底下是不能教青年的，我走。"8月初鲁迅离开广州去上海定居了。

诺贝尔文学奖

1927年9月中旬，魏建功在北京中山公园举行订婚宴，北大同人刘半农、钱玄同、台静农等都前往祝贺。席间刘半农把台静农叫出去，说在北大任教的瑞典人斯文·赫定是诺贝尔奖的评委之一，他想为中国作家争取一个名额。当时有人积极为梁启超活动，刘半农认为不妥，觉得鲁迅才是理想的候选人，于是请台静农写信问鲁迅的意见。9月17日，台静农给鲁迅的信中提到瑞典人斯文·赫定在上海时听说过鲁迅的名字，想请刘半农帮助，提名鲁迅为诺贝尔文学奖的候选人。鲁迅当即复信拒绝了。鲁迅在信中说："请你转致半农先生，我感谢他的好意，为我，为中国。但我很抱歉，我不愿意如此。诺贝尔赏金，梁启超自然不配，我也不配，要拿这钱，还欠努力。"又说："我觉得中国实在还没有可得诺贝尔赏金的人，瑞典最好是不要理我们，谁也不给。倘因为黄色脸皮人，格外优待从宽，反足以长中国人的虚荣心，以为真可与别国大作家比肩了，结果将很坏。"在这封信中，鲁迅表现了一种平常的心态，认为世界上高水平的作家很多，中国作家与世界还有差距，并认为中国还没有可得诺贝尔奖的人，如果因为是黄皮肤而优待，反而会助长中国人的虚荣心。鲁迅一生除文学创作外，又致力于翻译外国文学作品，把世界先进的文化译介到中国来，为中国文学事业的进步做出巨大的贡献。对于中国文学与世界的关系，鲁迅这样说："现在的文学也一样，有地方色彩的，倒容易成为世界的，即为别国所注意。打出世界上去，即于中国之活动有利。"

诺贝尔文学奖的评选是一个很复杂的程序，如果鲁迅被提名，也不一定就能获奖。但鲁迅的视野是清醒而开阔的，鲁迅的作品是中国现代文学中经典中的经典。中国现在也设立了"鲁迅文学奖"，每次评奖都争议频出，正如鲁迅所说"足以长中国人的虚荣心"，鲁迅在世，恐怕不会同意设立这样的奖项。淡泊名利，真的是很难做到的。

"无心作诗人"

作为文学家的鲁迅，以小说、散文、杂文名世，鲁迅的诗作虽不是很多，但常能深入人心，脍炙人口。郭沫若曾说："鲁迅先生无心作诗人,偶有所作,每臻绝唱。或则犀角烛怪,或则肝胆照人。"中国自古是个诗性的国度,历朝历代,诗人辈出。中国的古诗除《诗经》、乐府、唐宋诗词外,至近现代,诗人数量也不在少数,而能使大众耳熟能详的诗词却为数不多。现代作家中,鲁迅还算不上一个诗人,但鲁迅的诗却有很多能流传至今,朗朗上口。鲁迅未曾以诗见长,而所遗诗作,常能于激情处心事浩茫连广宇,于无声处警世呐喊听惊雷;憎恶时横眉冷对千夫指,怒向刀丛觅小诗;挚爱时无情未必真豪杰,俯首甘为孺子牛。

关于诗,鲁迅是这样看的:

"我其实是不喜欢做新诗的——但也不喜欢做古诗——只因为那时诗坛寂寞,所以打打边鼓,凑些热闹;待到称为诗人的一出现,就洗手不作了。"(鲁迅:《集外集序言》)

"诗须有形式,要易记,易懂,易唱,动听,但格式不要太严。要有韵,但不必依旧诗韵,只要顺口就好。"(鲁迅致蔡斐君)

鲁迅旧学功底深厚,少年时在私塾对课时就能出类拔萃。鲁迅作诗,偶尔为之,有严格的五言、七言格律诗,而多数是格律不甚严谨的打油诗。据鲁迅遗著及亲友回忆文字史料统计,鲁迅现存四言、五言、七言诗共四十八题六十三首,另离骚体一首,拟古的新打油诗一首,政治讽刺诗四首,宝塔诗一首。

牙痛党

鲁迅自称:"我从小就是牙痛党之一。"关于鲁迅为什么学医,有多种说法。鲁迅自己有两说,一是恨中医耽误了他父亲的病;二是确知日本明治维新是大半发端于西医的事实。据鲁迅的好友许寿裳说还有第三个原因,是为了救济中国的小脚。又据孙伏园说的第四因——牙痛。鲁迅十四五岁时就开始牙痛,告知家长后得到的回答是:"因为不自爱,所以会生这病的;医生能有什么法?"鲁迅不解,但从此不再向人提起牙齿的事了,鲁迅说:"似乎这病是我的一件耻辱。……我后来也看看中国的医药书,忽而发见触目惊心的学说了。它说,齿是属于肾的,'牙损'的原因是'阴亏'。我这才顿然悟出先前的所以得到申斥的原因来,原来是它们在这里这样诬陷我。"鲁迅自己说,这牙病是"父亲赏给我的一份遗产,因为他牙齿也很坏。于是或蛀,或破,……终于牙龈上出血了,无法收拾;住的又是小城,并无牙医"。后来一位"善士"给了鲁迅一个秘方:"择日将栗子风干,日日食之,神效。"当然这也无效。他深感无知识的可怕,而想去进一步研究新医学。看鲁迅的日记,他经常为牙痛困扰,在北京时三天两头去看牙医,离京南下时,他原装的牙基本已经被拔光了。还有两颗牙是摔掉的,鲁迅自己曾写过这件事:"民国十一年秋,我'执事'后坐车回寓去,既是北京,又是秋,又是清早,天气很冷,所以我穿着厚外套,带了手套的手是插在衣袋里的。那车夫,我相信他是因为瞌睡,胡涂,决非章士钊党;但他却在中途用了所谓'非常处分',以'迅雷不及掩耳之手段',自己跌倒了,并将我从车上摔出。我手在袋里,来不及抵按,结果便自然只好和地母接吻,以门牙为牺牲了。于是无门牙而讲书者半年,补好于十二年之夏,所以现在使朋其君一见放心,释然回去的两个,其实却是假的。"

哭过

鲁迅在《哭范爱农》一诗中,表达了对友人亡故的悲痛。《悼杨铨》诗有句:"何期泪洒江南雨,又为斯民哭健儿。"也写出了他悲痛的心情。在回忆鲁迅的文章里,有过鲁迅流泪的记载。鲁迅好友许寿裳是鲁迅最亲密的朋友、同乡、同事。他在《鲁迅先生年谱》中记载:1888年,鲁迅七岁,他的妹妹端姑不到一岁便因出天花而夭折了,当她病重时,鲁迅躲在屋角低声哭泣,母亲问他为什么哭,他说:"为妹妹啦。"在鲁迅幼小的心灵里,亲人的亡故给他带来巨大的悲伤。鲁迅是个有血有肉充满感情的人,他曾说过:"世上如果还有真要活下去的人们,就先该敢说,敢笑,敢哭,敢怒,敢骂,敢打,在这可诅咒的地方击退了可诅咒的时代!"

以衣取人

1933年9月,国际反战会议代表英国人马莱爵士在一家宾馆约见鲁迅。马莱住在宾馆的七楼,鲁迅走进电梯,那开电梯的看鲁迅衣着平平,不肯开电梯送鲁迅上楼,于是鲁迅只好沿着楼梯走上去了。会谈了近两个小时后,马莱热情地将鲁迅送出来,那开电梯的人大为惊诧,面红耳赤,赶紧开电梯将鲁迅送下楼。鲁迅感叹:"真是饶有兴味呀!中国人的恶习,是以人的穿戴来断定人品的。"9月30日,远东国际反战会议在上海召开,宋庆龄任执行主席,鲁迅也被推举为名誉主席。鲁迅说的中国人的恶习至今还存在着。

"国骂"

鲁迅文笔犀利，骂人入木三分，吴稚晖、陈西滢、徐志摩、章士钊、胡适、林语堂、梁实秋、郭沫若、周扬、成仿吾、章克标、邵洵美等都曾是鲁迅痛骂的对象。这众多的鲁迅骂过的人，有很多是因为恶毒攻击鲁迅，也有的是因为政治的或学术观点的不同，在文学史上被称为"论争"。然而就骂人的文笔而论，鲁迅堪称第一。被骂者在阵式上便输了几分，经常被骂得狗血喷头。鲁迅的爷爷介孚公是清代的翰林，当然学问是很大的，才高而傲气十足，做官时都不很得志，于是牢骚很盛，经常骂人，在家中也经常骂人，家里人感到很是痛苦。他的骂人从昏太后至呆皇帝直到不成材的子侄们。据说这也是绍兴师爷的学风，如此看来，鲁迅的骂人是有传承的。

关于骂人的历史，鲁迅却是做过考证，就是那篇著名的《论"他妈的！"》。鲁迅说："无论是谁，只要在中国过活，便总得常听到'他妈的'或其相类的口头禅。我想：这话的分布，大概就跟着中国人足迹之所至罢；使用的遍数，怕也未必比客气的'您好呀'会更少。假使依或人所说，牡丹是中国的'国花'，那么，这就可以算是中国的'国骂'了。"外国小说中也有很多粗口，鲁迅举了挪威汉姆生、苏俄高尔基、阿尔志跋绥夫作品的例子，在翻译时，鲁迅说："这骂的翻译，在中国原极容易的，别国却似乎为难，德文译本作'我使用过你的妈'，日文译本作'你的妈是我的母狗'。这实在太费解，——由我的眼光看起来。"

鲁迅说他自己家乡的"国骂"颇简单，"专一以'妈'为限，决不牵涉余人。后来稍游各地，才始惊异于国骂之博大而精微：上溯祖宗，旁连姊妹，下递子孙，普及同性，真是'犹河汉而无极也'。

而且，不特用于人，也以施之兽。前年，曾见一辆煤车的只轮陷入很深的辙迹里，车夫便愤然跳下，出死力打那拉车的骡子道：'你姊姊的！你姊姊的！'"

鲁迅考证："这'他妈的'的由来以及始于何代，我也不明白。经史上所见骂人的话，无非是'役夫'，'奴'，'死公'；较厉害的，有'老狗'，'貊子'；更厉害，涉及先代的，也不外乎'而母婢也'，'赘阉遗丑'罢了！还没见过什么'妈的'怎样，虽然也许是士大夫讳而不录。"他考察了晋唐的历史，得出一个结论："'下等人'还未暴发之先，自然大抵有许多'他妈的'在嘴上，但一遇机会，偶窃一位，略识几字，便即文雅起来：雅号也有了；身份也高了；家谱也修了，还要寻一个始祖，不是名儒便是名臣。从此化为'上等人'，也如上等前辈一样，言行都很温文尔雅。""最先发明这一句'他妈的'的人物，确要算一个天才，——然而是一个卑劣的天才。"因此鲁迅认为，只要等级制度不消除，就永远会有无声的或有声的"国骂"。

这"国骂"在中国有时还有别的用法，鲁迅讲了一个故事："我曾在家乡看见乡农父子一同午饭，儿子指一碗菜向他父亲说：'这不坏，妈的你尝尝看！'那父亲回答道：'我不要吃。妈的你吃去罢！'则简直已经醇化为现在时行的'我的亲爱的'的意思了。"

不光是杂文，鲁迅的小说、书信中也常冒出些诸如"管他妈的""放他妈的屁"等"国骂"来，然而鲁迅确没有用这"国骂"来直接骂人。

书斋

鲁迅是个极有条理的人，他写的文章和编校的稿子，虽然难免涂改，但总是缮写得非常清楚。他编辑的刊物，往往是写稿、校对、搜集稿件、算发稿酬等琐碎的事一并处理。他不但是个作家，还是编辑、校对、封面设计、版式设计者，而做这一切，都是井井有条的。一般文人的书斋，由于忙于读书写作，十有八九都是杂乱无章的，而鲁迅的书斋，不论是在北京还是在上海，总是极有条理的。鲁迅的儿子海婴，常跑到他的书斋翻弄他的书本杂志之类，鲁迅总含着苦笑对他说："你这小捣乱看好了没有？"之后，又把翻得零乱的书本堆叠得好好的。有一次，郁达夫到鲁迅家去做客，海婴正在那里捣乱，翻看书里的插画。鲁迅大笑着对郁达夫说："这小捣乱，他问我几时死；他的意思是我死了之后，这些书本都应该归他的。"大约这事两三年后，鲁迅去世了。郁达夫回忆说："在万国殡仪馆成殓出殡的上午，我一面看到了他的遗容，一面又看见海婴仍是若无其事地在人前穿了小小的丧服在那里快快乐乐地跑，我的心真有点绞得难耐。"鲁迅去世时海婴只有七岁，后来许广平把鲁迅的藏书捐赠给了鲁迅博物馆，有一万三千多册。

不愿出国

1935年苏联"十月革命"前后，上海苏联领事馆招待文化人去领事馆看电影，受邀的只有五六个中国人。影片演的是《夏伯阳》，鲁迅与许广平带着海婴一起去了，史沫特莱也去了，茅盾也去了。鲁迅精神很好，喝了两杯伏特加，史沫特莱喝了很多，有点微醉。电影看完后，大家在休息时，史沫特莱对鲁迅说"我觉得你的身体很不好"，并建议他到国外去休养。鲁迅笑着说："我自己并不觉得有什么不对劲，你从哪里看出来我非好好休养不成呢？"史沫特莱说："我凭直觉感到你的身体很不行。"鲁迅以为她醉了，便岔开话题，但史沫特莱很坚持，要鲁迅确定疗养的时间，并再三说："你到了外国一样做文章，而且对于国际的影响更大！"过了一天，史沫特莱找到茅盾，专门说这件事，建议鲁迅到高加索去休养。后来鲁迅终于同意了。到了年底，史沫特莱为鲁迅出国休养的事与国外接洽好，鲁迅的许多朋友也劝他出国休养，但他还是决定暂时不出去。他的理由是：自己不觉得一定有致命的疾病，倘说是衰弱，一二年的休养也未必有效。再者即使在国外吃胖了，回国一定立即要瘦，而且也许比没出去的时候更瘦。而且一出国到苏联，又不懂俄语便只能做哑巴了，太气闷了。最终，他还是没有到国外去休养。

看病的条件

民国时的医术和医疗科技都不是很发达，因此鲁迅的肺病在当时的医疗条件下无法得到很好的救治，年仅五十五岁便离开了人世。鲁迅晚年得的是肺病，黄源去看望他，他拿着 X 光片对黄源说："照医生说，看这照片我在五年前就该死了。然而现在还活着，他便不知如何治法。"给鲁迅看病的医生是日本人须藤五百三，医生经常警告他不要多动，提防疲劳，静静地躺着。鲁迅回答说："我一生没有养成那样的习惯，不做事，不看书，我一天都生活不下去。"他还对医生说："我请你看病是有条件的。"须藤问："什么条件？"鲁迅说："第一是要把病看好，是要活命。第二是假如一动不动，一个月可医好，我宁愿动动用两个月医好。第三是假如医不好，就想法把生命拖延着。"须藤医生无话可说。生命不息，读书写作不止，鲁迅临终前都是这样做的。

遗嘱

1936年10月19日，鲁迅在上海去世。就在这年的9月5日，鲁迅写下一篇散文《死》，文中为亲属写下一张遗嘱：

> 在这时候，我才确信，我是到底相信人死无鬼的。我只想到过写遗嘱，以为我倘曾贵为宫保，富有千万，儿子和女婿及其他一定早已逼我写好遗嘱了，现在却谁也不提起。但是，我也留下一张罢。当时好像很想定了一些，都是写给亲属的，其中有的是：
>
> 一，不得因为丧事，收受任何人的一文钱。——但老朋友的，不在此例。
>
> 二，赶快收敛，埋掉，拉倒。
>
> 三，不要做任何关于纪念的事情。
>
> 四，忘记我，管自己生活。——倘不，那就真是胡涂虫。
>
> 五，孩子长大，倘无才能，可寻点小事情过活，万不可去做空头文学家或美术家。
>
> 六，别人应许给你的事物，不可当真。
>
> 七，损着别人的牙眼，却反对报复，主张宽容的人，万勿和他接近。
>
> 此外自然还有，现在忘记了。只还记得在发热时，又曾想到欧洲人临死时，往往有一种仪式，是请别人宽恕，自己也宽恕了别人。我的怨敌可谓多矣，倘有新式的人问起我来，怎么回答呢？我想了一想，决定的是：让他们怨恨去，我也一个都

不宽恕。

鲁迅的遗嘱虽是写给亲属的,但这无疑是一篇警世名言,让后来的人们清醒。

中秋节

民国时的中秋节是有假期的,因为鲁迅是教育部的公务员,所以照例享有假期,有鲁迅的日记为证。每年的中秋节鲁迅的日记都会记上一笔:某月某日,"阴历中秋也"或"旧历中秋",然后是干什么干什么。存世的鲁迅日记是从1912年鲁迅初到北京开始的,这年的中秋节是9月25日,鲁迅写道:"晚铭伯、季市招饮,谈至十时返室,见圆月寒光皎然,如故乡焉,未知吾家仍以月饼祀之不。"真个是"举头望明月,低头思故乡"啊。

1913年9月15日:"今日是旧中秋也,遂亦无月。"中秋无月,心中似有几分遗憾。

1914年10月4日:"雨。星期,又旧历中秋也,休息。午后阅《华严经》竟。下午霁。许季上来。许季市贻烹鹜一器。"休息一天,看佛经,又有好友送吃的,孤身一人在北京过中秋,也算很充实的一天了。

1915年9月23日:"昙,风。旧历中秋也,休假。下午许铭伯先生来看《永慕园丛书》。晚季市致鹜一器,与工四百文。夜月出。"阴了一天,终于等到了"夜月出",这个中秋算完满。

1916年9月12日:"晴。旧历中秋,休息。……午后同三弟出游,遇张协和,俱至青云阁饮茗,坐良久,从留黎厂归。晚又同往铭伯先生寓饭。"中秋出游、品茶、聚餐,鲁迅的生活也是民国文人雅士的生活。如果那会儿要是有三里屯或什刹海酒吧，鲁迅他们会去哪儿呢？

1917年9月30日："洙邻兄来。朱蓬仙、钱玄同来。张协和来。旧中秋也，烹鹜沽酒作夕餐，玄同饭后去。月色极佳。铭伯、季市各致肴二品。""月色极佳"，鲁迅差点喊出来吧。这帮"北漂"一族节日聚会一定是很爽的。

1919年底，鲁迅举家从绍兴迁到北京定居，直到1926年鲁迅离京南下厦门，此间的中秋假期在鲁迅的日记中再没有写到月亮。这期间鲁迅写小说、杂文，翻译，积极从事新文化运动，获得了很高的成就。家里一大家子人需要照料，他还要挣钱养家，还兼职到许多学校讲课，够他忙活的了。兄弟失和，搬迁买房，还遭通缉，哪有闲心赏月呢。但他的日记每年照例记着："旧历中秋，休假。"

1926年的中秋是在厦门过的，这年的中秋是9月21日，鲁迅写："朱镜宙约在东园午餐，午前与垃士、伏园同往，坐中又有黄莫京、周醒南及其他五人未询其名。旧历中秋也，有月。语堂送月饼一筐予住在国学院中人，并投子六枚多寡以博取之。"鲁迅与热恋中的许广平离别，又成了孤身一人，于是又与友人聚餐，还玩起了掷骰子游戏，赌的是月饼。这天必须"有月"。转天，鲁迅便将此事写信向许广平做了汇报："昨天中秋，有月。"

1927年鲁迅到上海，与许广平同居。1929年，鲁迅的儿子海婴降生，给这个家庭增添了不少欢乐，中秋节，鲁迅一家其乐融融。

1929年中秋是9月17日，鲁迅写："中秋也，午及夜皆添肴饮酒。"喝了一天，颇有狂欢的节奏啊，因为再过十天，海婴便诞生了。

1930年10月6日鲁迅写："是日为旧历中秋，煮一鸭及火腿，治面邀平甫、雪峰及其夫人于夜间同食。"

1931年9月26日鲁迅写："传是旧历中秋也，月色甚佳，遂同广平访蕴如及三弟，谈至十一时而归。"这月色在鲁迅的一生中可以说是美得不要不要的。

鲁迅度过的最后一个中秋节是1936年9月30日，鲁迅写："须藤先生来诊。晚蕴如携三孩子来。夜三弟来。中秋。似发微热。"这个中秋，离他的去世仅十九天。

话冬至

冬至节在一年中是个很重要的时令。中学学地理时讲，冬至日时太阳直射南回归线，阳光对北半球最倾斜，因此北半球白天最短，黑夜最长。冬至过后，天便一天天长起来。"冬至到，吃水饺""冬至馄饨夏至面"，这是北方的民俗，南方在冬至的时候有吃元宵、糯米糕等习俗。中国地域辽阔，习俗各有不同。鲁迅是南方人，在教育部工作时生活在北方，冬至节鲁迅吃什么？他没写。

不过在他著名的小说《祝福》中，描述了他绍兴家乡的习俗："旧历的年底毕竟最像年底，村镇上不必说，就在天空中也显出将到新年的气象来。灰白色的沉重的晚云中间时时发出闪光，接着一声钝响，是送灶的爆竹；近处燃放的可就更强烈了，震耳的大音还没有息，空气里已经散满了幽微的火药香。"当鲁镇的人们忙于过年的筹备时，悲苦的祥林嫂却要到土地庙以大洋十二千去捐门槛，以赎她在人间的"罪过"。然后"神气很舒畅，眼光也分外有神，高兴似的对四婶说，自己已经在土地庙捐了门槛了"。

"冬至的祭祖时节，她做得更出力，看四婶装好祭品，和阿牛将桌子抬到堂屋中央，她便坦然的去拿酒杯和筷子。"冬至祭祖，这便是绍兴的习俗。

"我因为常见些但愿不如所料，以为未必竟如所料的事，却每每恰如所料的起来，所以很恐怕这事也一律。果然，特别的情形开始了。"这是鲁迅的著名句式。这特别的情形就是——"不早不迟，偏偏要在这时候，——这就可见是一个谬种！"祥林嫂在年前死去。

关于冬至的民谚，北方有"冬至晴，新年雨，中秋有雨冬至晴"，南方有"冬至晴，正月雨；冬至雨，正月晴"，等等。民谚是劳动人民千百年的生活经验的结晶，一般来说是较准的，可惜还没有关于"冬至霾"的谚语。

据鲁迅的日记可知，民国时的冬至节是有一天假期的。如：

1912 年 4 月 22 日，晴。星期休息。旧历冬至也，季市云。
1914 年 12 月 23 日，冬至。休息。
1915 年 12 月 23 日，晴。冬至例假。
1920 年 12 月 22 日，晴。冬至，休假。

每逢过节，民国的报刊也如今天一样要写一些节日的民俗或祝词一类的文章。1933 年 10 月，陶亢德接任林语堂成为《论语》的主编，并与鲁迅结识，有频繁的书信往来。1933 年 12 月 5 日鲁迅在致陶亢德的信中写道："纪念或新年之类的撰稿，其实即等于赋得'冬至阳生春又来，得阳字五言六韵'，这类试帖，我想从此不做了。自然，假如大有'烟士披离纯'，本可以藉此发挥，而我又没有，况且话要说得吞吞吐吐，很不快活，还是沉默着罢。""赋得"是指科举考试时代，常以古人诗或成语为题。"冬至阳生春又来"即出自杜甫《小至》诗。"五言六韵"即五字一句，十二句一首，两句一韵。"烟士披离纯"是英文"灵感"(inspiration) 的音译，徐志摩曾有诗"永生的火焰'烟士披里纯'"句。鲁迅信中之意是反对这些矫揉造作的应时文字，幽默地嘲讽那些旧八股或洋八股式的文章。

兄弟论茶

周作人《雨天的书》中有一篇散文，名曰《喝茶》，作于1924年。1933年鲁迅也写过一篇散文《喝茶》。兄弟二人皆是中国现代散文顶级大家，虽是同题散文，从文学艺术角度上看各有千秋，从思想内容上看亦是各有见解。

周作人的文中旁征博引，对中国、英国及日本的喝茶习惯都进行了有趣的剖析。他说："茶道的意思，用平凡的话来说，可以称作忙里偷闲，苦中作乐，在不完全的现世享乐一点美与和谐，在刹那间体会永久，是日本之'象征的文化'里的一种代表艺术。"并说英国的红茶带面包，又加了糖和牛奶，红茶已经没有了意味，认为"喝茶以绿茶为正宗"，"喝茶当于瓦屋纸窗下，清泉绿茶，用素雅的陶瓷茶具，同二三人共饮，得半日之闲，可抵十年的尘梦。喝茶之后，再去继续修各人的胜业，无论为名为利，都无不可，但偶然的片刻优游乃正亦断不可少。中国喝茶时多吃瓜子，我觉得不很适宜，喝茶时可吃的东西应当是清淡的'茶食'。"周作人作为中国传统士大夫式的文人，把喝茶也当作文人雅趣来看待，他博学、高雅、悠闲，想做在家和尚，却成了文化汉奸。他的喝茶正是表现了他的这种人生观。

鲁迅喝茶的修养当然也与其二弟旗鼓相当，习惯相同，但在论道上，要远高二弟一筹。鲁迅买了好茶，想专心品尝，却因为写作分心，错过了品茶的最佳时间，"那好味道竟又不知不觉的滑过去，像喝着粗茶一样了"。于是他得出结论："有好茶喝，会喝好茶，是一种'清福'。不过要享这'清福'，首先就须有工夫，其次是练习出来的特别的感觉。"鲁迅的高格，在于这后面的联想："由这一极琐屑的经验，我想，假使是一个使用筋力的工人，在喉干欲裂的时候，那么，即使给他龙井芽茶，珠兰窨片，恐怕他喝起来也未必觉得和热水有什么大区别罢。所谓'秋思'，其实也是这样的，骚人墨客，会觉得什么'悲哉秋之为气也'，风雨阴晴，都给他一种刺戟，一方面也就是一种'清福'，但在老农，却只知道每年的此际，就要割稻而已。"鲁迅写的是喝茶，但说的是茶外的话，讽刺和剖析了所谓骚人墨客。鲁迅下面的话，几乎是给周作人二弟的警示："感觉的细腻和锐敏，较之麻木，那当然算是进步的，然而以有助于生命的进化为限。如果不相干，甚而至于有碍，那就是进化中的病态，不久就要收梢。我们试将享清福，抱秋心的雅人，和破衣粗食的粗人一比较，就明白究竟是谁活得下去。喝过茶，望着秋天，我于是想：不识好茶，没有秋思，倒也罢了。"然而周作人终究被大哥鲁迅言中，堕入耻辱的泥潭，落得半生茶饭无味了。鲁迅厉害！

12. 故交

帖友

  鲁迅玩碑帖可不是一般的玩，他不仅收藏还进行研究，还有陈师曾、齐寿山、徐吉轩、戴芦苓等几位帖友。季自求，也是鲁迅初到北京时的一位帖友。季自求住在南通会馆，位于宣武门外大街路东，鲁迅日记中还有"南通州会馆""南通州馆"和"南通县馆"的提法。有一副有名的对联，上联是"南通州北通州南北通州通南北"，其中所说的南通州指的就是江苏南通，北通州指的是北京的通州。1912年12月1日，鲁迅第一次到南通会馆访季自求，日记里有载："至南通州会馆访季自求，以《或外小说》两册托其转遗刘霁青。而季自求则以《大隋开府仪同三司龙山公墓志铭》一枚，《大秦景教流行中国碑》暨碑额碑侧共四枚见赠。"季自求名季天复，字自求，江苏南通人。1902年曾在南京水师学堂与周作人同学，通过周作人认识鲁迅。辛亥革命后在孙中山的参谋本部从事军事谍报工作，后在袁世凯总统府任侍从副官、参谋部参谋。1915年至1917年入四川任军务处一等参谋，回京后任陆军秘书。1912年至1920年鲁迅与他交往很多。这天他送给鲁迅的碑帖是鲁迅到北京后最初的收藏，以后的几年，鲁迅的碑帖收藏便多起来。季自求和鲁迅有共同的爱好，经常互访，互赠书籍，同游书肆。鲁迅日记记载，鲁迅去南通会馆九次，都是访问季自求。季自求还是一位集邮爱好者，鲁迅曾送他十多枚日本邮票。1917年后，他们的交往逐渐少了。南通会馆现在还在，只是变成了普通的民居。

俟堂与槐堂

陈师曾，名衡恪，字师曾，号槐堂，江西义宁人，著名的书画家。鲁迅在南京矿路学堂、日本弘文学院读书时的同学，在北京教育部工作时的同事。1909年鲁迅与周作人翻译的《域外小说集》出版，封面字由陈师曾以篆书书写。1915年鲁迅辑录的《会稽郡故书杂集》，书名也是由陈师曾书写。陈师曾1913年到北京，民国后任教育部编审处编审员并从事美术教育工作，善诗文、书法，尤长于绘画、篆刻。1915年以后历任国立北京高等师范学校国画教师、北京大学中国画导师、国立北京美术专门学校中国画教授。著有《中国绘画史》《中国文人画之研究》《染苍室印存》等。鲁迅非常看重陈师曾的绘画，1933年鲁迅与郑振铎编印的《北平笺谱》中，收陈师曾作"梅花笺""花果笺""山水笺"共二十四帧。鲁迅在《〈北平笺谱〉序》中介绍："及中华民国立，义宁陈君师曾曾入北京，初为镌铜者作墨合，镇纸画稿，俾其雕镂；既成拓墨，雅趣盎然。不久复廓其技于笺纸，才华蓬勃，笔简意饶，且又顾及刻工省其奏刀之困，而诗笺乃开一新境。"在与郑振铎的通信中说："所作诸笺，其刻印法已在日本木刻专家之上。"鲁迅与陈师曾友谊颇深，对陈师曾的艺术也非常看重。在教育部他们一起筹办展览会，经常一起吃饭、畅谈，一起逛琉璃厂、小市，买碑帖画帖，经常互赠碑帖及汉画像拓片。周作人曾说陈师曾"在时间他的画是上承吴昌硕，下接齐白石，却比二人似乎要高一等，因为是有书卷气"。在教育部一起工作的同事都想得到他的几张画，慢慢"揩他的油"，可惜他因为看护老太爷的病染上了风寒，早早去世了。鲁迅收藏了十多张陈师曾的山水和花鸟画作。陈师曾还为鲁迅刻过几方印章，这在鲁迅遗印中是最好的几方，其中有一方就是1916年陈师曾为鲁迅篆刻的一方白文印章"俟堂"。"俟堂"之名的由来是因当时陈师曾送鲁迅一方石章料，并问刻何字，鲁迅说，你叫槐堂，我就叫俟堂吧。"俟"有等待的意思，当时教育部内有长官想挤掉鲁迅，"俟堂"这笔名是说，我就等在这大堂上，任什么都请来吧，颇有轻蔑之意。周作人曾回忆："洪宪发作以前，北京空气恶劣，知识阶级多已预感危险，鲁迅那时自号'俟堂'，本来也就是古人的待死堂的意思，或者要引经传，说出'君子居易以俟命'亦无不可，实在却没有那样曲折，只是说'我等着，任凭什么都请来吧'。"鲁迅还曾以"俟堂"之名编过一本《俟堂专文杂集》，这书在鲁迅生前没能出版。

钓鱼台骑驴

钓鱼台现在叫玉渊潭公园，位于阜成门外玉渊潭东面，是一处历史悠久的皇家园林。玉渊潭东岸建有城门式高台，镌"钓鱼台"三字，为乾隆御笔。民国初年溥仪将钓鱼台赠给他的老师陈宝琛，1914年溥仪出宫后钓鱼台开放。从鲁迅住的地方往西到钓鱼台距离约两公里，鲁迅有两次到钓鱼台游览的记录，鲁迅日记载：

1925年4月11日，"午后俞芬、吴曙天、章衣萍来，下午同母亲游阜成门外钓鱼台。夜买酒并邀长虹、培良、有麟共饮，大醉。"

1926年3月7日，"同品青、小峰等九人骑驴同游钓鱼台。"

鲁迅的小朋友，语丝社的章廷谦也参加了这次骑驴游玩，他的回忆记录了鲁迅这天的快乐："还记得那个时候，城内的青年学生们，到了春秋佳日，每逢星期天，常常到西直门外来骑驴玩，我就是一个最爱骑驴的人。有一年的春天，我们有八九个人跑去要鲁迅先生和我们一起骑驴去玩，鲁迅先生就和我们一起出来，骑驴到钓鱼台。一路上还和我们讲了好些骑术。我们这八九个人和鲁迅先生年龄的距离，少的也有二十。这虽是一件小事，要不是因为我们和鲁迅先生没有间隔，我们怎敢去邀请？如果鲁迅先生没有青年人的这种性情，鲁迅先生也不会和我们一道去的。"鲁迅一生旅游很少，但他在南京读书时就会骑术，和青年们在一起，可以想象他有多么开心。

无礼貌的学生

冯省三，山东平原人，北京大学预科法文班学生。1921年因反对学校征收讲义费而被开除。1923年与陈声树等创办世界语专门学校，请鲁迅到该校兼课，至1924年，他们来往很密切。荆有麟《鲁迅回忆断片》曾写道："北大旁听生冯省三，有一天跑到鲁迅先生家里，向鲁迅先生床铺上一坐，将两脚跷起说：'喂，你门口有修鞋的，把我这双破鞋，拿去修修。'鲁迅先生毫不迟疑的，将冯省三的破鞋，拿去修好后，他还为他取回来，套到他的脚上。可是，冯省三连谢都没有说一句，悻悻地走掉了。鲁迅先生在每提到这件事时，总是说：'山东人真是直爽哇！'"

冯汉叔

冯汉叔，名祖荀，字汉叔，浙江仁和人。曾留学日本东京前帝国大学理科，专攻数学，是中国现代数学的早期代表人物。1909年与鲁迅同在杭州浙江两级师范学堂任教，后转到北京大学任教。他喜欢喝酒，但不闹事。有一天，鲁迅在往教育部上班的路上与汉叔相遇，彼此举帽一点头后将要走过去的时候，汉叔忽叫停车，似乎有话要说。至下车之后，他却从皮夹里掏出二十元钞票来，交给鲁迅，说："这是还那一天输给你的欠账的。"鲁迅因为并无其事，便说："你弄错了，你没有欠我钱。"冯汉叔以为鲁迅客气，不肯收钱，忙说："周先生，你这样不好，我们打牌说好'真刀真枪'的，不过赌运不好输掉了，你不要过意不去，过两天我们还可以再来。"鲁迅说："那一天我并没有同你打牌，你也并不输钱给我呀。"他这才说道："哦，哦，这不是你么？"乃作别而去。原来冯汉叔与别人打牌没带够钱，欠了赌账，一夜没睡，糊里糊涂记错了债主。可见这些浙江籍的同乡都是极熟悉的。

开药方

鲁迅有个学生叫尚钺，1922年考入北京大学，曾聆听鲁迅讲学，后来经常为鲁迅编辑的《莽原》杂志撰稿。鲁迅还曾为他的病开过药方。一个冬天，他的气管炎发病，又没钱医治，在床上休息了十多天，又转成神经衰弱。稍好后，他抱病带着病中写的几篇稿子去鲁迅家，鲁迅安慰他说："研究文学的人，最易患神经衰弱，以后你不要深夜读书写稿子，也许会好起来。现在病刚好，需要有充分的休息。我这里有一个医治神经衰弱的药方,是曾经试验有效的。你去买来吃着试试看。"尚钺说:"先生还能临床?"鲁迅告诉他:"我原来是丢下半途学医学的。原来去日本是去学海军,因为立志不杀人,所以才弃海军而学医。后来因为受西欧革命和人道主义思潮的影响,思想起了变迁,又放弃只能救个人和病人的医学而改学文学,想传播人道主义以救大多数思想有病的人。"这一段鲁迅在《藤野先生》一文中详细讲述过。尚钺离开鲁迅家时,鲁迅知道他的穷困,从抽斗中取出三块钱交给他,并叮嘱:"你刚好不能多跑路,坐车去,有三块钱大概差不多了。"这段故事说明鲁迅的学医是有一定成就的,还表现了鲁迅对年轻人的关心和爱护,这是一位多么可敬的师长。

近邻郁达夫

1919 年,即五四运动那年,郁达夫的哥哥郁曼陀在阜成门内巡捕厅胡同买下一个四合院,花了大洋二千二百元。到了 1924 年,"值五六千元矣。"(吴虞 1924 年 5 月 3 号的日记)可见民国时房价也是疯涨的。巡捕厅胡同离鲁迅居住的西三条 21 号很近,后来叫民康胡同,现在被金融街占据了。郁达夫当时也住在那里,是鲁迅家中的常客。有一次郁达夫到鲁迅家闲坐,鲁迅接到一个催开会的通知,郁达夫就问鲁迅是否很忙,鲁迅回答说:"忙倒也不忙,但是同唱戏的一样,每天总得到处去扮一扮。上讲台的时候就得扮教授,到教育部去时也非得扮官不可。"鲁迅虽是这样说,但无论做什么事都是十分地负责任。

成仿吾

1922年上海著名的文学团体创造社成立，当时以郭沫若的诗歌、郁达夫的小说和成仿吾的评论最为著名。1924年鲁迅的小说集《呐喊》出版后，成仿吾即写了一篇批评文章《〈呐喊〉的评论》，语言非常刻薄，说"《阿Q正传》为浅薄的纪实的传记"，"描写虽佳，而结构极坏"；《狂人日记》《孔乙己》《药》等亦均是"浅薄""庸俗"的"自然主义"作品，只有《不周山》一篇，"虽然也还有不能令人满足的地方"，却是表示作者"要进而入纯文艺的宫廷"的"杰作"；称鲁迅"词锋诚然刁滑得很，因为这是他们师爷派的最后的武器"，说鲁迅是"有闲，有闲，有闲"的小资产阶级，"坐在华盖之下正在抄他的小说旧闻"，是一种"以趣味为中心的文艺"，"这种以趣味为中心的生活基调，它所暗示着的是一种在小天地中自己骗自己的自足，它所矜持着的是闲暇，闲暇，第三个闲暇。"鲁迅当然地给予回击，还针对成仿吾说的三个"闲暇"把他的一个杂文集命名为《三闲集》，"以射仿吾"。后还在《上海文艺之一瞥》中指出成仿吾"将革命使一般人理解为非常可怕的事，摆着一种极左倾的凶恶的面貌，好似革命一到，一切非革命者就都得死，令人对革命只抱着恐怖。其实革命是并非教人死而是教人活的。这种令人'知道点革命的厉害'，只图自己说得畅快的态度，也还是中了才子+流氓的毒"。1930年《呐喊》第十三次再版时，鲁迅将成仿吾认为不错的《不周山》抽出，改名为《补天》加入了再版的《故事新编》，可见鲁迅的记恨之深。

爱罗先珂

爱罗先珂是俄国诗人、童话作家,童年时因病双目失明。1922年2月,由鲁迅、周作人建议,经蔡元培特聘到北京大学教世界语,因他生活不能自理,蔡就委托鲁迅一家照顾他,借住在八道湾周氏兄弟住宅。有一次他向鲁迅诉苦说:"北京像沙漠一样的寂寞","连蛙鸣也没有"。鲁迅告诉他:"到夏天,大雨之后,你便能听到许多虾蟆叫,那是都在沟里面的,因为北京到处都是沟。"引得爱罗先珂买了十几只蝌蚪回来养,还买了几只小鸡和四只小鸭,后来鸭子却吃完了他的蝌蚪,快活地生活。据此,爱罗先珂写了《小鸡的悲剧》等作品,表现了一个盲诗人对生活的热爱。后来鲁迅把他的小说翻译后集成《爱罗先珂童话集》出版。由他们的关系可以看到民国时期老北京四合院其乐融融的生活。

泰戈尔

1924年4月12日至5月30日,印度诗人、亚洲诺贝尔文学奖获得者泰戈尔访华,在中国文坛上掀起了一股泰戈尔热。5月8日,新月社为泰戈尔六十四岁庆生,在协和学校礼堂演出英语剧《齐德拉》,鲁迅前往观看,与泰戈尔有过一面之缘。在当时的青年中,谈论泰戈尔也是一种时尚,鲁迅在1925年作的小说《伤逝》中描写了涓生与子君热恋时的情景:"默默地相视片时之后,破屋里便渐渐充满了我的语声,谈家庭专制,谈打破旧习惯,谈男女平等,谈伊孛生,谈泰戈尔,谈雪莱……"鲁迅也记录了泰戈尔访华的事件:"我记起了泰戈尔。他到中国来了,开坛讲演,人给他摆出一张琴,烧上一炉香,左有林长民,右有徐志摩,各各头戴印度帽。徐诗人开始绍介了:'叽哩咕噜,白云清风,银磬……当!'说得他好像活神仙一样,于是我们的地上的青年们失望,离开了。"当时的媒体,是把泰戈尔捧上了天,造成了青年们对他的失望。鲁迅说:"如果我们的诗人诸公不将他制成一个活神仙,青年们对于他是不至于如此隔膜的。现在可是老大的晦气。"泰戈尔于是成了一个被捧杀的典型。

今天的批评空气应该是开明得很,可是批评家们捧家多于骂家。一部文学作品,一个书画展,一个影视明星,等等,都被捧得无以附加地高,于是乎"明星满街有,大师多如狗"的调侃在百姓中流传。无论是骂杀还是捧杀,都是一种批评界的乱象。鲁迅讲得好:"其实所谓捧与骂者,不过是将称赞与攻击,换了两个不好看的字眼。指英雄为英雄,说娼妇是娼妇,表面上虽像捧与骂,实则说得刚刚合式,不能责备批评家的。批评家的错处,是在乱骂与乱捧,例如说英雄是娼妇,举娼妇为英雄。"

卷土重去

胡适比鲁迅小十岁,他们曾是很好的朋友。两人在一起时也常开玩笑,但鲁迅对他说话总是带刺的时候多。鲁迅离开北京去厦门、广州、上海期间,他们没有再见面,1932年鲁迅到北平探亲,做了五次著名的讲演。胡适当时忽而反对国民党,忽而又预备做官司。有一次鲁迅与胡适相遇,胡适对鲁迅说:"你又卷土重来了。"鲁迅回答:"我马上卷土重去,绝不抢你的饭碗。"弄得胡适只得说:"还是老脾气呵!"鲁迅则回答:"这叫至死不变!"鲁迅的话中讽刺了胡适忽左忽右的摇摆行为,也表现了他既幽默又是非分明的性格。

铁屋子

鲁迅与钱玄同是浙江籍同乡，在日本留学时与鲁迅同听章太炎讲学。钱玄同年轻时性格活泼，大家在一起交谈时，说到激动处，他总是在榻榻米上爬来爬去，因而鲁迅给他取了个绰号叫"爬翁"。鲁迅到北京后，寓在绍兴会馆抄古碑打发时光，那时钱玄同是《新青年》的编辑，常找鲁迅谈天。鲁迅一下班，他们就到广和居叫些炸丸子、木须肉、酸辣汤一类的菜，常常聊到晚上十一点以后才回。有一天，钱玄同问鲁迅："你抄这些碑帖做什么？"鲁迅回答说："不做什么，消磨时间而已。"钱玄同说："你给《新青年》写点文章吧！"鲁迅说："假如一间铁屋子，是绝无窗户而万难破毁的，里面有许多熟睡的人们，不久都要闷死了，然而是从昏睡入死灭，并不感到就死的悲哀。现在你大嚷起来，惊起了较为清醒的几个人，使这不幸的少数者来受无可挽救的临终的苦楚，你倒以为对得起他们么？"钱玄同说："几个人既然起来，你不能说决没有毁坏这铁屋的希望。"在钱玄同的启示下，鲁迅创作了小说《狂人日记》，发表在《新青年》杂志上，由此一发而不可收，创作了几十篇小说，并成为新文学的领袖。

疑古玄同

钱玄同1913年后历任北京大学、北京师范大学国文系教授、系主任等职。1917年加入中华民国国语研究会，致力国语运动，并参与编辑《新青年》，在此期间与鲁迅关系密切，一起聚餐、互赠书籍，"钱中季来谈，至夜分去"的情况常常出现。鲁迅的第一篇白话小说《狂人日记》，就是在他的催促下完成的。1920年《新青年》编委分化，钱玄同与鲁迅关系渐渐疏远。鲁迅在致钱玄同的信中曾使用过两个笔名，可以体现鲁迅对钱玄同的了解与他们之间的关系：

"……即鲁迅"——1924年11月26日鲁迅致钱玄同信的署名。钱玄同曾主张废掉姓氏，于是鲁迅以"……"表示废掉姓氏，又以"即鲁迅"来注明，幽默地表达了鲁迅反对他废掉姓氏的主张。

飞——1925年7月12日鲁迅致钱玄同信的署名。"飞"是一个生僻字，即疾飞。钱玄同是文字学家，鲁迅使用这个字作签名其中一个原因是钱玄同能懂这个字义。鲁迅在《致章廷谦》信中曾解释过，"迅即飞，飞实即隼之简笔"。

1925年"女师大风潮"期间，鲁迅与钱玄同都在北大和北京女师大任教，成为同事。在反对章士钊、杨荫榆和陈西滢的斗争中，鲁迅与钱玄同都在《对于北京女子师范大学风潮宣言》上签了名，他们的步调还是一致的。鲁迅南下厦门后他们就很少联系了。

三个字名片

1927年10月鲁迅到上海定居后，专事文艺创作和参加左翼文艺运动，钱玄同对此表示不满。鲁迅则认为钱玄同空谈革命，不想干实事。他们在思想上开始产生隔膜。1929年鲁迅回北平探亲，有一次，钱玄同到孔德学校去，见到鲁迅正在那里。两人见面，无话可谈，都显得很尴尬。突然钱玄同见到桌上有张署名"周树人"的名片，就随口问道："你又用三个字的名片啦？"鲁迅却冷冷地回答："我的名片总是三个字的，没有两个字的，也没有四个字的。"鲁迅是针对钱玄同常用的笔名"疑古玄同"发难的。钱玄同听后一言未发，拔腿就走了。两位同是国学大师，但他们的观点由相同到陌路，鲁迅的方式则是绝不容情。

"作法不自毙"

1932年底,鲁迅写有一篇《教授杂咏》诗,共四首,其一是写钱玄同的:"作法不自毙,悠然过四十。何妨赌肥头,抵当辩证法。"五四时期,钱玄同虽也是反封建的,但思想上他是比较激进的,曾说过人到四十岁就该死,不死也该枪毙。1927年9月12日,钱玄同四十岁生日,仍悠然自得地活着。于是胡适、周作人等一大帮知名文人,欲在《语丝》杂志上编一期"钱玄同先生成仁专号",煞有介事地写讣告、撰挽联、赋悼词等,来表示他们对钱玄同的话的戏弄。但后来这个专号并没有刊行,却搞得钱玄同弃掉姓氏,改名疑古玄同。这件事虽是文人间的一宗游戏,但确是对钱玄同激进主义的一种讽刺。一年后,胡适还写了一首幽默的打油诗《亡友钱玄同先生周年纪念歌》寄给他。鲁迅的这首五言诗实际上也是一首打油诗。"作法自毙"本是一个成语,鲁迅诗中幽默地调侃钱玄同四十而不死的事情,指出他的"作法"是专对别人的。由这个故事可以看出他们之间虽有思想的差异,但在后人看来,这也算是一段文坛雅事。毕竟,钱玄同的论调是一种激进的追求。最近,北京师范大学的名教授在微博中晒出:"当你四十岁时,没有四千万身价(家)不要来见我,也别说是我学生。"并声称是"励志"。铜臭气至此,恐怕是钱玄同们想不到的吧。

李大钊印象

李大钊就义时,鲁迅在厦门。李大钊,字守常,是中国共产党的创始人之一,以宣传马克思主义的《庶民的胜利》与《布尔什维主义的胜利》文章而著称,他与鲁迅是在新文化战线上并肩作战的战友,做过《新青年》杂志编辑,1927年4月因传播马克思主义被军阀杀害。李大钊的照片上是个戴眼镜、留八字胡须的学者,实际上他遇害时年仅三十八岁。鲁迅对李大钊非常敬重,后人因编辑《守常全集》请鲁迅作序,鲁迅为该书做了题记,颂扬了李大钊的革命精神,回顾了他们曾经的友谊,文中讲述了关于李大钊的印象:"我最初看见守常先生的时候,是在独秀先生邀去商量怎样进行《新青年》的集会上,这样就算认识了。不知道他其时是否已是共产主义者。总之,给我的印象是很好的:诚实,谦和,不多说话。《新青年》的同人中,虽然也很有喜欢明争暗斗,扶植自己势力的人,但他一直到后来,绝对的不是。他的模样是颇难形容的,有些儒雅,有些朴质,也有些凡俗。所以既像文士,也像官吏,又有些像商人。这样的商人,我在南边没有看见过,北京却有的,是旧书店或笺纸店的掌柜。"

在"三·一八"惨案中,李大钊是学生的领导者,当段祺瑞们枪击徒手请愿的学生时,他也在群众当中,一个士兵抓住他,并问他是"干什么的"?他回答说是"做买卖的"。士兵说:"那你到这来干什么?滚你的罢!"把他一把推走了。难怪鲁迅说他像"旧书店或笺纸店的掌柜",由此逃过一劫。李大钊就义,鲁迅在厦门知道了这消息之后回忆道:"椭圆的脸,细细的眼睛和胡子,蓝布袍,黑马褂,就时时出现在我的眼前,其间还隐约看见绞首台。"表达了他的悲痛之情。

孙中山

鲁迅充分肯定孙中山一生致力于国民革命，那成果就是开创了中华民国，但他又提醒人们"革命尚未成功"，这是孙中山的思想，也是鲁迅的思想。1927年3月鲁迅在广州中山大学开学时的致辞中说："中山大学与革命的关系，大概就等于许多书。但不是死书：他须有奋发革命的精神，增加革命的才绪，坚固革命的魄力的力量。"他赞扬孙中山总是在革命的前线，希望中山学人读书的同时要永远记得前线。在中山大学，鲁迅还做过以《中山先生逝世后一周年》为题的演讲，他说："中山先生逝世后无论几周年，本用不着什么纪念的文章。只要这先前未曾有的中华民国存在，就是他的丰碑，就是他的纪念。""凡是自承为民国的国民，谁有不记得创造民国的战士，而且是第一人的？但我们大多数的国民实在特别沉静，真是喜怒哀乐不形于色，而况吐露他们的热力和热情。因此就更应该纪念了；因此也更可见那时革命有怎样的艰难，更足以加增这纪念的意义。"

孙中山从事革命活动的成就与失败，鲁迅全部都经历过的，他在《自选集·自序》中说："见过辛亥革命，见过二次革命，见过袁世凯称帝，张勋复辟，看来看去，就看得怀疑起来，于是失望，颓唐得很了。"在鲁迅的小说中，如《药》《头发的故事》《阿Q正传》等，有很多以辛亥革命前后为时代背景的故事。1925年3月12日，孙中山在北京逝世，军阀报刊嘲讽孙中山先生"孙大炮放不响了"。鲁迅于3月21日写下杂文《战士与苍蝇》来回击那些无耻言论，并发表于1925年3月24日《京报》附刊《民众文艺周刊》第14号。鲁迅在把孙中山比作战士："战士战死了的时候，苍蝇们所首先发现的是他的缺点和伤痕，嘬着，营营地叫着，以为得意，以为比死了的战士更英雄。但是战士已经战死了，不再来挥去他们。于是乎苍蝇们即更其营营地叫，自以为倒是不朽的声音，因为它们的完全，远在战士之上。""有缺点的战士终竟是战士，完美的苍蝇也终竟不过是苍蝇。"鲁迅在另一篇文章《这是这么一个意思》中解释说："所谓战士者，是指中山先生和民国元年前后殉国而反受奴才们讥笑糟蹋的先烈；苍蝇则当然是指奴才们。"

1925年4月8日，鲁迅在给许广平的私信中评价孙中山以及他领导的革命："大同的世界，怕一时未必到来，即使到来，像中国现在似的民族，也一定在大同的门外。所以我想，无论如何，总要改革才好。但改革最快的还是火与剑，孙中山奔波一世，而中国还是如此者，最大原因还在他没有党军，因此不能不迁就有武力的别人。近几年似乎他们也觉悟了，开起军官学校来，惜已太晚。"

"他是一个全体，永远的革命者。无论所做的那一件，全都是革命。无论后人如何吹求他，冷落他，他终于全都是革命。"这是鲁迅对孙中山最高的评价，激励人们完成尚未完成的革命事业。

"义子"

鲁迅与许广平到上海后住在景云里。有一天，来了一位学生，名叫廖立峨。这人曾是鲁迅在厦门大学、广州中山大学时的学生。他说自从鲁迅离开厦大，日夜思念先生，所以抛弃学业、家庭、爱人，来到上海追随先生。鲁迅出于感动便收留了他，供给他食宿、衣服及零用钱。没过多久，廖立峨的爱人和弟弟也从乡下来到鲁迅家，鲁迅只好一并收留。廖立峨还对街坊讲："我是鲁迅的干儿子。"接着，他又不断地向鲁迅提出要求，要供他的爱人去上学，还要帮他找工作。鲁迅通过郁达夫，在现代书局给他找了一份工作，工资三四十元，由书局出一半，另一半由鲁迅给。第二天，鲁迅便让他到书局上班。可是没过两小时，他便回来了，说是工作太烦琐，工资太少，无法供太太读书。鲁迅只好苦笑。没过多久，他又找鲁迅帮忙，说是他在家乡原有十几亩地，因为穷，被父亲押给别人，想跟鲁迅要一千块钱把地赎回。他说："先生一年收入几万块钱的版税，何在这区区千数块钱呢；只要肯，有什么弄不到？"鲁迅回答说："我不肯。"就这样，廖立峨几个在鲁迅家住了五六个月，有一天他们对鲁迅说，家里来信让他们回去，让鲁迅给他们准备些盘缠。鲁迅就给了他们三五十块钱。第二天鲁迅起床后，发现人已经悄悄地走了，还把家里的衣服和一些值钱的东西顺手带走了。鲁迅对青年总是那样地热心。之后，鲁迅把这个故事当作一个笑话来讲给朋友听。

韧性战斗

1930年时，李立三任中共中央委员，他有一次在上海的爵禄饭店与鲁迅约见。李立三说："你在社会上是知名人物，有很大影响。我希望你用周树人的真名写篇文章，痛骂一下蒋介石。"鲁迅说："文章是容易写的。蒋介石干的坏事太多了，我随便拣来几条就可以写出来。不过用真名一发表文章，在上海就无法住下去了。"李立三说："这个问题好办！黄浦江里停泊着很多轮船，其中也有苏联船，你跳上去就可以到莫斯科去了。"鲁迅说："对，这样一来蒋介石是拿我没办法了。但我离开了中国，国内的情况就不容易了解了，我的文章也就很难写了，就是写出来也不知在什么地方发表。我主张还是坚守住阵地，同国民党进行韧性战斗，要讲究策略，用假名写文章，这样，就能够真正同国民党反动派战斗到底。"李立三只好说："好吧,你自己考虑吧!"

王阿花

在上海,鲁迅得了个儿子周海婴。为了照顾好孩子,大人又能专心工作,鲁迅与许广平经同乡介绍,雇了一名女工,名叫王阿花。阿花很能干,做事又快又好,一边干活,一边哼哼哈哈地唱着山歌,把孩子哄得很高兴,鲁迅夫妇也非常喜欢她。她的家境不好,因为不堪忍受丈夫平日的虐待、毒打,只身逃出来打工的。忽然一段时间,她显得心神不定起来,听到有人敲门或是有什么风吹草动,就显得失魂落魄,不知如何是好,有时竟往楼上逃窜。鲁迅夫妇觉得很奇怪,因为这样对孩子很不好。有一天,鲁迅对面的房子里有一群人闹闹嚷嚷地对着鲁迅家的方向指指点点,鲁迅并没有在意。不一会儿,阿花急匆匆地跑到跟前,面色苍白,上气不接下气地说:"不好了,那死鬼就在对门,要是被抢去怎么办?"鲁迅这才注意,对门的厨房里有不少人。原来那家用的佣人是阿花的同乡,阿花的丈夫得知阿花在鲁迅家做工便找了上来,想把阿花抢回去。鲁迅走出来对那些人说:有事找律师来说,不要动手动脚的。那些人也知道在上海这样的大城市不敢胡闹,暂时散去了。几天后,一位乡绅来出面调停,一见面,鲁迅认出他是曾在北京大学读书的学生。他了解鲁迅的为人,最后对鲁迅讲:"阿花的丈夫原本要抢人回去的,既然先生有意收下,我想大约得贴补些银钱,好另外娶一房媳妇便是了。"鲁迅听后大笑道:"原来有这等误会,但是还得听听王阿花本人的意见。"问到阿花,阿花一口咬定宁可离婚,死也不回去。于是在乡绅的调解下,鲁迅替阿花付了一百五十元的赎身费,说好以后陆续从工资中扣还，把这件事彻底解决了，阿花留了下来。过了两个月，阿花找到了自己的心爱之人，离开了鲁迅一家。

萧伯纳

萧伯纳是英国杰出的现实主义剧作家，世界著名的擅长幽默与讽刺的语言大师。1925年他曾以《圣女贞德》获得诺贝尔文学奖。1933年2月16日，七十七岁的萧伯纳在环球旅行中乘坐英国"不列颠皇后号"由香港抵达上海吴淞口访问。第二天下午，应中国民权保障同盟总会之邀，萧伯纳来到宋庆龄寓所，会见了蔡元培、宋庆龄、鲁迅、林语堂等人。之后，鲁迅应日本《改造》杂志记者木村毅邀请写了《看萧和"看萧的人们"记》，鲁迅在文中说他是喜欢萧的，就是因为他"往往撕掉绅士们的假面"。鲁迅描写萧伯纳"因为早就在什么地方见过照相，听说是世界的名人的，所以便电光一般觉得是文豪，而其实是什么标记也没有。但是，雪白的须发，健康的血色，和气的面貌，我想，倘若作为肖像画的模范，倒是很出色的"。餐后照了相，鲁迅在文中写道："午餐一完，照了三张相。并排一站，我就觉得自己的矮小了。"萧伯纳对鲁迅说："他们称你为中国的高尔基，但是你比高尔基更漂亮！"鲁迅答道："我更老时，将来还会更漂亮的。"足见鲁迅的幽默。萧伯纳在上海只住了一晚，但引起了中国文坛的很大震动，他见到的人不多，其余想要拜访的人一概都谢绝了。当晚鲁迅与住在家中的瞿秋白商议，由于萧伯纳离去得快，中国的报道又太慢，这位伟大的讽刺作家来华的情况可能很快就会从报刊上消失，最好把当天报刊对萧的捧与骂、冷与热的文章都剪辑起来，编成一本书出版。于是，鲁迅与瞿秋白夫妇一起动手，搜集报刊报道，连夜编辑，鲁迅作序，当月就交野草书屋出版了。从编排、校对到成书,不到一个月的时间。速度之快,是值得我们这些做文字工作的人学习的。

  当天的照片保存下来的有两张,一张是鲁迅、蔡元培和萧伯纳的合影;一张是鲁迅、蔡元培、萧伯纳、宋庆龄、史沫特莱、林语堂和伊罗生的七人合影,现收入《毛松友摄影艺术作品集》中,毛松友1933年时是《上海晨报》的记者。新中国成立后,由于政治原因,七人合影配发在一些关于鲁迅或宋庆龄的文章中时,图片上只有鲁迅、蔡元培、萧伯纳、宋庆龄、史沫特莱五人,林语堂和伊罗生被技术处理掉了,因为林语堂是"反动文人",伊罗生是"托派分子"。这也算是一个时代的故事吧。现在这张七人照片在使用时已经恢复原貌。

《悼丁君》

  丁君即丁玲,原名蒋冰之,小说作家。1930年加入中国左翼作家联盟,1931年2月丈夫胡也频牺牲。曾主编左联机关刊物《北斗》,鲁迅将自己珍藏的珂勒惠支版画《牺牲》推荐给丁玲,并写了说明,在创刊号上发表。此后,鲁迅在《北斗》杂志上还发表了不少文章。1932年丁玲加入共产党,并任左联党团书记。1933年5月14日,丁玲在家中被国民党特务绑架,6月,传说她在南京遇害。鲁迅在悲愤中写下了一首诗:"如磐遥夜拥重楼,剪柳春风导九秋。湘瑟凝尘清怨绝,可怜无女耀高丘。"直到9月,鲁迅才得知丁玲尚在人间的消息。但鲁迅仍然在9月30日出版的《涛声》杂志上发表了这首诗,并加上题目《悼丁君》。鲁迅的目的在致友人的信中表达出来:"丁玲被捕,生死尚未可知,为社会计,牺牲生命当然并非终极目的,凡牺牲者,皆系为人所杀,或万一幸存,于社会或有恶影响,故宁愿弃其生命耳。"鲁迅后来赞赏她：在被捕的几位作家中，只有丁玲始终不屈地保持着沉默。鲁迅去世时，丁玲压着悲痛以"耀高丘"的笔名给许广平寄了一封唁函，表达了她对鲁迅的怀念。

"讽刺家"

鲁迅以犀利的杂文著称于世，鲁迅对封建势力和无耻文人的揭露往往深刻入骨，而鲁迅骂过的人又常常是文化名人，因此常有人说鲁迅爱骂人。鲁迅又常常被人骂，鲁迅这样看待被骂的事，他曾对以群说："被骂，我是不怕的；只要骂得有道理，我一定心服。然而，总以骂得无道理的人居多。"现代文学史上很长时间都把鲁迅称为"讽刺家"，把鲁迅的许多小说称为讽刺小说，把他的杂文称为讽刺杂文，以至于至今还有人在编辑《鲁迅讽刺文集》。鲁迅自己说："其实我说的并不是什么'讽刺'，倒都是老老实实的真话。"他举例子说："平常的应酬场中，问到别人的姓名籍贯，总是'贵姓'，'大名'，'府上哪里'，你说了姓名，别人不管有没有听见过，总是'久仰久仰'，你的出生地不管是怎样冷僻的乡村角落，人家总是'大地方大地方'，大家都认为是老实话，其实这明是'讽刺'。真是'讽刺'，不算'讽刺'，于是老实话反变成讽刺了。"所以，不要再称鲁迅为"讽刺家"了，应称为真话家才对。

你做文章我挨骂

《申报》是 20 世纪前期影响最大的报纸。1932 年至 1933 年鲁迅在《申报·自由谈》上发表了两百多篇文章。1933 年，唐弢也开始在《申报·自由谈》上发表文章，鲁迅发文章时化名较多，而唐弢因当时写文章少，读者不知道此人是谁，一些"看文章用嗅觉的"文豪们就猜测起来，他们嗅到文章中的异端气，便以为是鲁迅写的，于是在《青光》《晨曦》上写文章围剿。小报上纷纷猜测，有的说唐弢就是鲁迅，有的说唐弢不是鲁迅。唐弢在认识鲁迅之前，听到别人说鲁迅多疑、脾气大、爱骂人，于是不敢接近鲁迅。1934年1月6日，黎烈文在上海古益轩请客，在这里，他与鲁迅相识。因为唐弢也在《申报·自由谈》上写过抨击时弊的杂文，有些人就以为唐弢是鲁迅的化名而攻击他。鲁迅见到唐弢后询问此事说："唐先生写文章，我替你在挨骂哩。"并问："你真个姓唐吗？"唐弢答道："真个姓唐。"鲁迅笑道："我也姓过唐的。"原来鲁迅是用过"唐俟"的笔名的。这使唐弢感到鲁迅原来是那样一位平易近人的人。这之后，鲁迅还给过唐弢许多写作和学习上的帮助。

"我就是鲁迅"

1930年，日本人长尾景和在上海游学。有一天，他路遇一个日本妇女问路，可他地理也不熟，忽然身后一人用流利的日语代他解决问题。长尾觉得很亲切，就递上一张名片。那人说："我没带名片，我叫周豫才。"因为他们同住一个楼里，二人很快就亲密起来，第一次他们聊的是美术的话题，从哥赫、郭刚、米勒的画，谈到罗丹的雕刻，又从日本的水墨画谈到浮世绘。长尾想，这位一定是美术家。第二天，他们谈的是医学，从维生素、荷尔蒙、达尔文进化论，一直谈到天文学、爱因斯坦相对论、灵魂不灭说。长尾感到，这样博学的人是我从来没遇见过的。他推测，此人一定是一名大学教授。他们有时一谈就是几个小时，他发现这人的日语造诣非常深厚，他每次提到日本名著《万叶集》《源氏物语》《徒然草》等章句时，都能很好地理解，因为这些词句在日本人看来也是比较费解的，可见他的日语修养比普通日本人还要高。他们有时彻夜长谈，长尾感到，就是将五个日本博士集合起来，也不会像这个人这样知道这么许多。

一天，长尾景和从四马路回来时买了一本鲁迅的《呐喊》和一本郁达夫的书。他把书递上去请教说："请您看看这本书，我有许多地方读不懂，我想您一定懂的。在日本，鲁迅也是很出名的。"鲁迅衔着烟卷微微笑了一下，接着又哈哈大笑起来，然后低声说："我就是鲁迅。"长尾景和大吃一惊。鲁迅又说："我本名叫周树人，字豫才，笔名鲁迅。"长尾连称失礼。从此他们的联系更多了。

买一赠一

年轻的工人阿累，穿着一身黄卡其布的工装来到内山书店。他从书架上选了一本鲁迅译的《毁灭》，问老板："先生，这本书多少钱？"内山完造殷切地点头答道："一块四。"阿累的口袋中只有一块多钱，于是不好意思地说："贵了。"书是好书，却又买不起，因为还得要吃饭呀。这时一个咬着烟嘴的人走过来，"他的面孔是黄里带白，瘦得教人担心，好像大病新愈的人，但精神很好，没有一点颓唐的样子。头发约莫一寸长，原是瓦片头，显然好久没剪了，却一根一根精神抖擞地直竖着。胡须很打眼，好像浓墨写的隶书'一'字"。他问："你要买这本书？"阿累答："是的。"他又从书架上取下一本与《毁灭》版式和纸张一模一样的《铁流》。阿累一看定价，一块八。于是他只能低声说："我的钱不够。"那人又问："一块钱你有没有？一块钱！"阿累答："有！"那人说："我卖你吧，两本，一块钱。"阿累感到吃惊，细细打量眼前的人说："哦！您，您就是?……"那人微笑着点点头,阿累激动得心头乱蹦。他就是鲁迅先生。鲁迅对他说:"这本《铁流》本来可以不要钱的,但是是曹(靖华)先生的书,现在只收你一块钱本钱;我那一本,是送你的。"这个故事,曾被收入中学课本,学过的人都会记得阿累回忆鲁迅的文章中那个"隶书'一'字"。

"章疯子"

国学大师章太炎,是清末民初非常有名的革命家和学问家,是鲁迅最为尊敬的恩师。他对鲁迅思想、学术方面的影响都是很大的。他们都生于晚清,章太炎比鲁迅大十二岁,也是浙江人,鲁迅这样评价老师的学问:"清末,治朴学的不止太炎先生一个人,而他的名声,远在孙诒让之上"。鲁迅聆听过章太炎讲《说文解字》,还听过《庄子》《汉书》《文心雕龙》等。而鲁迅之所以尊崇章太炎,并不是因为他的经学和小学,而是他在戊戌变法中的革命言论与行为,鲁迅说他的业绩"留在革命史上的,实在比学术史上还要大","战斗的文章,乃是先生一生最大最久的业绩"。许广平说鲁迅"每逢提起(章太炎),总严肃地称他太炎先生",或呼为"章师""章先生"。章太炎死于1936年6月,鲁迅去世于同年10月19日,在鲁迅去世前不久的10月9日,写了悼念文章《关于太炎先生二三事》,到10月17日又写了《因太炎先生而想起的二三事》,这成为鲁迅生前最后一篇文章,可见鲁迅对于章太炎的感情深度。

辛亥革命爆发后,章太炎从日本回国,在纷乱的政局中,他组织北伐、创办报纸,建立统一党等,致力于捍卫辛亥革命的成果。鉴于他的威望与学问,孙中山、袁世凯都聘他为顾问,但政局的变化使他觉醒,于是独往独来地孤军奋战,无所顾忌地批评时政,遭到各种势力的褒贬。鲁迅在文章里讲述过章太炎先生外号"章疯子"的故事："民国元年章太炎先生在北京，好发议论，而且毫无顾忌地褒贬。常常被贬的一群人于是给他起了一个绰号，曰'章疯子。'其人既是疯子，议论当然是疯话，没有价值的了。但每有言论，也仍在他们的报章上登出来，不过题目特别，道：《章疯子大发其疯》。有一回，他可是骂到他们的反对党头上去了，那怎么办呢？第二天报上登出来的时候，那题目是：《章疯子居然不疯》。"鲁迅对这位恩师的评价是"考其生平，以大勋章作扇坠，临总统府之门，大诟袁世凯包藏祸心者，并世无第二人；七被追捕，三入牢狱，而革命之志终不屈挠者，并世亦无第二人：这才是先哲的精神，后生的楷范"。

不谦虚

斯诺在上海曾与鲁迅对话，他问：中国最优秀的散文作家是谁？鲁迅答：周作人、林语堂、周树人（鲁迅）、陈独秀、梁启超。

黄侃是章太炎的入室弟子，章太炎的《国故论衡》前面的序言都是由他来执笔的。他在上海暨南大学教书时自视甚高，自认为他的散文举世无双。章太炎推崇魏晋文章而低视唐宋古文，黄侃自认为这一点是得到章师的真传。有一次曹聚仁对鲁迅说："季刚（黄侃）的骈散文，只能算是形似魏晋文；你们兄弟俩的散文才算是得魏晋的神理。"鲁迅笑答："我知道你并非故意捧我们的场的。"后来这话传到苏州章太炎的耳朵里，他也颇为赞许。周氏兄弟在现代散文史上的确是两座高峰，鲁迅在这一点上的确不必谦虚。

13. 衣食

袍褂党

马褂原为明代的军服，清代时为便于骑马而形成流行服装。满族人骑马时内着长袍，外套马褂，显得威武庄严，号称"长袍马褂"。清代男性一般以穿马褂为着正装，对襟、立领，袖端为平口，前襟有五个扣襻，短款衣长到腰下位置。长款称为袍褂，斜开气，扣襻在侧面，长及脚面。民国元年（1912），北洋政府颁布《服制案》，将长袍马褂列为男子日常礼服之一。民国十八年（1929），国民政府公布《服制条例》，又将蓝长袍、黑马褂列为国民礼服。

鲁迅存世的最年轻照片是1903年留学日本时摄于东京的照片，被称为著名的"断发照"。青少年时期的照片就没有了，所以我们无从看到鲁迅小时候的服饰。能见到鲁迅最早穿马褂的照片是1917年京师图书馆开馆时的合影。他在北京还有许多穿马褂的照片，南下后便没有了。

辛亥革命以后，留洋的学子们把洋服带入中国。革命者不但恨辫子，同样也恨马褂和袍子，因为那是满洲服。但是，不但袁世凯把袍子马褂作为国礼服，五四运动之后的北京大学要整饬校风，规定制服，学生们公议的结果也是袍子和马褂！鲁迅把主张穿着长袍马褂的人称为"袍褂党"。

鲁迅在《洋服的没落》一文中说："这回的不取洋服的原因却

正如林语堂先生所说，因其不合于卫生。造化赋给我们的腰和脖子，本是可以弯曲的，弯腰曲背，在中国是一种常态，逆来尚须顺受，顺来自然更当顺受了。所以我们是最能研究人体，顺其自然而用之的人民。脖子最细，发明了砍头；膝关节能弯，发明了下跪；臀部多肉，又不致命，就发明了打屁股。违反自然的洋服，于是便渐渐的自然的没落了。"关于洋服与袍褂的争论，鲁迅讲过一个樊山老人有趣的故事："革命之后，采用的却是洋装，这是因为大家要维新，要便捷，要腰骨笔挺。少年英俊之徒，不但自己必洋装，还厌恶别人穿袍子。那时听说竟有人去责问樊山老人，问他为什么要穿满洲的衣裳。樊山回问道：'你穿的是那里的服饰呢？'少年答道：'我穿的是外国服。'樊山道：'我穿的也是外国服。'"

樊山即樊增祥，是清代官员、文学家，在美术界也很有名望。樊山所说的外国服即清朝的服装。民国很长一段时间流行的还是长袍马褂，鲁迅在纪念李大钊的文章《〈守常全集〉题记》中说："段将军的屠戮，死了四十二人，其中有几个是我的学生，我实在很觉得一点痛楚；张将军的屠戮，死的好像是十多人，手头没有记录，说不清楚了，但我所认识的只有一个守常先生。在厦门知道了这消息之后，椭圆的脸，细细的眼睛和胡子，蓝布袍，黑马褂，就时时出现在我的眼前，其间还隐约看见绞首台。痛楚是也有些的，但比先前淡漠了。这是我历来的偏见：见同辈之死，总没有像见青年之死的悲伤。"这"蓝布袍，黑马褂"给鲁迅留下了深刻的印象。鲁迅虽不是"袍褂党"，但在北京时期的公共场合，也多以长袍马褂出场，这就是为什么鲁迅在北京的照片多以马褂服出镜的原因了。

关于马褂，还有一段著名的故事：五四时期，在学术界引起一场"整理国故"运动。最初的主张是由胡适提出的。他们的观点是，"中国自有许多好东西，都不整理保存，倒去求新，正如放弃祖宗遗产一样不肖。"鲁迅说:"抬出祖宗来说法,那自然是极威严的,然而我总不信在旧马褂未曾洗净叠好之前,便不能做一件新马褂。就现状而言,做事本来还随各人的自便,老先生要整理国故,当然不妨去埋在南窗下读死书,至于青年,却自有他们的活学问和新艺术,各干各事,也还没有大妨害的,但若拿了这面旗子来号召,那就是要中国永远与世界隔绝了。倘以为大家非此不可,那更是荒谬绝伦!"鲁迅一个形象的比喻,一针见血地说明了继承文化遗产与创新的关系。

现在长袍马褂已成为中国服饰史的一个见证物,只有说相声的或演电影、电视剧的演员才有穿戴。在不骑马的时代,那服装的确有些不方便,因为那毕竟是落后的"洋服"。

广和居

广和居饭庄是清末以来北京的一个有名的饭馆,位于宣武门外菜市口西路南的北半截胡同南口路东,正对着南半截胡同,是一套狭长的四合院。磨砖刻花的小门楼,黑漆大门,红油门联,上有"广居庶道贤人志,和鼎调羹宰相才"的嵌头对。广和居的肴品以炒腰花、江豆腐、潘氏清蒸鱼、四川辣鱼粉皮、清蒸干贝等脍炙人口。由于宣武门外一带会馆林立,京官中汉官居住此地的颇多,文人学士、科考学子云集于此,广和居的生意也大为兴隆。晚清大臣张之洞、曾国藩、光绪皇帝的老师翁同龢、变法名士谭嗣同、文史学家李慈铭等都曾在这里宴客。鲁迅的祖父周介孚也在广和居宴过客。

民国以后,鲁迅周围的文化人也经常在广和居聚会餐饮。周作人、马幼渔、朱希祖、沈尹默、许寿裳、钱玄同以及鲁迅在教育部的许多同事等都是这里的常客。鲁迅于1912年5月5日到北京,住进宣武门外南半截胡同绍兴会馆，5月7日便"夜饮于广和居"。至1919年搬离绍兴会馆前，鲁迅日记中有六十四条到广和居宴饮的记录。鲁迅在绍兴会馆住了约七年，会馆内又不供膳食，鲁迅又是单身一人，所以常到广和居吃饭或是叫饭馆把饭菜送到会馆。鲁迅还在广和居留下许多醉酒的记录，日记载：1912年7月14日，"下午偕铭伯、季市饮于广和居，甚醉"。8月1日，与钱稻孙、许寿裳同游琉璃厂后"晚饮于广和居，颇醉"。1913年4月28日，"晚稻孙来，季市呼饮于广和居，小醉"。醉酒的原因，有时是抒发心中的愤懑，有时是与朋友之间的开怀。在广和居的聚餐，有时是教育部同事的聚会，有时是绍兴同乡的聚饮，还有时是A-A制的便餐，如1912年8月22日，"晚钱稻孙来，同季市饮于广和居，每人出资一元。归时月色甚美，骡游于街"。几个好友在夏夜美丽的夜色中，骑着骡子在街上云游，好不惬意。

吃花红

鲁迅到西安讲学后回北京，与孙伏园、夏元瑮同行。自西安至潼关走渭河水道，费时四天半抵达；再取道黄河至陕州，然后登陇海铁路车经洛阳返回北京。船经过山西的时候，经过永乐县，他们特地登岸浏览。山西给他们一行留下了很好的印象，据说有三大好处：一，全省无一个土匪；二，全省无一株鸦片；三，禁止妇女缠足。那是只有几户人家的一个小村庄，到处都是花红树。花红也就是北京称为沙果的一种水果，《长物志·蔬果》云："西北称奈，家以为脯，即今之苹婆果也……吴中称花红，即名林檎，又名来禽，似奈而小，花亦可观。"村中的主人请他们三人吃树上的果子，孙伏园称为"吃花红"，他们站在树下随摘随吃，边吃边聊。临走时又付了四十个铜子，买了一大筐，上船后继续大吃。夏元琛说："便宜而至于白吃，新鲜而至于现摘，是平生第一次。"鲁迅与孙伏园也说这是平生第一次，看来是吃爽了。鲁迅在1924年8月9日日记中记载："午抵函谷关略泊，与伏园登眺，归途在水滩拾石子二枚作记念。"

葡萄

水果中，鲁迅爱吃的是香蕉、杨桃、荔枝、柚子、苹果等。葡萄也是鲁迅爱吃的，鲁迅日记中有许多记录，鲁迅记作"蒲陶"，这可能是当时南方的叫法。在北京时常有朋友赠送或是自己购买。有一次他和钱稻孙去什刹海饮茗后，又步行至杨家园子买葡萄，当即在卖葡萄的棚下大吃一顿。在上海时，内山完造知道鲁迅喜欢吃葡萄，多次赠送葡萄给他，甚至还赠送葡萄汁。葡萄酒也是鲁迅爱喝的，有玫瑰葡萄酒、白葡萄酒等。鲁迅在评价陶渊明诗时曾说，陶渊明诗有"悠然见南山"的"飘逸"式，也有"猛志固常在"的"金刚怒目"式，"倘有取舍，即非全人，再加抑扬，更离真实。譬如勇士，也战斗，也休息，也饮食，自然也性交"……鲁迅也是。

打气炉

鲁迅作为一名教授，在厦门大学的宿舍里也经常自己做饭做菜、烧水沏茶。鲁迅怀疑那里的水不卫生，所以必须自己烧。他用的是一种"火酒灯"，也叫"打气炉"。这东西像是北方的煤油灯，鲁迅用得很熟练。先在炉中央一个小碟子似的引擎上倒上酒精，然后打气，用火柴点燃后扭开气门，就"砰"的一声从引擎四周冒出火苗来,发出"呼呼呼"的响声,屋里便弥漫着煤油气味。章川岛形容:"在我乍一看到时,觉得每天总这样的在耳边'呼呼呼'的三四次,倘若没有相当高的修养是难以安居乐业的。"

鲁迅有一次做了干贝清炖火腿请川岛他们去吃,并指导性地告诉说:"干贝要小粒圆的才糯。炖火腿的汤,撇去浮油,功用和鱼肝油相仿。"看来那个打气炉还是挺管用的。

做菜

鲁迅在厦门大学时,那里的饭菜鲁迅吃不习惯,经常自己买些点心或水果吃,还常吃一种叫"散拿吐瑾"的补脑健胃药。水果中他最爱吃的是香蕉。饭菜不可口,鲁迅就自己动手烧菜,为的是增加些营养,按鲁迅自己的话说,"多延长几年寿命,给那些讨厌我的人,多讨厌几年"。孙伏园是鲁迅的同乡,早年在山会师范学堂、北京大学学习,两度成为鲁迅的学生,在北京时曾任《晨报》副刊编辑,发表鲁迅作品《阿Q正传》。他与鲁迅同时应厦门大学文学院院长林语堂之邀,赴该校出任国学院编辑部干事。在厦门大学时他们关系很密切,常在一起做饭吃。有一次他烧出一个满盘血红的白菜来,鲁迅问他:"这是什么菜?"他回答说:"似乎是红烧白菜之类。"鲁迅对他的朋友说:"你想'之类'上面还要加个'似乎'也就可想而知了。"但鲁迅承认孙伏园烧菜的本领要比自己高,自己就连"似乎""之类"也做不到的。

鲁迅的《故事新编·采薇》中,伯夷叔齐把薇菜做成烤薇菜、薇汤、薇羹、薇酱、清炖薇、原汤焖薇芽、生晒嫩薇叶,等等,虽然没有酱油做不出红烧、红焖、红炖的薇菜来,但也说明鲁迅对做菜是颇有研究的。

杭州菜

鲁迅答应过许广平,到上海后要与她去杭州一游,就算是他们的一个小蜜月吧。1928年7月,鲁迅与许广平在许钦文的陪同下来到杭州,从7月12日晚到杭州至17日早晨离杭,一共逗留了四天。这四天里除了游览名胜、买书,再就是吃了。西湖边上孤山脚下楼外楼菜馆的肴馔烹饪颇受鲁迅的欣赏,特别是有一道菜叫虾子烧鞭笋,鲁迅尤为赞许。鲁迅不大喜欢素菜馆,调皮的章川岛偏给鲁迅安排了一次素菜席。素菜馆中常有一些伪装的鸭、假样的鱼、素鸡、素火腿一类的菜,虽为素菜,但用荤名。鲁迅认为有人愿意吃鸡鸭就去吃好了,既然要戒杀生、吃素持斋,却仍不能忘情于鸡鸭鱼肉,素菜荤名,实在大可不必。功德林是杭州久负盛名的素菜馆,味道还是很不错的,有一些菜鲁迅也很喜欢吃,特别是对那道清炖笋干尖颇为欣赏。这家老字号今天还在,只是不知这道菜还有没有。

"野火饭"

鲁迅对友人的赠书都非常珍爱,在上海的书房中有收藏友人赠书的专柜。1927年茅盾在上海时与鲁迅是同住大陆新村的近邻,他们保持着很好的关系。1933年2月3日鲁迅日记载:"茅盾及其夫人携孩子来,并见赠《子夜》一本,橙子一筐,报以积木一合,儿童绘本二本,饼及糖各一包。"赠书时茅盾在书上题写"鲁迅先生指正"并签了名,鲁迅说:"这一本我是要保存起来的,不看的,我要看,另外再去买一本。"1933年5月6日鲁迅日记又载:"午保宗来并赠《茅盾自选集》一本,饭后同至其寓,食野火饭而归。"保宗是茅盾的化名,中午茅盾又到鲁迅家送书,饭后他们又同至茅盾家,晚上由茅盾的夫人孔德沚亲自下厨,请鲁迅吃了一顿"野火饭"。所谓"野火饭"是茅盾的家乡浙江桐乡乌镇的一种便餐,是用肉丁、笋丁、豆腐干丁、栗子、虾米、白果等,加上调料,与大米混合拌匀,煮熟即成,吃时再配以鲜汤。从用料上看,这"野火饭"真是很好吃的。朋友相聚,便餐招待,更具浓情,也可以畅谈尽欢。

萧红的裙子

萧红写的回忆鲁迅的文章很生动。有一天萧红去看望鲁迅,穿着一件有很宽袖子的大红上衣,鲁迅用象牙的烟嘴在吸烟,并没有在意她的衣着,于是萧红问说:"周先生,我的衣裳漂亮不漂亮?"鲁迅上下打量了一下说:"不大漂亮。"又说:"你的裙子配的颜色不对,并不是红上衣不好看,各种颜色都是好看的,红上衣要配红裙子,不然就是黑裙子,咖啡色的就不行了;这两种颜色放在一起很浑浊……你没看到外国人在街上走的吗?绝没有下边穿一件绿裙子,上边穿一件紫上衣,也没有穿一件红裙子而后穿一件白上衣的……""……人瘦不要穿黑衣裳,人胖不要穿白衣裳;脚长的女人一定要穿黑鞋子,脚短就一定要穿白鞋子;方格子的衣裳胖人不能穿,但比横格子的还好;横格子的胖人穿上,就把胖子更往两边裂着,更横宽了,胖子要穿竖条子的,竖的把人显得长,横的把人显得宽……"萧红回忆:"那天下午要赴一个筵会去,我要许先生给我找一点布条或绸条束一束头发。许先生拿了来米色的绿色的还有桃红色的。经我和许先生共同选定的是米色的。为着取美,把那桃红色的,许先生举起来放在我的头发上,并且许先生很开心地说着:'好看吧!多漂亮!'我也非常得意,很规矩又顽皮地在等着鲁迅先生往这边看我们。鲁迅先生这一看,脸是严肃的,他的眼皮往下一放向着我们这边看着:'不要那样装饰她……'许先生有点窘了,我也安静下来。"这段故事可以看出鲁迅的审美是高明的,萧红的调皮也深得鲁迅喜爱。

达夫赏饭

鲁迅第一次书写著名的《自嘲》,是在1932年10月12日,鲁迅日记载:"午后为柳亚子书一条幅,云:'运交华盖欲何求,未敢翻身已碰头。旧帽遮颜过闹市,破船载酒泛中流。横眉冷对千夫指,俯首甘为孺子牛。躲进小楼成一统,管他冬夏与春秋。达夫赏饭,闲人打油,偷得半联,凑成一律以请'云云。下午并《士敏土之图》一本寄之。晚内山夫人来,邀广平同往长春路看插花展览会。"从日记看,鲁迅这一天的兴致是很高的。前一天好友郁达夫与王映霞在聚丰园请鲁迅吃饭,同席还有柳亚子夫妇、郁达夫兄嫂、林徽因。老友相聚,必是谈得投机,席间柳亚子向鲁迅求字。第二天鲁迅诗兴大发,作成一律,这首脍炙人口的名篇,成为鲁迅的代表作。鲁迅曾在《华盖集·题记》中说:"我平生没有学过算命,不过听老年人说,人是有时要交'华盖运'的。……这运,在和尚是好运:顶有华盖,自然是成佛作祖之兆,但俗人可不行,华盖在上,就要给罩住了,只好碰钉子。"1942年毛泽东在延安文艺座谈会上的讲话中曾说:"鲁迅的两句诗'横眉冷对千夫指,俯首甘为孺子牛'应该成为我们的座右铭。"柳亚子(1886—1958),诗人,南社创始人之一。他将鲁迅赠给他的诗一直珍藏着,1954年,他将这幅鲁迅亲自书写的墨迹题写了题记,献给了当时的中央人民政府人民军事委员会毛主席、朱总司令,后来又辗转调拨给北京鲁迅博物馆。这幅墨迹条幅现存鲁迅博物馆，成为镇馆之宝之一。这幅作品竖写共三列，整个条幅呈长条状，整篇章法布局自然，笔墨浓淡有致，气韵贯通，字体简约大气，趣意盎然，题跋字号稍小，与落款相得益彰。

时尚

鲁迅从日本归国后，着装上必然是领先时尚的潮人。他不常理发，头发总是留着比平头长约五分的乱簇簇的一团。鼻下的胡子很浓密而帅气，在民国是很流行的一种。身上有时穿西装，有时穿灰布长袍。冬天是灰布棉袍，春秋是灰布夹袍，初夏是灰布大褂，夏天是白色竹布或洋布大褂。裤子基本上是西裤，这比当时中式的裤子方便且利落。在绍兴做学监时还常拿一根手杖。下雨时使用的雨伞是新式的布伞，而不是当时通用的油纸伞。皮鞋是黑色无带的，穿脱方便。在北京时常到前门外青云阁或内联升买布鞋穿，鲁迅常走路，老北京的千层底布鞋很适合他。鲁迅在上海时常穿的是一双胶底球鞋，可能是因为走路舒适的缘故吧。鲁迅一生的着装都很俭朴，大都是灰色系，从他一生的照片看，是民国时期典型的帅男，至今仍有震撼力。

辣椒与文学

鲁迅因肺病而逝，而一生困扰着他的疾病还有牙病和肠胃病。他的学生杨霁云认为鲁迅的胃病一定与饮酒有关，于是就问鲁迅："你的酒量如何？"鲁迅知道他的用意，笑着回答说："我不大吃酒，我的胃病并非因酒而起。说来年代长远了，还是从前初次离开绍兴到南京进水师学堂的时候，冬天天气冷，没有衣服穿，于是不得多吃辣椒以御寒,可就拿胃吃坏了。"鲁迅这话在他的回忆文章《琐记》中也有明证:"一有闲空,就照例地吃侉饼,花生米,辣椒,看《天演论》。"

鲁迅的家乡是浙江绍兴,那里的人本基本不吃辣的。他的小说《在酒楼上》记述了主人公回家乡时到饭馆,点了一斤绍酒,十个油豆腐,强调"辣酱要多",然后他"很舒服的呷一口酒"。评道:"酒味很纯正;油豆腐也煮得十分好;可惜辣酱太淡薄,本来S城人是不懂得吃辣的。"鲁迅的小说集《故事新编》所收《奔月》中,羿出去打猎,腰上带着的是五个炊饼、五株葱和一包辣酱,结果他误杀了老太太的黑母鸡,无奈之下,他用那五个炊饼,搭上五株葱和一包辣酱把那鸡换了下来。回家后,发现妻子吃了升仙的药去月亮上了,他便将那鸡做了一盘辣子鸡,烙了五斤饼,吃掉了。在《非攻》中,公输般请墨子吃饭,也是备了辣椒酱、大葱和大饼。

喜欢辣椒,在鲁迅的生活中形成了一种习惯,辣椒酱、辣椒末,都是他吃饭时常吃的佐料,这习惯在他给许广平的信中向她做过汇报。他在文章中也常用辣椒做比喻。他曾对所谓的"革命文学"进行了揭露,他说:"旧社会将近崩坏之际,是常常会有近似带革命性的文学作品出现的,然而其实并非真的革命文学。例如:或者憎恶旧社会,而只是憎恶,更没有对于将来的理想;或者也大呼改造社会,而问他要怎样的社会,却是不能实现的乌托邦;或者自己活得无聊了,便空泛地希望一大转变,来作刺戟,正如饱于饮食的人,想吃些辣椒爽口⋯⋯"还说过:"革命便也是那颓废者的新刺戟之一,正如饕餮者餍足了肥甘,味厌了,胃弱了,便要吃胡椒和辣椒之类,使额上出一点小汗,才能送下半碗饭去一般。"

鲁迅有一篇杂文《止哭文学》,他在《大晚报》上看到一篇文章《提倡辣椒救国》,文中说:"北方人自小在母亲怀里,大哭的时候,倘使母亲拿一只辣茄子给小儿咬,很灵验的可以立止大哭……现在的中国,仿佛是一个在大哭时的北方婴孩,倘使要制止他讨厌的哭声,只要多多的给辣茄子他咬。"鲁迅驳斥了这种谬论:"辣椒可以止小儿的大哭,真是空前绝后的奇闻,倘是真的,中国人可实在是一种与众不同的特别'民族'了。然而也很分明的看见了这种'文学'的企图,是在给人一辣而不死,'制止他讨厌的哭声',静候着拔都元帅。"他指出:"不过,这是无效的,远不如哭则'格杀勿论'的灵验。此后要防的是'道路以目'了,我们等待着遮眼文学罢。"

"夜里睡不着,又计画着明天吃辣子鸡,又怕和前回吃过的那一碟做得不一样,愈加睡不着了。"这是鲁迅行文的幽默。

食客

1912年,鲁迅来到北京,并在北京工作生活了十四年。据鲁迅日记载,鲁迅在北京用餐饮茶的地方有六十多处。其中既有名气很大的饭店,也有常去吃便餐的小馆。饭菜的风味有山东、河南、福建、浙江等各省菜系,还有德式、日式等番菜(西餐)馆,其中不乏北京的一些老字号。北京大街小巷的饭馆,留下了鲁迅许许多多的足迹。鲁迅还是当时较高级的工薪阶层,是靠工资养家糊口的小官员,而他自己的日常生活是非常简朴的。他在北京的很大一部分收入花在了买房上面,还有部分花在买书和碑帖等方面。他到北京后,住在绍兴会馆有过七年多孤独的生活历程,与朋友聚会餐饮自然是他生活的重要部分。在餐桌上,他也许就构思了文章的题目和内容,也许就生发出许多思考。在与朋友的聚会中,他们曾谈论中国的社会,谈论刊物的编辑,讨论文学与革命的问题,也谈论朋友之间的友情,同乡之间的亲情,等等。鲁迅的日记中留下许多"微醉""颇醉""大醉"的记录。鲁迅在北京用过的一张张餐桌,可以折射出他在不同时间的不同心情,也可透视鲁迅与朋友、同乡及其他食客之间的关系。

关于吃饭,鲁迅有很多妙论。在致李秉中的一封信中曾说过:"人不能不吃饭,因此即不能不做事。"在《送灶日漫笔》一文中,鲁迅还曾就在北京的吃饭有过精妙的分析:"今之君子往往讳言吃饭,尤其是请吃饭。那自然是无足怪的,的确不大好听。只是北京的饭店那么多,饭局那么多,莫非都在食蛤蜊,谈风月,'酒酣耳热而歌呜呜'么?不尽然的,的确也有许多'公论'从这些地方播种,只因为公论和请帖之间看不出蛛丝马迹,所以议论便堂哉皇哉了。但我的意见,却以为还是酒后的公论有情。人非木石,岂能一味谈理,碍于情面而偏过去了,在这里正有着人气息。况且中国是一向重情面的。何谓情面?明朝就有人解释过,曰:'情面者,面情之谓也。'自然不知道他说什么,但也就可以懂得他说什么。在现今的世上,要有不偏不倚的公论,本来是一种梦想;即使是饭后的公评,酒后的宏议,也何尝不可姑妄听之呢。然而,倘以为那是真正老牌的公论,却一定上当,——但这也不能独归罪于公论家,社会上风行请吃饭而讳言请吃饭,使人们不得不虚假,那自然也应该分任其咎的。"

食与性

孙席珍在北大听过鲁迅讲唐宋传奇,讲到霍小玉、崔莺莺等才子佳人的故事,之后又把话题引到"精神分析学"上来。鲁迅讲道:"近来常听人说,解决性的饥渴,比解决食的饿渴要困难得多。"鲁迅举了许多例子来批评这种观点。鲁迅讲:"实际上,我们只看到或者听到,经常有人因冻饿而死于道途,转乎沟壑,却从没有听说人由于性的饿渴而倒毙在路上——因为一个人如果三天不吃饭,七天不喝水,肯定就会死亡;但此人即使三年不性交,七年不 Kiss,也决不至于死掉的。所以无论如何,食的问题,比性的问题总不知要迫切、重要多少倍。更何况,依常情而论,性的要求,一般总是在饱暖之后才会发生;那些饿寒交迫的人,是决不会想到这上面来的。所以恋恋于霍小玉、崔莺莺者,总还是黄衫少年、纨绔公子,而非那些鸠形鹄面,鹑衣百结的穷汉子;佳人们如遇到这些穷鬼,岂但望而却步,恐怕连逃也来不及哩。我因此还不免要搬出几句老话来说:人生在世,第一要生存,第二要温饱,第三要发展,这是做人最基本的要求。"但鲁迅说:"'精神分析学'之类,不过在心理学以及文艺理论的领域里聊备一格而已"。并没有全盘否认弗洛伊德学说的部分合理性。国内的一些所谓学术研究,把弗洛伊德的观点生搬硬套,有的文章还把周氏兄弟的失和归咎于同性失恋,全无道理。

中国菜与性欲

鲁迅买到一本日本人安冈秀夫所作的《从小说看来的支那民族性》,那书的目录是:一,总说;二,过度置重于体面和仪容;三,安运命而肯罢休;四,能耐能忍;五,乏同情心多残忍性;六,个人主义和事大主义;七,过度的俭省和不正的贪财;八,泥虚礼而尚虚文;九,迷信深;十,耽享乐而淫风炽盛。鲁迅看过目录说:"从支那人的我看来,的确不免汗流浃背。"书中的部分观点鲁迅是赞同的,而有些观点鲁迅是不赞同的。书中讲到中国的菜肴,鲁迅就想研究一下,他说:"我于此道向来不留心,所见过的旧记,只有《礼记》里的所谓'八珍',《酉阳杂俎》里的一张御赐菜帐和袁枚名士的《随园食单》。元朝有和斯辉的《饮馔正要》,只站在旧书店头翻了一翻,大概是元版的,所以买不起。唐朝的呢,有杨煜的《膳夫经手录》,就收在《间邱辨囿》中。现在这书既然借不到,只好拉倒了。"从这几本书名来看,鲁迅读书颇为广泛,对中国菜肴也颇有研究。

安冈秀夫这本书里的最末一章是"耽享乐而淫风炽盛",书中有这么一段:"这好色的国民,便在寻求食物的原料时,也大概以所想像的性欲底效能为目的。从国外输入的特殊产物的最多数,就是认为含有这种效能的东西。……在大宴会中,许多菜单的最大部分,即是想像为含有或种特殊的强壮剂底性质的奇妙的原料所做。"鲁迅评道:"我对于外国人的指摘本国的缺失,是不很发生反感的,但看到这里却不能不失笑。筵席上的中国菜诚然大抵浓厚,然而并非国民的常食;中国的阔人诚然很多淫昏,但还不至于将肴馔和壮阳药并合。'纣虽不善,不如是之甚也。'研究中国的外国人,想得太深,感得太敏,便常常得到这样——比'支那人'更有性底敏感——的结果。"安冈氏的书中又说:"笋和支那人的关系,也与虾正相同。彼国人的嗜笋,可谓在日本人以上。虽然是可笑的话,也许是因为那挺然翘然的姿势,引起想像来的罢。"鲁迅对这一点很不赞同,他说:"会稽至今多竹。竹,古人是很宝贵的,所以曾有'会稽竹箭'的话。然而宝贵它的原因是在可以做箭,用于战斗,并非因为它'挺然翘然'像男根。多竹,即多笋;因为多,那价钱就和北京的白菜差不多。我在故乡,就吃了十多年笋,现在回想,自省,无论如何,总是丝毫也寻不出吃笋时,爱它'挺然翘然'的思想的影子来。因为姿势而想像它的效能的东西是有一种的,就是肉苁蓉,然而那是药,不是菜。总之,笋虽然常见于南边的竹林中和食桌上,正如街头的电干和屋里的柱子一般,虽'挺然翘然',和色欲的大小大概是没有什么关系的。"

批评家与厨子

鲁迅本就是一个批评家,他说:"凡中国的批评文字,我总是越看越胡涂,如果当真,就要无路可走。"他讲述了这样一个故事,据说是来自印度的:"有一个很普通的比喻。他们说:一个老翁和一个孩子用一匹驴子驮着货物去出卖,货卖去了,孩子骑驴回来,老翁跟着走。但路人责备他了,说是不晓事,叫老年人徒步。他们便换了一个地位,而旁人又说老人忍心;老人忙将孩子抱到鞍鞒上,后来看见的人却说他们残酷;于是都下来,走了不久,可又有人笑他们了,说他们是呆子,空着现成的驴子却不骑。于是老人对孩子叹息道,我们只剩了一个办法了,是我们两人抬着驴子走。"这故事的出处是来自哪一部印度的书籍还没有查到,但至少可以印证鲁迅读书之广博。

鲁迅对中国的批评家提出批评:"独有靠了一两本'西方'的旧批评论,或则捞一点头脑板滞的先生们的唾余,或则仗着中国固有的什么天经地义之类的,也到文坛上来践踏,则我以为委实太滥用了批评的权威。"鲁迅希望批评家评判别人的作品时应有先解剖自己的精神,另外要求批评家有一点常识:"例如知道裸体画和春画的区别,接吻和性交的区别,尸体解剖和戮尸的区别,出洋留学和'放诸四夷'的区别,笋和竹的区别,猫和老虎的区别,老虎和番菜馆的区别……"他拿做菜的厨子举例,厨子做好菜后,有人品评他的好坏,厨子总不会厨刀铁锅放在批评家面前说:你来做一个好的我瞧瞧。厨子只是希望吃菜的人没有挑食忌口,没有喝多酒,没有发高烧。批评家只管说菜品的味道如何就已经足够了。

外国服

　　鲁迅在南京读书时，没有余钱做衣服，穿着夹裤就过冬了，棉袍也很破旧，两个肩膀处已经没有一点棉絮了。在日本弘文学院与仙台医专留学时，他穿的是学校的制服，后来在东京就全是穿日本的和服或是立领的学生装，脚上穿的是皮鞋，闲时逛书店或夜市时也常穿木屐。和服是用布做的，有单、夹、棉三套，还有一件外套，冬天套在外面。鲁迅回国后在杭州教书时，仍旧穿着学生制服，夏天时做了一件白羽纱长衫，一直穿到10月天冷为止。后来鲁迅独出心裁，叫西服裁缝做了一件类似中山装的外套，脚上穿的皮革面皮鞋。鲁迅到北京后经常到青云阁买布鞋穿，到广州以后就很少穿皮鞋了，而改穿黑帆布面的胶底鞋了。

围巾

　　著名版画家赵延年先生一生创作鲁迅题材的作品有一百七十多幅。其中最著名的一幅鲁迅像是在1961年创作的，以黑色为背景，鲁迅表情冷峻，十字形围巾与白色衣袍形成强烈的视觉对比。这幅作品深入人心，给几代人以深刻的印象。此后，戴围巾的鲁迅形象经常被美术家引用。北京鲁迅博物馆内张松鹤、曹崇恩等创作的汉白玉鲁迅像，大约就是以赵先生的画作为原型的。1976年10月19日发行的《纪念中国文化革命的主将鲁迅》邮票，其中第三枚为沈尧伊《学习鲁迅的革命精神》，工农兵手捧《鲁迅批判孔孟之道的言论摘录》，这里面的鲁迅像也是戴了围巾的。

　　鲁迅一生的照片很多，但并没有一张是戴围巾的。赵先生的创作意图是表达鲁迅的硬骨头精神。然而鲁迅生活中并没有戴围巾的习惯，不同时代的美术作品打着不同时代的烙印。

萧红回忆说："鲁迅先生不戴手套，不围围巾，冬天穿着黑土蓝的棉布袍子，头上戴着灰色毡帽，脚穿黑帆布胶皮底鞋。"她问鲁迅："周先生不是很好伤风吗？不围巾子，风一吹不就伤风了吗？"鲁迅答道："从小就没戴过手套围巾，戴不惯。"她描述道："鲁迅先生一推开门从家里出来时，两只手露在外边，很宽的袖口冲着风就向前走，腋下夹着个黑绸子印花的包袱，里边包着书或者是信，到老靶子路书店去了。"这个鲁迅是不是更有趣呢？

但鲁迅也不是没有戴过围巾。1918年11月19日鲁迅日记载："午后往瑞蚨祥买手衣二具，围巾二条，共券十八元，与二弟分用。"在北京的冬天，一个南方人，围巾手套还是需要戴的，而且是与二弟分享，表达了大哥浓浓的情意。1932年冬，鲁迅回北京探望母亲，有一天到西单商场，想买些送人的东西，没等买，却让小偷窃走两元钱。鲁迅写信给许广平告知此事说："盖我久不惯于围巾手套等，万分臃肿，举动木然，故贼一望而知为乡下佬也。"许羡苏是鲁迅的三弟周建人的学生，1920年来北京投考高校，由于举目无亲，就住进八道湾，与鲁迅一家关系非常亲密。她回忆："鲁迅先生的习惯，每天晚饭后到母亲房间里休息闲谈一阵，……那把大的藤躺椅，是他每天晚上必坐的地方，晚饭后他就自己拿着茶碗和烟卷在藤椅上坐下或者躺着。老太太那时候已快到七十岁，总是躺在床上看小说或报纸，朱氏则坐在靠老太太床边的一个单人藤椅上抽水烟，我则坐在靠老太太床的另一端的一个小凳上打毛线。"鲁迅的一条毛线围巾，就是许羡苏织好送给鲁迅的。如今鲁迅博物馆的展柜中，就展出着那条毛线的围巾。

14. 居行

鲁迅住过的居所

1881年9月25日,鲁迅出生在浙江绍兴府会稽县东昌坊口新台门周家。

1893年秋后,因祖父科场贿赂案随全家到皇甫庄外婆家避难。

1893年底,随大舅父怡堂一家迁居小皋埠"娱园"。

1894年春夏之间,因祖父案受株连的可能性很小,鲁迅一家迁回新台门。

1898年5月2日,离家赴南京江南水师学堂读书,卧室是一桌一凳一床。

1895年10月,考入江南水师学堂新附设的矿务铁路学堂,地址在南京三牌楼,仪凤门和会街。

1902年4月中,进日本东京弘文学院,在今新宿区西五轩町三十四番地,住学生寝室。同住的还有沈瓞民、刘乃弼、顾琅、张邦华、伍崇学和陈师曾。

1904年9月,入日本东京仙台医学专门学校,在片平丁五十二番地"佐藤屋"公寓住宿。冬,又迁往土樋町一百五十八番地的"宫川宅"住宿。

1906年3月,放弃学医再往东京,住东京本乡区汤岛町二丁目"伏见馆"公寓。

1907年春，由"伏见馆"迁居离"伏见馆"不远的"中越馆"，地址在本乡区的东竹町。

1908年4月，由"中越馆"迁居本乡区西片町十番地乙字7号，原日本著名作家夏目漱石的旧居。因与许寿裳、周作人、钱钧甫、朱谋宣共五人同住于此，故称为"伍舍"。

1909年一二月间，与许寿裳、周作人自"伍舍"迁往附近的西片町十番地丙字19号居住。

1909年8月，结束留学生活回国，回到故乡绍兴。9月，赴杭州浙江两级师范学堂任教，地址是现在的杭州第一中学。

1910年7月，辞去浙江两级师范学堂教职回绍兴老家。9月兼任绍兴府中学堂监学。1911年11、12月间又任浙江山会初级师范学堂监督。

1912年2月中旬，离绍兴赴南京临时政府教育部担任部员。地点在碑亭巷江苏外务司。

1912年5月6日，到教育部任职，入住北京宣武门内绍兴会馆。

1919年底，迁入北京西直门内八道湾胡同11号院。

1923年8月，因兄弟失和，迁居北京西城砖塔胡同61号院。

1924年5月25日，入住阜成门内宫门口西三条21号院。

1926年9月，到厦门大学任教，在厦门大学内生物学院大楼三层临时居住。9月25日迁居集美楼。

1927年1月，到广州中山大学任教，住中山大学内的大钟楼。

1927年10月8日，从到上海后暂住的共和旅店迁入东横滨路附近的景云里第二弄的23号公寓，与许广平同居。

1928年9月9日，移居至景云里第二排第二幢18号。

1929年2月21日，移居至景云里第二排第一幢17号。

1930年5月12日，移居到北四川路拉摩斯公寓A三楼4号。

1933年4月11日，自拉摩斯公寓迁居施高塔路（今山阴路）大陆新村9号，直至逝世。

S 会馆

绍兴古称越，秦统一后改称会稽郡，唐代以后称越州。北宋时金攻下了首都东京汴梁，康王赵构被拥立为高宗皇帝。高宗逃到会稽，会稽便成了南宋王朝的临时都城。为匡兴宋室，赵构决定用"绍兴"作为自己的年号，并把会稽改称"绍兴"，但最终还是被元朝吞并。鲁迅到北京后，首先入住在绍兴会馆。绍兴会馆原名是山会邑馆，建于清道光六年（1826），由山阴、会稽两县在京官员为方便来北京应考或官员到京候补而建，原为山阴、会稽两邑会馆，宣统年间废除府制，山阴、会稽两县合为绍兴县，会馆遂改名为绍兴县馆或绍兴会馆。会馆坐落在宣武门外南半截胡同，有大小房屋八十四间，会馆前厅称仰蕺堂，供奉着汉代以来越中先贤二百四十人的牌位。鲁迅不太喜欢绍兴这个名字，就是因为康王赵构在杭州设立小朝廷，还摆架子自称绍兴，把这庸俗的年号用作地名，令人讨厌。所以，有时人问鲁迅祖籍时，鲁迅总回答是浙江，鲁迅在《〈呐喊〉自序》中把绍兴会馆也称作"S会馆"。在绍兴会馆，鲁迅一直住到1919年11月21日，才与周作人一家搬入八道湾。在绍兴会馆，整整住了七年多。在这七年多的时间里，鲁迅曾经历了失望、颓唐、参加"文学革命"到创作"革命文学"，最终成为新文化运动的先驱者和一员猛将。

补树书屋

鲁迅1912年到北京住进绍兴会馆内的藤花馆，这里很是吵闹，鲁迅的日记记载过："邻室又来闽客，至夜半犹大噪如野犬，出而叱之，少戢。"1916年5月，鲁迅搬进了会馆内西边的补树书屋。院中有棵大槐树，因是补种的，所以称为"补树书屋"。绍兴会馆内是不许住女人的，原因是许多年前有一位姨太太便是吊死在这大槐树上。有一次，一位姓谢的带着一个小妾来这里暂住一宿，会馆内的人们群起而攻之，谢某听到这个故事后，狼狈地搬了出去。鲁迅在《呐喊·自序》中讲过："S会馆里有三间屋，相传是往昔在院子里的槐树上缢死过一个女人的，现在槐树已经高不可攀了，而这屋还没有人住；许多年，我便寓在这屋里钞古碑。客中少有人来，古碑中也遇不到什么问题和主义，而我的生命却居然暗暗的消去了，这也就是我惟一的愿望。夏夜，蚊子多了，便摇着蒲扇坐在槐树下，从密叶缝里看那一点一点的青天，晚出的槐蚕又每每冰冷的落在头颈上。"鲁迅说的"槐蚕"，北京人叫"吊死鬼儿"，如果联想起那上吊的女人，住在这里的确有点阴森恐怖。鲁迅不信神鬼，却图了这里的安静。

八道湾的房价

1912年鲁迅到北京后，一直孤身一人居住在绍兴会馆。1917年1月22日鲁迅在日记中写道："旧历除夕也，夜独坐录碑，殊无换岁之感。"流露出他孤独苦闷的心态。1917年4月1日，经鲁迅向蔡元培推荐，二弟周作人来到北京大学任教。作为大哥的鲁迅热情地将补树书屋南头的一间房让与二弟居住，自己却住在北头一间阴暗的房子里。在五四新文化运动中，兄弟二人的作品都在《新青年》杂志上发表，二人共同生活、读书、作文、收藏，生活中增添了很多情趣。周作人在北京大学任教，月薪二百多元，鲁迅在教育部任职，月薪已由1912年初到北京时的一百二十元涨到三百元。他们写文章的稿费收入也较不菲，已经具备了在北京生活的经济实力。此时在绍兴的周氏家境已经败落，于是他们决定卖掉在绍兴的周家老宅，在北京购置新居，举家搬到北京居住和生活。从1919年2月起，鲁迅四处看房，奔波了有半年，终于选定了八道湾11号院，并决定购买。经过到警察总厅报告，再到市政公所验契，于1919年8月19日"买罗氏屋成，晚在广和居收契并先付现泉一千七百五十元，又中保一百七十五元"。10月9日，"收房九间，交泉四百"。11月4日，"交与泉一千三百五十，收房屋讫"。至此，交齐了购房款，这套院子总价三千五百元。加上中保费、购置税、装修费，总共用了四千四百多元，约合他一年多的工资收入。买房的钱一千二百元来自卖掉绍兴老宅，其余的便是兄弟二人凑起来的。鲁迅购买的八道湾胡同11号院是一套三进的大四合院，这在当时可算得上一个大宅门。11月21日，鲁迅就与周作人一家搬进了装修好的新居。12月1日，鲁迅启程回绍兴接母亲、夫人朱安、三弟周建人一家。12月29日，全家住进八道湾。

砖塔胡同

自1923年7月兄弟决裂后，鲁迅便另找住所准备搬走。鲁迅日记载：8月2日，"雨，午后霁。下午携妇迁居砖塔胡同六十一号"。鲁迅就在这阴雨的天气，带着几分兄弟失和的惆怅，迁入这所不大的院子。鲁迅搬到砖塔胡同 61 号院，是通过当时《晨报副镌》主编孙伏园找到许钦文，又通过许钦文的四妹许羡苏帮助促成的。许羡苏和俞芬都是周建人在绍兴女子师范学校教书时的学生。许羡苏到北京报考北京大学时，住在八道湾。许羡苏很会做绍兴菜，又能经常和鲁迅的母亲鲁瑞聊天打发寂寞，所以鲁瑞很喜欢她。鲁迅和周作人闹翻后，许羡苏就建议鲁迅搬到俞家姐妹住着的砖塔胡同。

砖塔胡同，是因胡同内有一古代建筑"万松老人塔"而得名。该塔始建于元代，塔高十六米，为八角形九级密檐式，是北京城区内唯一一座砖塔。万松老人又称万松行秀禅师，金元间的佛教大师，又深通儒家经典，蒙古帝国时期大臣耶律楚材曾向他参学三年，主张"以儒治国，以佛治心"。万松老人圆寂后，后人修建了此墓塔纪念他。

砖塔胡同 61 号的院门坐南朝北，鲁迅住在三间北房，俞芬和她的两个妹妹俞芳、俞藻住在西屋两间。在这里，鲁迅和俞家姐妹相处很好，并时常照顾她们，曾为俞芬在北京女子高等师范学校附属中学学习做保证人。鲁迅在北京大学讲课，俞芬也去旁听。俞芬的两个妹妹当时都在十多岁。鲁迅给她们取绰号，一个叫"野猪"，一个叫"野牛"。她们把鲁迅叫作"野蛇"。鲁迅经常给她们买玩具、糖果，还带她们去看电影。和八道湾的生活相比，鲁迅在这里和孩子们一起倒是其乐融融。从 1923 年 8 月 2 日至 1924 年 5 月 25 日，鲁迅在砖塔胡同居住了九个多月。

老虎尾巴

阜成门内西三条 21 号是鲁迅第二次购买房产，用了八百大洋。这是鲁迅亲自设计改建的一座平民四合院。鲁迅从 1924 年 5 月 25

日携母亲及夫人朱安入住，直到1926年8月26日离京赴厦门大学任教，共住二年多。宫门口西三条胡同位于阜成门城根，东面可以望见妙应寺白塔。民国时这里的庙会非常热闹。宫门口是因明代在此地建有朝天宫而得名，后朝天宫被火灾所毁，这一带只留下宫门口、东廊下、西廊下这样的地名。鲁迅买下的院子约有四百平米。搬来之前，鲁迅亲自绘制草图进行了修缮改建。院内有北房三间，母亲鲁瑞住东面一间，朱安住西面一间，中间堂屋为大家洗漱、吃饭的地方。东西厢房各两间，东厢房是雇用女工的临时住房，西厢房是厨房。南房也是三间，是鲁迅藏书及会客的地方。南房的东壁上挂着画家陶元庆为鲁迅画的一幅素描像，画像下面有两张供客人坐的沙发式座椅和一个茶几，南墙摆放着从老家带来的一排书箱，书箱上有鲁迅亲自编的号码。南房西间有一木板床，是来客临时居住的地方。女师大风潮时，许广平等曾在这里避难。院子方方正正，北屋西侧有一夹道通往后园，后园中间有一口小水井。堂屋后面接出一小间，北京人管这种接出来的房子叫作"老虎尾巴"，这样修建的目的主要是便宜，造价低，既可扩大面积，冬天还可以节约煤火。鲁迅就在这里工作和休息，鲁迅自称这里为"绿林书屋"，并在《华盖集题记》和《华盖集后记》的文末都属"绿林书屋东壁下"。鲁迅坐在"老虎尾巴"里透过玻璃窗，"可以看到墙外有两株树，一株是枣树，还有一株也是枣树"。窗下就是鲁迅用来休息的木板床。东墙壁下有一张普通的三屉桌，桌上有笔架、墨盒、茶碗和烟灰缸，还有座闹钟和一盏煤油灯。三屉桌旁边有一个小书架。东墙上挂着一幅鲁迅在东京学习时日本教师藤野先生的照片，还有一幅画家司徒乔的素描画《五个警察一个〇》，这是1926年6月在中央公园参观司徒乔画展时购买的。西壁上挂着一个条幅，上书鲁迅自集屈原《离骚》句"望崦嵫而勿迫，恐鹈鴃之先鸣"，是请友人乔大壮书写的,意思是激励自己珍惜时光,勤奋工作。三屉桌前有一张藤椅,鲁迅就是坐在这张藤椅上伴着昏暗的煤油灯,用他那支"金不换"毛笔写作的。在这间不足八平米的斗室里,鲁迅撰写了两百多篇文章,散文诗集《野草》、小说集《彷徨》中的大部分作品,杂文集《华盖集》《华盖集续编》《坟》,回忆散文集《朝花夕拾》的大部分文章都是在这里完成的,又多次校勘《嵇康集》等古籍,还翻译了外国作品四十余篇。创作之外,鲁迅还主编和指导编辑了《语丝》周刊、《莽原》周刊、《莽原》半月刊、《国民新报》乙刊等刊物,组织领导了未名社和莽原社,培养了一大批青年作家,为新文学事业做出了巨大的贡献。鲁迅在西三条居住的日子里,经历了女师大风潮、"三·一八"惨案并与许广平结下战斗的师生情谊。1926年8月26日,鲁迅携许广平离京,赴厦门大学任教。母亲鲁瑞和夫人朱安仍住在这里。鲁瑞于1943年4月22日去世,朱安于1947年6月29日也离开人间。

装修

鲁迅买下西三条21号院时,那院子和房子都已破败不堪,不装修是无法居住的。经过装修,终于1924年5月25日,"晨移入西三条胡同新屋"。这套房子就是现在辟为北京鲁迅博物馆的鲁迅故居。鲁迅自己独资购买,虽说房子是用了八百元,可加上契税、改建装修费用,共用了两千一百多元。这是鲁迅一生中的又一次重大开销。搬家之前,鲁迅亲自动手设计改建。他先绘制了改建图,三间北房后面搭建了一间小房,专门为了看书写文章并作卧室用。鲁迅说"这一间小房子,在北京叫做'老虎尾巴'的;从整排的房屋看来,这好像是伏在地面上的老虎拖出的尾巴,所以叫老虎尾巴"。老虎尾巴虽在正房的背面，但向北面开窗，便成了南北通透。这样采光，上午和下午的光线变化不大，而且一年四季都差不多，便于他工作时的照明。后园也是自家的，不影响私密性，种上花木，形成一景，而且很安静。鲁迅把写字桌放在东面墙壁下，那么用右手执笔写字就不会遮挡光线。为了节约开支，鲁迅把老虎尾巴的屋顶造成灰棚，上面是平顶，而且较低矮，这样比正式的房屋要省一半的钱。至于门窗的改造，鲁迅也是费了一番心思的，可是未能按鲁迅的意愿去做。鲁迅说："改革，实在是难；无论泥水匠和木匠，都总是要依照他们的老法子做，稍微改变一点，就得空费许多口舌。我是多半托人代办的，不好意思多说，自然只好将就一点！"鲁迅在老虎尾巴写作翻译了大量作品，恐怕也是和这小四合院的舒适环境分不开的吧。

鸡爪胡同

鲁迅在北京工作、教学、购物、访友曾走过北京大大小小的胡同一百多条。北京的胡同自元代以来经过八百多年的变迁，已经发生了重大的变化。随着高楼大厦的群起而立，许多胡同已经不存在了，许多胡同的名称也经过了数次改动。鲁迅在《咬文嚼字·二》一文中曾经举过这样的例子："在北京常看见各样好地名：辟才胡同，乃兹府，丞相胡同，协资庙，高义伯胡同，贵人关。但探起底细来，据说原是劈柴胡同，奶子府，绳匠胡同，蝎子庙，狗尾巴胡同，鬼门关。字面虽然改了，涵义还依旧。"类似这种改动的还有很多，如协和胡同原名蝎虎胡同，王广福斜街原名王寡妇斜街，礼士胡同原名驴市胡同，等等。我家现在住的东四十四条胡同原名船板胡同，据说以前是做船板的工匠聚集地，"文革"时曾改成红日路十四条。鲁迅的小说《伤逝》中写涓生和子君最初的安身之所,费尽周折选了二十多处地方,最后定在了吉兆胡同。这个吉兆胡同的原名却是鸡爪胡同。

鲁迅离开多年后的北京,已经是沧桑巨变。城墙不在,代之高楼林立;黄包车不在,代之轿车如龙;首都还是首都,人群却是潮人了。北京多年来拆改,很多胡同面目皆非,还有很多胡同已经不存在了。北京最长的胡同是东交民巷,鲁迅去过。北京最短的胡同位于琉璃厂东街东口的东南,名为一尺大街,民国时仅有六家店铺,鲁迅也去过。这条胡同原来东西走向,可以穿行。现在东面盖起了民政部大楼,已将胡同堵死,西面只有陈氏旧居一个院门,还有一个公共厕所,这应该才是现在北京最短的胡同了吧。

车过洛阳

鲁迅从西安讲学回京,特意在河南洛阳下车,并住了一晚。洛阳是九朝古都,文化名城,鲁迅在孙伏园的陪同下想在那里逛一逛,或许可以淘到一些古董吧。他们住在了最好的洛阳大酒店,放下行李就到街上去玩。孙伏园讲述了那晚的经历:"民政上看不出若何成绩,只觉得跑来跑去的都是妓女。古董铺也有几家,但货物不及长安的多,假古董也所在多有。我们在外吃完晚饭以后匆匆回馆。馆中的一夜更难受了。先是东拉胡琴,西唱大鼓,同院中一起有三四组,闹得个天翻地覆。十一时余,'西藏王爷'将要来馆的消息传到了。这大概是班禅喇嘛的先驱,洛阳人叫做'到吴大帅里来进贡的西藏王爷'的。从此人来人往,闹到十二点多钟,'西藏王爷'才穿了枣红宁绸红里子的夹袍翩然莅止。带来的翻译,似乎汉族语也不甚高明,所以主客两面,并没有多少话。过了一会,我到窗外去入偷望，见红里红外的袍子已经脱下，'西藏王爷'却御了土布白小褂裤，在床上懒懒的躺着，脚上穿的并不是怎么样的佛鞋，却是与郁达夫君等所穿的时下流行的深梁鞋子一模一样。大概是夹袍子裹得太热了。外传有小病，我可证明是的确的。后来出去小便，还是由两个人扶了走的。妓女的局面静下去，王爷的局面闹了；王爷的局面刚静下，妓女的局面又闹了。这样一直到天明，简直没有睡好觉，次早匆匆的离开了洛阳了，洛阳给我的印象，最深的只有'王爷'与妓女。"

不便之便

鲁迅在厦门大学教书时，开始暂住在三楼国学院的陈列所，可以眺望风景，他感到极其合宜，并把住处照片的明信片寄给许广平。但那里的风很大，有一次还把百叶窗刮坏了，去上课时要走九十六级台阶，来回就是一百九十二级台阶，这可真是锻炼身体呀。不久，他被迫搬到另外一处，也是三楼，扶梯只需走二十四级。楼内没有厕所，二楼有一个，却被一户私有了，因此不便去使用。公共厕所在需走大约一百六十步远的地方，需要走很久才能抵达。鲁迅每天要去三四次，很是不便，于是，每当天一黑的时候，就跑到楼下，在草地上了事。那楼下后面有一片花圃，用有刺的铁丝网拦着，有一次鲁迅要试一下那网的阻力，试图跳过去，果然成功了，但那刺却把他的屁股和膝盖刺破了，幸无大碍。草地中还有许多无毒的小蛇，所以天暗时，鲁迅便不再到草地上走了，小解时也不下楼，用一个瓷罐，半夜尿急便滋进去。看到夜半无人时，就从窗口泼将下去。鲁迅在给许广平的信中说："这虽近于无赖，但学校的设备如此不完全，我也只得如此。"想想，一个大教授从楼上往下泼尿，那是一个什么样的画面？这便是生活中的活生生的鲁迅啊。还好，这事没有其他人看到，只告诉许广平一个人了。

大钟楼

大钟楼是鲁迅到广州中山大学教书时住的地方，现在这里是广州鲁迅纪念馆。鲁迅文章中对他所住的地方有过描述："我住的是中山大学中最中央而最高的处所，通称'大钟楼'。一月之后，听得一个戴瓜皮小帽的秘书说，才知道这是最优待的住所，非'主任'之流是不准住的。但后来我一搬出，又听说就给一位办事员住进去了，莫明其妙。不过当我住在那里的时候，总还是非主任之流即不准住的地方，所以直到知道办事员搬进去了的那一天为止，我总是常常又感激，又惭愧。然而这优待室却并非容易居住的所在，至少的缺点，是不很能够睡觉的。一到夜间，便有十多匹——也许二十来匹罢，我不能知道确数——老鼠出现，驰骋文坛，什么都不管。只要可吃的，它就吃，并且能开盒子盖，广州中山大学里非主任之流即不准住的楼上的老鼠，仿佛也特别聪明似的，我在别地方未曾遇到过。到清晨呢，就有'工友'们大声唱歌，——我所不懂的歌。"

香港演讲

鲁迅应香港基督教青年会邀请，于1927年2月18日赴香港演讲，陪同他去香港的有许广平、叶少泉、苏秋宝和申君。当日早晨乘港穗轮离开广州，午后抵港，住宾兴旅馆，晚上及次日下午先后做了题为《无声的中国》《老调子已经唱完》的演讲，因为之前在广州时不小心跌伤了脚，不能上街去闲走，2月20日便离开香港返回广州。鲁迅文章中讲过一个笑话:"从广州往香港时,在船上还亲自遇见一桩笑话。有一个船员,不知怎地,是知道我的名字的,他给我十分担心。他以为我的赴港,说不定会遭谋害;我遥遥地跑到广东来教书,而无端横死,他——广东人之一——也觉得抱歉。于是他忙了一路,替我计画,禁止上陆时如何脱身,到埠捕拿时如何避免。到埠后,既不禁止,也不捕拿,而他还不放心,临别时再三叮嘱,说倘有危险,可以避到什么地方去。我虽然觉得可笑,但我从真心里十分感谢他的好心,记得他的认真的脸相。"不过鲁迅说:"香港总是一个畏途。"他从香港《循环日报》上的两条消息证实了这一点:第一条是一个中国人因行窃被抽藤条;第二条是有两西装男子,遇一英警上前执行搜身。该西装男子用英语对之,英警不理会,仍被带往警署。鲁迅还讲述了两件事,第一件:"在香港时遇见一位某君,是受了高等教育的人。他自述曾因受屈,向英官申辩,英官无话可说了,但他还是输。那最末是得到严厉的训斥,道:'总之是你错的:因为我说你错!'"第二件:"带着书籍的人也困难,因为一不小心,会被指为'危险文件'的。这'危险'的界说,我不知其详。总之一有嫌疑,便麻烦了。人先关起来,书去译成英文,译好之后,这才审判。而这'译成英文'的事先就可怕。我记得蒙古人'入主中夏'时,裁判就用翻译。一个和尚去告状追债,而债户商同通事,将他的状子改成自愿焚身了。官说道好;于是这和尚便被推入烈火中。"看过香港,鲁迅体会到了英国殖民统治的专横和暴虐。

遭遇搜查

鲁迅第三次接触香港,是从广州到上海途中路过,其间遭遇了一场野蛮的搜查，使鲁迅颇感愤怒。这次鲁迅带了十六只书箱，两位穿深绿色制服的英属同胞手执铁签站在那里，鲁迅说："这里面是旧书"，那人似乎不懂，嘴里只有三个字："打开来！"他们一箱箱地打开，一箱箱地翻乱，一边翻一边索要贿赂。查过书箱又查衣箱和提篮，并说："你给我们十块钱，我们就不搜查你了。"鲁迅给了他十元，但他并没有接受，而塞在枕下，为的是怕洋主子看见会砸了他们的饭碗，但终于盖了一个"查讫"的记号。之后又来了一个同胞，要再次检查提篮，但看到"查讫"的标记时却诬陷鲁迅"贿赂"。最后同胞从枕下拿走那十元算是完事了。鲁迅感慨道："香港虽只一岛，却活画着中国许多地方现在和将来的小照：中央几位洋主子，手下是若干颂德的'高等华人'和一伙作伥的奴气同胞。"

查鸦片

1928年7月，正值暑假，鲁迅与许广平在学生许钦文的陪同下由上海到杭州游览。在去杭州的火车上，有一高一矮两个宪兵盯上了他们，鲁迅形容他们："长（高）的猴头鸟颈，矮的脸面像个三白西瓜。"他们走过来要查看鲁迅几个人的手提箱。鲁迅口气很重地说："你们看好了！"三白西瓜脸说："箱子是你们的，要你们打开来。"鲁迅加重了语气说："是你们要看，不是我们要你们来看！"宪兵又说："但箱子总是你们的，我们不好来打开。"鲁迅说："我们允许你们打开来看，不是就好了么！""三白西瓜脸"做了个手势，"猴头鸟颈"揭开箱子盖略略一看就重新盖好，说道："我们闻到一股香气，好像是乌烟的。"鲁迅狠狠地瞪了他们一眼说："香气是大菜的，你们的鼻子是这样的么！"两个宪兵一脸尴尬。事后鲁迅对学生说："我知道，叫他们自己打开箱子来看，这就使他们失望了。

如果箱子里真的藏着鸦片烟,那该早就准备好了'红纸包',暗暗地把红纸包塞给来检查的人的手里就是了。"鲁迅的这个故事讽刺了民国时期腐败的潜规则。

15. 古物

玩拓片

民国初期袁世凯当政，对知识分子弹压很厉害。批评政府会被特务抓去再也回不来了，甚至在家里说了什么也会被抓，因为家里的厨师、车夫也都可能是特务。鲁迅为逃避这种风险，有外人在时，除了拓片的事什么都不说。他原来就喜欢玩拓片，有客人来就说拓片的事，旅途在外也只说拓片的事。鲁迅说："正因为这样，我现在的脑袋还连着身体哩！"

1911年春，鲁迅在绍兴府中学堂任监学，兼教博物学。在绍兴教学期间，他带学生游禹陵、兰亭、快阁、宋六陵、柯桥、七星岩等地，还和周建人、王鹤照一起郊游，采集植物标本或拓碑帖。1912年鲁迅到北京教育部任职，开始关注金石拓片。第一次收藏的拓片是被称为"石刻之祖""篆书之宗"的石鼓文。后来鲁迅的好友季自求、杨莘士等人又赠送了几枚拓片，到1915年，鲁迅购买拓片似乎开始上瘾，一发而不可收了。

鲁迅在北京居住的十四年间，曾在琉璃厂购买拓片四千多枚，大量购买拓片是从1914年末至1921年，其中购买最多的是在1915年至1919年。鲁迅购买拓片的种类很多，包括碑刻、墓志、造像、砖刻、瓦当、镜、古钱、古砚、钟鼎、经幢、古印及汉画像等。这些拓片大部分都是在琉璃厂师古斋、富华阁、肆古斋、宜古斋、耀文堂、震古斋、访古斋、德古斋等十多个帖店购得,还有一部分拓片是他的同事、朋友、学生从各地为他淘来或赠送给他的。鲁迅购买的拓片,其中有很多是金石收藏家端方、陈介祺曾收藏过的拓片。如1916年7月28日购买端氏藏石拓本一包,计汉、魏、六朝碑碣十四种十七枚,六朝墓志二十一种二十七枚,六朝造像四十种四十一枚,总七十五种八十五枚;8月8日收端氏所藏造像拓本三十二种三十五枚;8月12日收端氏所藏石刻小品拓片二十二种二十五枚;又匋斋藏专拓片十一枚;10月29日购买端氏藏石拓本二十七种三十三枚;11月12日买端氏藏石拓本四种四枚;11月24日买端氏藏石拓片三种四枚。当时购买民国时期拓片的价格是很便宜的,如鲁迅日记载:2月12日,"买端氏藏专拓片一包,计汉墓专三百八十,杂专十一,六朝墓专廿五,唐、宋、元墓专七,总四百廿三枚。又隋残碑一枚"。这是鲁迅所购为端方藏砖拓最大的一宗,共四百二十三枚,五十券元,合每枚0.12元。又如1917年3月18日,"午后往留黎厂买洛阳龙门题刻全拓一分,大小约一千三百二十枚,直卅三元。"鲁迅所购题刻全拓一份大小约一千三百二十枚,指当时所能拓到的较完整的拓片,这是鲁迅最大宗购买的整套拓片。鲁迅本年工资为三百元,购买此套拓片占去月俸的十分之一,但三十三元的价格合每枚拓片二分五厘,也是极便宜的。在鲁迅所藏拓片中以民国拓片为主,有少部分是比较珍贵的,以鲁迅的财力来说,他不可能大量购买年代较早的拓片。但是他所藏的拓片中有许多是未见著录的,还有许多是现在碑石损佚的,现在看来鲁迅所藏的民国拓片也是相当难得的了。

玩拓片使鲁迅成了一个大藏家和研究家,他收藏的拓片现存六千二百多张,五千一百多种。鲁迅比较注重隋唐以前的碑拓、墓志及造像的收藏,收藏拓片的范围从先秦到两汉、魏晋南北朝、隋唐时期，其中汉碑就有一百三十余种，经鲁迅抄录、校勘的有一百多种，魏晋南北朝墓志有三百多种，其他还有砖瓦拓片、汉画像拓片等。经鲁迅抄录并校勘的有一百九十二种。现在这些拓片基本都保存在鲁迅博物馆，成为中国文化遗产的巨大财富。

石鼓文

1912年6月25日午后，鲁迅到国子监及学宫视察，看到很多古铜器及石鼓，上面的文字很多已经剥落，其中的一个石鼓还被做成了舂米的石臼。他在当天日记中感叹："中国人之于古物，大率尔尔。"鲁迅对中国人对于文物的轻率非常痛心，曾在《拟播布美术意见书》中提出对文物要"所当保存，无令损坏"的意见。鲁迅所见石鼓为先秦文物，损毁严重。第二天早上，国子监太学的人给他送来了新拓的石鼓文拓片十枚，还有元潘迪《音训》二枚，鲁迅花了一元两角五分将这些拓片买了下来。这是鲁迅在北京最早的购买石刻拓片的记录，并成为大量购买研究碑拓的开始。石鼓文是现存最早的石刻文字，书法价值很高，被历代书家称为"石刻之祖""篆书之宗"。潘迪评价石鼓文书法"字画高古，非秦汉以下所及，而习篆籀者，不可不宗也"。鲁迅慧眼独具，深知所购拓片在金石书法领域的重要性，因此买了下来。

汉画像

汉代画像石是汉代刻于墓室与地面祠堂、门阙等建筑上的装饰雕刻，是我国最早的浮雕艺术。汉画像的发现与研究早在北宋时期就已开始，金石学也由此发端，到民国初期已有大量的著录。20世纪初，学者们开始用近代考古学方法积累汉画像资料，鲁迅做的正是这个工作。在民国初期，鲁迅是这门学问的开拓者之一。鲁迅大量收藏汉画像拓片是从 1913 年开始，直到 1936 年去世。

鲁迅收藏汉画像，绝不是一般地玩玩，他曾说，"我已经确切的相信：将来的光明，必将证明我们不但是文艺上的遗产的保存者，而且也是开拓者和建设者"。(《引玉集·后记》)这一点今天已经得到了证明。鲁迅多是从美术考古的角度去搜集汉画像拓片的，对汉画像的收藏与研究是鲁迅一生的爱好，他曾多次计划将收集的汉画像石拓片整理出版。为此，鲁迅做过大量的工作，1926 年前，就写过《汉画像考》，并计划编印出版，但未能完成，现只存残稿五十多页。在鲁迅的手稿中还有一页鲁迅自拟的汉画像目录草稿，现存鲁迅博物馆。在 20 世纪 20 年代末鲁迅收集的汉画像已具有相当的规模。到鲁迅去世前，以收集的汉画像数量来看，在当时出土的汉画像拓片收藏者中，鲁迅是佼佼者。现保存在鲁迅博物馆中的鲁迅收藏的汉画像拓片有七百余幅，主要是山东汉画像和南阳汉画像，还有少量来自四川、江苏等地。鲁迅还主张把汉画艺术融入中国新兴版画艺术中，在致李桦的信中说："惟汉人石刻，气魄深沈雄大，唐人线画，流动如生，倘取入木刻，或可另辟一境界也。"在中国美术史及汉画像研究的诸多论著中，鲁迅的这段话总是被引用。当中国汉画像研究还处于金石学和考古学领域阶段时，鲁迅就已经把它介绍到美术领域了，这使中国新兴版画获益匪浅。鲁迅把从中国古代线条艺术中感悟到的美，运用到了新兴版画的倡导之中。

玩古钱

鲁迅日记载，1913 年 8 月 16 日，"午后往琉璃厂，在广文斋买古泉十八品,银一圆"。这是鲁迅到北京后第一次购买古钱币的记载。据鲁迅日记统计,至1919年6月21日,鲁迅购买古钱共二十七次,收藏一百六十六枚。购买地点多在广文斋、李竹泉及古董小市等。钱币的种类有春秋战国时的刀币、布币,汉、唐、宋、元、明及清代的古钱,其中不乏较珍贵的品种,如战国时期的"三字齐刀""甘丹刀",唐代的"得壹元宝",新莽时期的"大泉五十""小泉直一"等。

鲁迅收藏古钱币具有很专业的眼光,为了收藏古钱币,他专门购置了《古今泉略》《古今待访录》等多种专业书籍。通过不断的学习,鲁迅具有很强的辨伪能力,日记中常有"佳""系伪造品"的文字。鲁迅对古钱币不仅收藏,还有研究。在鲁迅未刊手稿中存有标明"泉志"的手稿二十三页,记有一百七十二种钱币,分别注明了形状、质地、文字字数及字体。

鲁迅收藏钱币时常与周作人交流,周作人当时还在绍兴,鲁迅购买的古钱约有一半寄往绍兴。几经迁徙变故,鲁迅离开北京时将古钱都留在了西三条的家中。现鲁迅博物馆尚存鲁迅收集的古钱有一百二十三枚。

陶俑

俑,亦称"偶人",是古代随葬的造型艺术品,一般以泥、陶、瓷等材质制作,题材以人物、动物为主,以秦汉至隋唐时期最为盛行。据鲁迅藏品统计,鲁迅收藏的俑有五十七件,其中人俑三十八件,动物俑十九件,有汉代六件,南北朝三件,隋代三件,唐代三十六件,宋代四件,明代三件,清代二件。在鲁迅收藏的俑中,时代最早的是西汉彩绘陶女侍俑,其他还有各时代的武士俑、女乐俑及石猪、陶马、陶猫头鹰、三彩小鸟等。

通过对俑的研究，可以考证该俑所处时代的生活、服饰及艺术特点等。鲁迅购买俑的目的，一方面是收藏保护文物，一方面是对俑进行研究。1913年2月2日鲁迅从琉璃厂买到河南北邙出土的随葬品五件，非常珍爱。鲁迅自幼白描功底很好，他将所购土偶以白描绘制下来，并在上面写了说明。

铜镜

铜镜，是古代用铜铸造的镜子，是一种生活用具。古代铜镜制作精良，形态美观，通常铸有华丽的图纹与铭文。鲁迅对铜镜也有精到的收藏与研究，可以说是一个行家。

1925年2月9日，鲁迅作《看镜有感》一文，讲述了铜镜的故事与感受。鲁迅在文中通过对自己收藏的铜镜的品评，主张尽量吸收外来文化。文中可看出鲁迅对铜镜艺术有很深入的研究，"因为翻衣箱，翻出几面古铜镜子来，大概是民国初年初到北京时候买在那里的，'情随事迁'，全然忘却，宛如见了隔世的东西了。一面圆径不过二寸，很厚重，背面满刻蒲陶，还有跳跃的鼯鼠，沿边是一圈小飞禽。古董店家都称为'海马葡萄镜'。但我的一面并无海马，其实和名称不相当。记得曾见过别一面，是有海马的，但贵极，没有买。这些都是汉代的镜子；后来也有模造或翻沙者，花纹可造粗拙得多了。汉武通大宛安息，以致天马蒲萄，大概当时是视为盛事的，所以便取作什器的装饰。古时，于外来物品，每加海字，如海榴，海红花，海棠之类。海即现在之所谓洋，海马译成今文，当然就是洋马。镜鼻是一个虾蟆，则因为镜如满月，月中有蟾蜍之故，和汉事不相干了"。鲁迅通过铜镜所表现的艺术图案，高度赞赏汉唐艺术，使用外来的花纹毫不拘束忌讳，"汉人的墓前石兽，多是羊，虎，天禄，辟邪，而长安的昭陵上，却刻着带箭的骏马，还有一匹驼鸟，则办法简直前无古人"。批评现实道："现今在坟墓上不待言，即平常的绘画，可有人敢用一朵洋花一只洋鸟，即私人的印章，可有人肯用一个草书一个俗字么？许多雅人，连记年月也必是甲子，怕用民国纪元。不知道是没有如此大胆的艺术家；还是虽有而民众都加迫害，他于是乎只得萎缩，死掉了？"

关于古镜，鲁迅对它的产生、品种和作用都有详细的介绍，"现在流传的古镜们，出自冢中者居多，原是殉葬品。但我也有一面日用镜，薄而且大，规抚汉制，也许是唐代的东西。那证据是：一，镜鼻已多磨损；二，镜面的沙眼都用别的铜来补好了。当时在妆阁中，曾照唐人的额黄和眉绿，现在却监禁在我的衣箱里，它或者大有今昔之感罢。但铜镜的供用，大约道光咸丰时候还与玻璃镜并行；至于穷乡僻壤，也许至今还用着。我们那里，则除了婚丧仪式之外，全被玻璃镜驱逐了"。"宋镜我没有见过好的，什九并无藻饰，只有店号或'正其衣冠'等类的迂铭词，真是'世风日下'。但是要进步或不退步，总须时时自出新裁，至少也必取材异域，倘若各种顾忌，各种小心，各种唠叨，这么做即违了祖宗，那么做又像了夷狄，终生惴惴如在薄冰上，发抖尚且来不及，怎么会做出好东西来。"鲁迅通过古镜艺术的发展史，提出要"放开度量，大胆地，无畏地，将新文化尽量地吸收"。

鲁迅日记中有多次购买铜镜及铜镜拓片的记录。鲁迅日记载，1914年12月20日："下午至留黎厂买……买古竟一面，一元，四乳有四灵文。"1915年2月28日，"午后往厂甸买十二辰竟一枚，有铭，鼻损，价银二元。又唐端午竟一枚，一元"。1915年3月1日，"夜季自求来，赠鼯鼠蒲桃镜一枚，叶上有小圈，内楷书一'马'字，言得之地摊"。1918年3月25日,"午后往留黎厂买……买青羊竟一枚,日有惪竟一枚",等等。鲁迅还曾购买收藏了数十种古镜拓片,现在北京鲁迅博物馆还存有四十多种。

鲁迅对古代铜镜颇有研究,曾购买过《遯庵古镜存》《古镜图录》等著作,进行专门研究。1918年7月29日,鲁迅收到二弟周作人从绍兴寄来的《吴郡郑蔓镜》拓片二张,即作《吕超墓出土吴郡郑蔓镜考》一文另以考证。吴郡郑蔓镜,郑蔓,汉代吴郡(今江苏省苏州市)人,以铸镜著名,后人造镜多假托其名。此镜在浙江绍兴兰上乡灰灶头村,与《吕超墓志》同时出土。周作人回绍兴省亲时发现此镜,写信给鲁迅,"告言径建初尺四寸四分,质以铅,已裂为九,又失其二,然所阙皆华饰,而文字具在"。并寄拓片二纸。鲁迅收到拓片后,发现"与所传者绝异"。于是参照《古镜图录》《志林》《关中金石记》《山海经》等书籍,并结合自己所藏,对此镜做了详细的考证,写出《吕超墓出土吴郡郑蔓镜考》一文。鲁迅此文,旁征博引,辞藻精练,言必有出处,论必有所据。关于此镜的考证,迄今无超越者。

1923年7月23日鲁迅日记载:"上午以大镜一枚赠历史博物馆。"此镜无购买记录,就像鲁迅的书账一样,他的记账并不是很全的。此"大镜一枚"专家鉴定为明代"湖州镜",1956年鲁迅博物馆建馆时,中国历史博物馆将此镜调拨给鲁迅博物馆,并一直在陈列厅展出。鲁迅的古代铜镜收藏现仅存这一件实物。

古董

古董又称古玩,通常是指历史留存下来的珍贵的古代器物,清代以前曾被称为"骨董",即肉腐而骨存,保存文物精华之意。史学家邓之诚曾著有《骨董琐记》，其内容包括金石、书画、陶瓷、雕漆、织绣、纸墨笔砚等，并泛及国故、逸闻。鲁迅文章中涉及的古董还包括了古代书籍。民国时期，尽管战乱不断，但玩古董的风气却依然很盛行。邓之诚在1917年被蔡元培"网罗众家"请到北京大学做教授，当时北大的名教授中对古董有研究的人很有几位：沈士远、沈尹默、沈兼士兄弟，马裕藻、马衡兄弟，鲁迅、周作人兄弟，还有主张整理国故的胡适等。他们对古董的兴趣是出于对中国文化的保护与研究。鲁迅1912年5月赴教育部任职，主管博物馆、图书馆、美术馆事宜，他对古董的研究爱好派上了用场。在鲁迅的收藏中，也有大量古董。古籍和碑拓是他收藏的主项，此外还有铜镜、古钱、人俑、瓷器等。在筹建历史博物馆时，他还把自藏的明代大铜镜和瓷碗捐赠给历史博物馆。

关于古董，鲁迅讲过一个土财主的故事：

"我也是常常徘徊于雅俗之间的人，此刻的话，很近于大煞风景，但有时却自以为颇'雅'的：间或喜欢看看古董。记得十多年前，在北京认识了一个土财主，不知怎么一来，他也忽然'雅'起来了，买了一个鼎，据说是周鼎，真是土花斑驳，古色古香。而不料过不几天，他竟叫铜匠把它的土花和铜绿擦得一干二净，这才摆在客厅里，闪闪的发着铜光。这样的擦得精光的古铜器，我一生中还没有见过第二个。一切'雅士'，听到的无不大笑，我在当时，也不禁由吃惊而失笑了，但接着就变成肃然，好像得了一种启示。这启示并非'哲学的意蕴'，是觉得这才看见了近于真相的周鼎。鼎在周朝，恰如碗之在现代，我们的碗，无整年不洗之理，所以鼎在当时，一定是干干净净，金光灿烂的，换了术语来说，就是它并不'静穆'，倒有些'热烈'。这一种俗气至今未脱，变化了我衡量古美术的眼光，例如希腊雕刻罢，我总以为它现在之见得'只剩一味醇朴'者，原因之一，是在曾埋土中，或久经风雨，失去了锋棱和光泽的缘故，雕造的当时，一定是崭新，雪白，而且发闪的，所以我们现在所见的希腊之美，其实并不准是当时希腊人之所谓美，我们应该悬想它是一件新东西。"

20世纪初，外国考古学家不断到中国考察，掠夺中国文化遗产，造成中国文物的大量流失。鲁迅痛心地说：他们"很希望中国永是一个大古董以供他们的赏鉴，这虽然可恶，却还不奇，因为他们究竟是外人。而中国竟也有自己还不够，并且要率领了少年，赤子，共成一个大古董以供他们的赏鉴者，则真不知是生着怎样的心肝"。中国人对于古董，往往出于利益而不是保护与研究，造成假古董的泛滥。

"鲁吉"

鲁迅爱好收藏古董，在西安时，鲁迅约上陪同他的张辛南到街上去买"鲁吉"。张辛南是广东顺德人，以为鲁迅要买"卤鸡"，就带着鲁迅到有卤菜铺子的街上去。鲁迅却专门在古董店里问有没有"鲁吉"，终于，在一家古董铺子买到了。原来鲁迅所说的是弩机，是古代射箭的一种兵器，由弓箭发展而来，以黄铜制成，形似手枪，铜绿斑斑，极饶古趣。在西安，鲁迅一共买了五具弩机，足见他对弩机收藏的爱好。现在鲁迅博物馆中还陈列着鲁迅收藏的弩机。鲁迅对弓箭一直饶有兴趣，他在绍兴会馆居住时，墙上就挂着一具篾条弯成的小弓，鲁迅说总是有人夜里在他外面的墙角小便，于是他就从窗缝中用箭去射。估计那箭肯定是伤不到人的，只是起一个警告作用罢了。

藏书之癖

鲁迅的家庭虽然是旧式家庭，但并没有多少藏书。周作人在《鲁迅的青年时代》一书中解释道："因为读书人本来只是名称，一般士人'读书赶考'，目的只是想博得'功名'，好往上爬，所以读的只是四书五经，预备好做八股而已。"鲁迅家祖传的有点价值的书只是一部木板《康熙字典》，石印《古十三经注疏》《文选评注》《唐诗叩弹集》，还有任渭长画的《于越先贤传》和《剑侠像传》。鲁迅十六岁前四书五经就已经读完，离家之前就几乎读过了十三经。求知若渴的鲁迅读了大量的课外书，特别注重古代小说、野史杂说和带有插图的书。他少年时就喜爱收藏带有图画的书，曾购买过《毛诗品物图考》《海仙画谱》《芥子园画传》《天下名山图咏》《古今名人画谱》《海上名人画稿》《点石斋丛画》《诗画舫》，还有木版的《晚笑堂画传》等。旧时书中带有的插图称为"绣像"，鲁迅购买这些图书是出于对美术的热爱。他买书时还有很特别的癖好，就是对书品要求非常高，如果发现有墨污，或是装订歪斜的页子，一定要拿去更换，如果不能退换的，就折价卖给别人，自己再贴钱另买新书。如果是喜爱的书，遇上印刷装帧或色彩更好的，他会另购一册保存，这就是鲁迅日记中常有重出的购书记录的原因。

藏书家

1912年鲁迅到北京后，每次购书都在日记中有记载，每月都有购书的"书账"，这使得研究者得以较全面地洞观鲁迅藏书，从而更进一步走进鲁迅的世界。鲁迅在教育部工作后，有了较好的经济收入,这是他能较从容地购书的原因之一,但是较贵的书鲁迅还是较谨慎地购买。鲁迅初到北京时月收入二百二十元,半年多时间,购书用了一百六十多元,他在年末总结道:"审自五月至年莫,凡八月间而购书百六十余元,然无善本。京师视古籍为骨董,唯大力者能致之耳。今人处世不必读书,而我辈复无购书之力,尚复月掷二十余金,收拾破书数册以自怡说,亦可笑叹人也。"显然,"善本"的价格鲁迅是承受不起的。1920年左右,鲁迅月工资为三百元,在购书方面,每年大约用去五分之一。据统计,至今保存下来的鲁迅藏书有四千多种,一万四千余册。其中中文线装书九百四十六种,七千五百七十九册,中文平装书八百六十六种,一千一百一十二册,中文报刊三百五十三种,二千零六十九册(页),西文书七百七十八种,一千一百八十二册,日文书九百九十五种,一千八百八十九册。从1912年5月至1936年10月间,鲁迅的总收入为124511.995元(甘智钢:《鲁迅日常生活研究》,第43页),而据鲁迅日记的"书账",鲁迅购书款总数为12165.524元,约占鲁迅总收入的十分之一。

鲁迅的藏书范围非常广泛,从现存鲁迅的一万多册藏书中,古今中外,经史子集无不涉猎。他一生创作小说、散文、杂文、诗歌、序跋、校记等文章共计一千余篇,涉及古今中外书籍一万多部(篇),涉及古今中外人物五千多个。从购书、藏书、读书、写书、编书到论书,鲁迅的一生也是一个读书人的一生。从鲁迅文章中和藏书中涉及的一万多种书来看,他的阅读量是相当大的,有些买不起的书,还经常到图书馆去阅读,他的读书范围远超过他的藏书。鲁迅称得上是博览群书的人。鲁迅国学功底非常深厚,精通日语,还能翻译德文作品,他主张青年人多读外国书,少读中国书。这是因为鲁迅希望青年人多学习国外的先进思想,改变国民性。我们从鲁迅对中外名著的评价中可以看出,鲁迅如何把历史与现实巧妙地结合起来，也可以研究鲁迅思想的文化渊源。鲁迅博览群书，所提及的书名我们甚至都闻所未闻，更何况一见，许多古籍版本是今天很难看到的，在国家图书馆想看一下善本，手续繁复，况且不是所有都能看到。

16. 书法

抄书

　　清末时，印刷术仍不够发达，不像现在，什么书都能买得到，于是很少有人去抄书了。读书人有许多书买不到或没钱买，于是抄书。抄书一是解决书的保存问题，把喜欢读的书抄下来就是自己的，可以随时读；二是抄书本身就是一种学习方法，可以使记忆更牢固；三是科举考试制度下书法是一门基本功，字写不好也就别参加考试了。所以，学人抄书成为一种习惯。大量抄书是鲁迅童年时对书法的最好训练，也使他的书法打下了坚实的基础。出生在书香门第的鲁迅，童年就喜欢抄书。他最早抄录过祖父的《恒训》和《桐华阁诗钞》，还手抄了塾师周玉田所作《鉴湖竹枝词》一百首、会稽童钰作《二树山人写梅歌》。这些是现在能看到的鲁迅最早的抄本。鲁迅在三味书屋学习期间，寿镜吾先生也常手抄汉魏六朝古典文学，而鲁迅也喜欢阅读这些书籍，可见鲁迅的抄书也是受塾师影响的。在家里，鲁迅就在他曾祖母卧室的空楼上，南窗下的八仙桌子上抄书。鲁迅的父亲周伯宜自己也不怎么读八股文，孩子放学就任他们去玩，鲁迅对于抄书却是充满了兴趣。最初他喜欢抄《康熙字典》中的古文奇字，从"一"部查起，把上面所列的古文一一抄下来，装订成一册，后来又从《唐诗叩弹集》中抄录百花诗。他的堂房叔祖周玉田是一位秀才，鲁迅从他那里借来许多书看，其中有一部《唐代丛书》，鲁迅从中发现了许多他认为有意思的东西，抄过其中的陆羽《茶经》三卷，陆龟蒙的《耒耜经》《五木经》等。不久鲁迅又凑了两块钱，买来一部共二十四册的小丛书《艺苑捃华》，这是一种从《龙威秘书》等书中杂凑的书。这也是鲁迅后来大抄《说郛》的原因。现存于鲁迅博物馆的鲁迅抄本有两大册《说郛录要》，其中都是关于花木类的谱录，其中有《竹谱》《笋谱》，等等。

在父亲病故后的一两年间，鲁迅购买了大量重要书籍，如《阅微草堂笔记》五种、《酉阳杂俎》全集等，最特别的一部是《二酉堂丛书》。周作人说："鲁迅立意辑录乡土文献，古代史地文字，完全是二酉堂的一派，……《二酉堂丛书》还有一种特色，这便是它的字体，虽然并不依照《说文》来复原，写成楷书的篆字，但也写得很正确，因此有点别扭，例如'武'必定用止戈二字合成，他号'介侯'，第二字也必写作从户从矢。鲁迅刻《会稽郡故书杂集》的时候，多少也用这办法。……"鲁迅对中国字体很有研究，晚年曾想写一部《中国字体变迁史》。鲁迅在北京时期的抄碑，其中有许多篆书，与这期间打下的基础是分不开的。鲁迅后来的抄书方向明确，研究古代小说，更是抄录并辑成了《古小说钩沉》《会稽郡故书杂集》，并以抄本做了很多古籍校勘工作，在古代文学研究方面取得了巨大的成就。如今电脑时代，抄书的人几乎没有了，但抄书仍有不可替代的作用。抄书在某种意义上促使鲁迅成为了伟大人物。

恶拓

金石学上，品相较差的拓片被称为"恶拓"。1914年末，鲁迅购买了大量金石学、古代名家书法集和古代书法碑帖书籍，为系统收藏和研究金石碑帖做准备工作。鲁迅大规模收藏石刻拓片是从1915

年开始的，同时进行研究、考证和校勘。

1915年11月18日，鲁迅作《〈大云寺弥勒重阁碑〉校记》一篇。这篇文章背后还有一段故事：鲁迅有一位好友杨莘耜，曾与鲁迅是浙江两级师范学堂同事，又是教育部同事，因常被派往外地视察教育状况，曾多次为鲁迅代购碑帖、古钱等。有一次他从西安为鲁迅购买了一批拓片，是精拓本，其中有一张是《大云寺弥勒重阁碑》。这碑立于唐代天授三年，在山西猗氏县仁寿寺，碑文历经多年磨损，所以缺失的文字很多。鲁迅得到拓片后，对《山右石刻丛编》进行了勘校。

《山右石刻丛编》这本书，是清胡聘之著。此人是湖北天门竟陵镇人，曾授翰林院编修，1891年出任山西布政使。《山右石刻丛编》为山西省收录最多、著录最详、考证最精的石刻学著作，极具史料价值和学术价值。鲁迅经过与精拓本校勘后，补正了该书二十多处错讹，并指出错误出在胡聘之所据拓本"恶耳"，意思是拓本品相恶劣。

鲁迅除《〈大云寺弥勒重阁碑〉校记》外，还作过《会稽禹庙窆石考》《〈肱墓志〉考》《〈徐法智墓志〉考》《〈郑季宣残碑〉考》《〈吕超墓志铭〉跋》《吕超墓出土郑蔓镜考》等金石考证的文章，由此可以展现他国学工作的成果。鲁迅抄碑时间在1915年至1919年，鲁迅抄写拓片的主要目的并不是练习书法，而是辑录和校勘，所抄内容为两汉至隋唐的石刻拓片，其中包括碑铭、墓志、造像。石刻上的原文按照原文字体摹写，对有损泐之处，据金石学书籍进行校补，之后将多数碑文以工整的小楷辑录宋代以来金石著录及方志上的相关资料，手稿中还有一些用行书作的眉批、夹注和标有"树案"的按语。鲁迅的校勘方法完全是乾嘉学派的"求本证源"之法，他用王昶的《金石萃编》、翁方纲的《两汉金石记》、陆增祥的《八琼室金石补正》、罗振玉的《金石萃编校字记》等金石学著作比对校勘，对拓片进行了订误补缺。其间共辑录和校勘石刻近八百种，现存手稿一千七百多页。鲁迅自从做小说后，将大量时间用于文学革命实绩，这个领域的学问就几乎不做了。如果他坚持做金石研究，那肯定会取得更多成果的。

抄古碑

可以说，老北京成就了由成熟到老道的碑派书法家鲁迅。

鲁迅从1912年至1926年在中华民国教育部供职共十四年。鲁迅于1912年5月5日到北京，10日开始上班。上班第一天的日记鲁迅这样写道："晨九时至下午四时半至教育部视事，枯坐终日，极无聊赖。"鲁迅在《呐喊》自序中也描述了他在绍兴会馆的生活："许多年，我便寓在这屋里钞古碑。客中少有人来，古碑中也遇不到什么问题和主义……"鲁迅抄古碑的原因，开始是出于苦闷、彷徨和寂寞，并以此来逃避现实。他有感于《新生》杂志创刊的失败，说道："凡有一人的主张，得了赞和，是促其前进的，得了反对，是促其奋斗的，独有叫喊于生人中，而生人并无反应，既非赞同，也无反对，如置身毫无边际的荒原，无可措手的了，这是怎样的悲哀呵，我于是以我所感到者为寂寞。……我于是用了种种法，来麻醉自己的灵魂，使我沉入于国民中，使我回到古代去……"1917年起，鲁迅开始大量抄校石刻古碑。他在北京的日记中常有"录碑""夜录碑"的记录，1917年除夕，鲁迅在日记中写道："旧历除夕也，夜独坐录碑，殊无换岁之感。"

翻开鲁迅抄校的石刻古碑，数千页的手稿中楷书、隶书、行书、篆书诸体皆工，一丝不苟。摹写，是鲁迅本来就具有的童子功，又近似于学习书法中的临摹，除开鲁迅的天赋不说，如此大量抄碑，不成书家才怪。鲁迅抄录古碑的目的一是整理中国文化遗产，一是出于对碑文书体的喜爱。鲁迅对中国文字线条的感悟力是超乎常人的。鲁迅抄录古碑的字体多以楷书为主，参以隶书，有些还参照原碑字体原样摹写，其中有金文及篆书，甚至描出残碑的边缘线，残字处以"□"填写。如此大量地抄录古碑对无心做书家的鲁迅来说确是一种书法功力的积累。其如此深厚的功力，如此大量地抄录古人优秀的书法碑拓，如此大量的手稿存世，恐怕从民国至今无第二人。鲁迅的抄碑，不是临帖，而是汇集、校勘和整理，但又有临写倾向。如抄录的《曹全碑》《三体石经尚书残字》等手稿，直可称为供欣赏的书法作品。鲁迅于1915年春，连续摹写二十二天，完成了罗振玉编的《秦汉瓦当文字》，其书其画更是让人叹为观止。鲁迅花大精力去抄碑校碑，购买碑拓，其目的不仅是保护文化遗存和逃离现实，做学问和研究是鲁迅的本来目的。此时的鲁迅并非社会名流，而他所从事的工作、坚实的国学基础和他的出生地绍兴、工作地北京的地域文化等条件自然形成他做学问的优势。从他想编写的几个题目可以看出他研究的偏好——《中国字体变迁史》《汉画像集》《俟堂专文杂集》等，都是偏于美术和书法的角度，但又是以考证严谨为前提的。

抄古书

鲁迅的二弟周作人讲过鲁迅辑录古籍的故事："归国后他就又开始抄书，在这几年中不知共有若干种，只是记得的就有《穆天子传》，《南方草木状》，《岭表录异》，《北户录》，《桂海虞衡志》，程瑶田的《释虫小记》，郝懿行的《燕子春秋》，《蜂衙小记》与《记错海》,还有从《说郛》抄出的多种。其次是辑书。清代辑录古逸书的很不少,鲁迅所最受影响的还是张介侯的《二酉堂丛书》吧。如《凉州记》,段颎阴铿的集,都是乡邦文献的辑集。……他一面翻查古书抄唐以前小说逸文,一面又抄唐以前的越中史地书。"

此时的鲁迅,是他精力最旺盛的时期,时局动荡,政局多变,教育部并无多少工作,长夜孤灯,孑然一身的鲁迅把他自己的精力投入到中国古籍的整理、辑录、勘正、编辑中。辑校古籍,本是鲁迅少年时期的爱好。1909年,他从日本留学回国,1910年开始搜集古代逸书,包括小说佚文和古越丛书。大量的辑抄,为后来汇成《古小说钩沉》和《会稽郡故书杂集》做了充分的准备。由此也积累了丰富的小说史料,才有后来的《中国小说史略》。1911年,他又抄录了古小说七种:《搜神记》《搜神后记》《十州记》《神异经》《异苑》《王子年拾遗记》和《洞冥记》,题集为《小说备校》。后收入唐弢编的《鲁迅全集补遗续编》,手稿收入《鲁迅辑校古籍手稿》。1915年他辑录了《会稽郡故书杂集》,此后的一年多时间,鲁迅抄校了《谢承后汉书》《云谷杂记》《易林》《石屏集》等。后又抄录了《嵇康集》《沈下贤文集》《志林》等。单是《嵇康集》自1913年至1935年鲁迅就校勘有十余次,现存校勘本五种,抄本三种三十卷,校文、考证等手稿七种。鲁迅校勘的《嵇康集》,应是此书最好的版本。现已出版的《鲁迅辑校古籍手稿》计六函四十九卷,是鲁迅古籍整理校勘方面的成果。如今出版业发达,无人再去抄古书了。只可惜今人研究鲁迅的很少注意古籍,研究古籍的很少注意鲁迅,知识结构偏颇也是一种无奈吧。

"打字机"

鲁迅在北京时抄录了大量的古籍及石刻,他抄录的速度是非常快的。1915年7月19日日记记载:"夜写《百专考》一卷毕,二十四叶,约七千字。"鲁迅夜写七千字,可见书写速度之快。张宗祥,号冷僧,是鲁迅在浙江两级师范学堂工作时的同事,1913年也入教育部任职。当时的教育总长傅增湘让他与鲁迅筹办京师图书馆,他一再辞让。但鲁迅对此事极有兴趣,因为在那里能看到很多珍本书籍。鲁迅笑着劝说他:"馆中有十二卷本白棉纸《说郛》,我看是明初抄本,可惜内容不详,你是'打字机',何妨录出大家研究研究。丛书堂本抄本《嵇康集》,我曾经翻阅过,里边涂去原文另加校改处,大抵根据刻本,反失本真,你能够仔仔细细的照原书抄一下,也是我急需的。"鲁迅极喜爱魏晋文学,终于,从1913年10月起,鲁迅将丛书堂本抄本《嵇康集》抄了一部,后来又据他本校勘了十余次。他还从《说郛》中辑录了许多植物学著作。张宗祥写楷书一天能写一万五六千字,《嵇康集》《说郛》残本他都抄录一过,是受了鲁迅的影响的。试想鲁迅的时代,书籍匮乏,没有电脑,他们却能下那样大的功夫研究学问,证本求源。今人能日写几千字的人恐怕已是寥寥无几了吧,更有从网上抄帖者,今人可悲也。

古调独弹

西安有个演地方戏的场所,名叫易俗社,这个场所现在还在。1924年7月,鲁迅与十多位教授应西北大学之邀到西安讲学期间,曾到易俗社听过戏,而且连着去了两个晚上。戏的名字是秦腔《双锦衣》，戏的作者是吕仲南，他与鲁迅、孙伏园都是绍兴的同乡，当时是易俗社的主事，老乡相见，他又很仰慕鲁迅，所以他的招待特别热情。鲁迅认为吕仲南虽为绍兴人，却能编秦腔剧本，又在西北落户，能移风易俗，以教育为本是一件难能可贵的事。那时恰逢易俗社建社十二周年，为表示祝贺，鲁迅亲笔题写了"古调独弹"四个字，做成一块匾额送给易俗社，下面还署上了同行人的名字。讲学结束时，鲁迅与孙伏园各将讲学的酬金五十元捐赠给易俗社，作为举办戏曲改革事业之用。

"古调独弹"这块牌匾，有几个版本，都是后来复制的，因为原件在抗战时已被敌机炸毁。鲁迅晚年曾书写过刘长卿的《听弹琴》诗赠给朋友："泠泠七弦上，静听松风寒。古调虽自爱，今人多不弹。"鲁迅的"古调独弹"便是从此诗变化而来，不过是赋予了新的含义：让戏曲这门古老的艺术更好地发扬光大，为现实服务。

碑记

翻译家曹靖华于1922年从苏联留学回国，在北京大学听过鲁迅讲《中国小说史》的课程，后与鲁迅关系日益密切，成为好友。他的父亲曹植甫是河南卢氏县人，从事教育工作六十余年，饱读诗书，旧学渊博，治学严谨，一丝不苟，因此颇为乡人称道。1934年秋，曹植甫六十五岁寿辰并任教四十周年，他的学生们捐款数百元欲为老先生立碑，公推曹靖华撰写一篇碑文。曹靖华深知鲁迅高妙的作文才华，转请鲁迅撰写，鲁迅于1934年11月29日，将碑文写好，题为《曹植甫先生教泽碑碑文》，后收入《且介亭杂文》，改题为《河南卢氏曹先生教泽碑文》。碑文是以文言写成，词句多为四字，精彩纷呈。毛泽东也曾读过鲁迅这篇精彩的碑文，并对曹靖华说过"卢氏县有位曹植甫先生"。鲁迅撰写的碑文是写在一张稿纸上,每字或标点占一格,手稿中只有一处改动痕迹,文后署"会稽后学鲁迅谨撰"。书体为行书,流畅自然,是鲁迅书法成熟期最常用的字体。现在这块碑石立在卢氏县第二中学校园内,碑上刻的是鲁迅的手迹。

墓记

镰田诚一是日本人,1930年3月到上海内山书店工作,是那里的店员。内山书店的老板内山完造是鲁迅的好友,也是内山书店的常客,镰田诚一到内山书店工作后很快与鲁迅成为忘年交,给鲁迅帮了很多忙,鲁迅也常赠书给他。他在内山书店工作了三年多后因病回国休养,1934年5月17日在日本老家病逝。镰田诚一去世一年后,其兄镰田寿与内山完造商定由内山书店出资建墓,并恳请鲁迅书写碑铭。1935年4月11日鲁迅日记载:"午后镰田寿君来托为诚一书墓石。"4月22日,鲁迅即草拟了底稿。之后,又按照刻石尺寸的要求抄写在宣纸上。手稿共三张,一张是"镰田诚一墓",楷书,带有隶意;一张是"昭和九年五月十七日死亡上海内山书店建之",行楷书,亦带有隶意;一张是有一百二十余字的碑文,共分六行,行楷书,带隶意,是最常用的"鲁迅体",全篇布局章法均匀,字体端庄,一丝不苟,具有金石美感。

1935年底,鲁迅再次誊抄了一次《镰田诚一墓记》,并将它收入《且介亭杂文二集》。现第一稿存上海鲁迅纪念馆;第二稿在1979年4月由镰田诚一的家人捐赠北京鲁迅博物馆;第三稿现存国家图书馆。这几件书法珍品均为国家一级文物。

"金不换"

鲁迅生活的时代,是沿用了两千多年的用毛笔在宣纸上书写的传统即将终结的时代。洋纸与钢笔进入中国,悄悄地取代了已有七千年历史的毛笔与宣纸,毛笔与宣纸渐渐地成为中国书法与中国画独有的写画材料。鲁迅曾自述"我自己是先在私塾里用毛笔,后在学校里用钢笔,后来回到乡下又用毛笔的人"。鲁迅说钢笔"使用的多,原因还是在便当"。在书写工具大变革的20世纪20年代,大部分作家都已换笔,而鲁迅却颇有些自恋地说:"我并无大刀,只有一支笔,名曰'金不换'。"鲁迅很讲究书法美,而毛笔和与之相配的纸张成为他案头必备的常用工具,可见他对毛笔书写的钟爱。于是,鲁迅用毛笔从事他的写作生涯,直到死。

鲁迅在学生时代已使用墨水笔,从北京鲁迅博物馆馆藏鲁迅留日时期的医学笔记中,可以看到鲁迅用墨水笔写的娟秀工整的笔记,鲁迅还曾反对过禁用墨水笔。鲁迅在《准风月谈·禁用和自造》一文中写道:"据报上说,因为铅笔和墨水笔进口之多,有些地方已在禁用,改用毛笔了。……倘若安砚磨墨,展纸舐笔,则即以学生的抄讲义而论,速度恐怕总要比用墨水笔减少三分之一,他只好不抄,或者要教员讲得慢,也就是大家的时间,被白费了三分之一了。所谓'便当',并不是偷懒,是说在同一时间内,可以由此做成较多的事情。这就是节省时间,也就是使一个人的有限的生命,更加有效,而也即等于延长了人的生命。古人说,'非人磨墨墨磨人',就在悲愤人生之消磨于纸笔中,而墨水笔之制成,是正可以弥这缺憾的。"就像鲁迅劝青年多读外国书,少或竟不读中国书。鲁迅自己却饱览中国书(当然也饱览外国书)。民国文人的毛笔遗老们——包括鲁迅——在恋恋不舍地使用毛笔写字作文。鲁迅割掉辫子是引领革命潮流的，而在使用毛笔写字的事情上，就像民国末年仍然拖着辫子的遗老。由于墨水笔的"便当"，作为书写工具的毛笔在民国时期几乎终结了它的使命。

晚清民国虽然出现了墨水笔等新型书写工具，许多文人都已开始使用墨水笔，鲁迅的弟弟周作人在"兄弟失和"后的1924年也开始以墨水笔记日记，但此时期毛笔仍是主流书写工具。鲁迅除在学生时期使用墨水笔外，一直用毛笔写作，直到死前，他留给内山老板的最后墨迹也是用毛笔写就。鲁迅一生所作文章、日记、书信，甚至译文都是用毛笔完成的。鲁迅为什么执着地使用毛笔，据鲁迅好友许寿裳分析："原因不外乎（一）可以不择纸张的好坏；（二）写字'小大由之'，别有风趣吧。"

信札

信札又称尺牍、书札、手札、书信、书简。在电子通信时代之前，信札是人们交往的重要方式。鲁迅在《孔另境编〈当代文人尺牍钞〉序》中曾说："一个人的言行，总有一部分愿意别人知道，或者不妨给别人知道，但有一部分却不然。然而一个人的脾气，又偏爱知道别人不肯给人知道的一部分，于是尺牍就有了出路。这并非等于窥探门缝，意在发人的阴私，实在是因为要知道这人的全般，就是从不经意处，看出这人——社会的一分子的真实。"周作人在《雨天的书·日记与尺牍》也论及尺牍："日记与尺牍是文学中特别有趣味的东西，因为比别的文章更鲜明的表出作者的个性，诗文小说戏曲都是做给第三者看的，所以艺术虽然更加精练，也就多有一点做作的痕迹。信札只是写给第二个人，日记则给自己看的，（写了日记预备将来石印出书的算作例外，）自然是更真实更天然的了。"

鲁迅信札手稿流于民间的实在太少了。据鲁迅日记统计，他写信有五千多通，但手稿大部分散失了。鲁迅逝世后，为编辑《鲁迅全集》，许广平登报征集到八百余通，1949年以后，鲁迅博物馆又征集到五百余通。1978年至1985年，文物出版社据鲁迅博物馆所藏鲁迅信札，出版了《鲁迅手稿全集》影印本，收入鲁迅书信近一千四百通。近年来拍卖市场混乱，很多拍卖公司拍卖鲁迅信札，但多为高仿，未见几件是真品。

现存的鲁迅信札，最早的是1904年8月29日致蒋抑卮的信。最后一通中文信札是1936年10月17日写给曹靖华的信，最后一通信札是鲁迅去世前一天，即1936年10月18日用日文写给内山书店老板内山完造的信。致信最多的是许广平，鲁迅还将他与许广平的通信认真誊抄，结集成《两地书》出版。鲁迅信札内容包括致母亲、兄弟、爱人、友人、学生等。

日记

鲁迅日记是中国现代史上一份宝贵的史料。鲁迅从1896年开始记日记，约至1902年留学日本前止。此段日记已佚。鲁迅随教育部北上北京时又开始重新记日记，时间是1912年5月5日，直至鲁迅去世前一天1936年10月18日，鲁迅记日记从未中断过。中间除1922年的日记因1941年许广平被捕时丢失外，共二十四本日记手稿完整地保存下来，成为中华民族一份重要的文化遗产，全部日记手稿现存鲁迅博物馆。鲁迅日记手稿1921年以前使用的是乌丝栏稿纸，1923年以后使用的是朱丝栏稿纸，中缝鱼尾丝栏处标注页码。每年一本，每本前有封面，后有购书账。

1912年鲁迅三十一岁,他的书法已经非常成熟。从保存下来的鲁迅日记手稿看,鲁迅记日记使用的字体全部为毛笔行书,字若蝇头。鲁迅日记的书法特征:第一是认真,一丝不苟。这也是鲁迅那一代学人的良好习惯。日记书写干净,涂抹潦草之处极少。第二,书如其人,鲁迅日记书写自然流畅,毫不造作。第三,从1912年至1936年去世前,时间跨度有二十四年,除了生病原因外,从未中断过,但字体几乎没有变化。通观全部手稿,犹如一部精心手书的书籍。鲁迅日记手稿是鲁迅行书的经典代表,是所见晚清、民国文化界人士的日记手稿中出类拔萃者。

赏印行家

印章艺术是中国特有的一种艺术形式,它是将中国古老的汉字刻于金石之上,最早起源于春秋战国时期,形制上多为铜质,也有玉质的,如战国时代君王使用的玉玺。明代以后逐渐发展为以石材为原料进行刻制。印章多用篆书,所以又称为篆刻。印面面积一般只有方寸大小,其艺术创作风格却是丰富多彩。诗书画印,是四种最具中国传统美的艺术。一幅完美的中国文人画,是这四个元素的完美结合。印章虽为小道,但它是在方寸间运用中国书法艺术的体现。鲁迅虽不刻印,但他也深谙这门传统艺术,对印章颇有研究。

鲁迅对于篆刻艺术有过人的鉴赏力,从他1916年与周作人撰写的《〈蜕龛印存〉序》一文中就可以看出。此文由周作人起草三百七十余字,鲁迅修改后成四百七十字。一篇短文,精辟地阐述了印章发展的历史,文章指出:"印盖始于周秦,入汉弥盛,所以封物以为验,故其文止于官守名氏。后世喜事,益多其制,向壁刊勒,古法荡然。元吾丘子衍力主汉法,世稍稍景附,乃复见尔雅之风,至于今不绝。夫秦书八体，五曰摹印，施于印玺，汉氏因之。今秦玺希有，而汉印时见一二。审其文字，大都方正勾曲，绸缪凑会，又能体字画之意，有自然之妙；视盘旋圆转，以曲线取胜者，相去益远。又古之印章，执政所持，作信万国，故铸凿之事，必有世守之法度，可为后来准的；铁书之宗汉铜，固非徒以泥古故也。"文章赞赏蜕龛之印"用心出手，并追汉制，神与古会，盖粹然艺术之正宗"。由文章可见，鲁迅熟悉中国印章发展的历史，通晓印章书体发展，他更欣赏汉代印章风格的"自然之妙"。

草书自刻印

汉代印章艺术已颇为发达，有古文、奇字、篆书、隶书、缪篆、鸟虫书等字体，还有刻有动物的肖形印，但基本上是以汉字为主要内容。以其他文字入印的，在中国也是有历史的，比如清朝皇帝的用印中，就刻入了满文。鲁迅曾讲过这样的事：

"我曾在古物陈列所所陈列的古画上看见一颗印文，是几个罗马字母。但那是所谓'我圣祖仁皇帝'的印，是征服了汉族的主人，所以他敢；汉族的奴才是不敢的。便是现在，便是艺术家，可有敢用洋文的印的么？"

中国古代印章多为篆体，隶书、行书、楷书入印的较少。现代印章也有用楷书宋体字的，而以草书入印的却极为罕见。鲁迅曾自刻过一方印章"迅"，这也是他唯一自己刻制的印章。许广平在捐赠鲁迅文物时曾说明这方印章为鲁迅自刻。此方印为草书、白文、青田石。以草书入印在传统印章中是不多见的。这是鲁迅的一个自书字，潇洒飘逸，布局巧妙，刀法娴熟，颇有篆刻家风范。鲁迅忙于写作、翻译，一定无暇从事篆刻创作，但从他的审美能力来说，他出手一定是高水平的。这枚印章现在还保存在北京鲁迅博物馆。

藏印

鲁迅玩印章，那应该算是"资深"。早在1896年前后，鲁迅的叔祖芹侯在上坟的船中为鲁迅刻朱文印章一枚："只有梅花是知己"，还有一方白文印"绿杉野屋"。"绿杉野屋"是鲁迅、周作人、周建人三兄弟的斋号。鲁迅在南京矿路学堂读书时用过"戎马书生"的印章，还曾自取别号"戛剑生"，并刻章两枚："文章误我""戛剑生"。这两枚印章只存于文字中，未见印蜕，印章已不存，在日本读书时又用过"存诚去伪"的印章。鲁迅使用和收藏过的印章现存五十八方，其中原章五十枚，八方只有印鉴。北京鲁迅博物馆存原章四十二方，上海鲁迅纪念馆存原章八方。鲁迅藏印中有友人印"何凝"（朱文篆书）、"萧参"（朱文隶书）、"丰子恺"（白文古文）、"莽原社"（朱文宋体、行书）各一方。其余均为自用章。

鲁迅藏印多为自用印，有名章、藏书章、闲章、鉴赏章等。许多印章都是名家所为，鲁迅的好友陈师曾就是一位篆刻大家。陈师曾为鲁迅刻印六枚。鲁迅在陈师曾去世后的1924年起陆续购买连续出版的《师曾遗墨》共十二集。陈师曾去世后留给世人一部八卷本的《染苍室印存》，代表着他篆刻艺术的成就。著名书画篆刻家齐白石就是在陈师曾的提挈下，变法成名。齐白石称陈师曾为诗、书、画三绝人，而齐白石的篆刻成就也是和陈师曾有着传承关系的。陈师曾篆刻取法于吴昌硕，风格浑古朴茂，大气磅礴。

陈师曾为鲁迅所刻印章有六枚：

1915年6月14日，鲁迅日记载："师曾遗小铜印一枚，文曰'周'。"印文为篆书"周"，铜质，朱文。

1915年9月8日,"陈师曾刻收藏印成,文六,曰'会稽周氏收藏'。"印文为篆书"会稽周氏收藏",青田石章,朱文。边款刻有"江村"二字。

1915年9月29日,鲁迅日记载:"陈师曾为刻名印成。"印文为篆书"周树",寿山石章,白文。

1916年4月26日,鲁迅日记载:"陈师曾赠印一枚,'周树所臧'四字。"印文为篆书"周树所臧",寿山石章,白文。

1916年11月30日,鲁迅日记载:"陈师曾贻印章一方,文曰'俟堂'。"印文为篆书"俟堂",寿山石章,白文。边款刻有"师曾刻"三字。原章现存鲁迅博物馆。

1919年1月4日,鲁迅日记载:"陈师曾为刻一印,文曰'会稽周氏'。"印文为篆书"会稽周氏",寿山石章,白文。

鲁迅还有一些印章是通过陈师曾在琉璃厂同古堂刻的。同古堂,位于西琉璃厂路南,1912年由张樾丞创建。张樾丞（1881—1961）,著名篆刻家,尤擅刻铜。河北新河县南小寨村人。名福荫,以字行。曾为清末皇帝、北洋首脑、民国官僚都治过印,"故宫博物院图书馆章""国立清华大学图书馆藏""北京大学图书馆藏""北京图书馆藏"都出自张樾丞之手。中华人民共和国开国大印也是由张樾丞刻制的。同古堂以制作、出售铜墨盒为主业,兼营古董和治印。同古堂刻铜在当时首屈一指,陈师曾、姚华、张大千等名画家,常在同古堂的墨盒上作画,然后由张樾丞刻制,鲁迅与周作人经常在同古堂刻印。1917年3月29日,鲁迅日记载:"托师曾从同古堂刻木印二枚成,颇佳。"印文为"会稽周氏藏本"和"俟堂石墨",颇为鲁迅赏识,虽为刻木,却如金石。"会稽周氏藏本"为紫檀木章,印文为楷书,朱文,边款刻有"丁巳年二月师曾书属越丞刻"。"俟堂石墨"亦为紫檀木章,印文为楷书,朱文,字间有丝栏相隔,边款刻有"师曾书属越丞刻"。1918年4月11日,"同陈师曾往留黎厂同古堂代季巿刻印,又自购木印五枚,买印石一枚,共六元"。该日在同古堂自购木印五枚为:"随喜""善""伪""翻""完"。木质为花梨木,均为楷书,朱文,乃是鲁迅鉴定、审校碑拓之用。

此外,鲁迅还在同古堂刻过三方青田石印章,一为方形篆书"周",一为椭圆形篆书"周",一为长方形隶书"周氏"。

鲁迅晚年写诗赠友常用的一方印章是西泠印社篆刻家吴德光刻的,印文为篆书"鲁迅",白文,青田石,顶款刻"德光"二字。鲁迅较喜爱这方印,曾在致郑振铎的信中说:"至于印在书上的一方,那是西泠印社中人所刻,比较的好。"之后鲁迅出版的著作版权印花都用的是这方印章。

还有两方印是鲁迅非常赞赏的,就是1933年郑振铎请刘淑度女士为鲁迅刻的印。1933年11月11日,鲁迅在致郑振铎的信中写道:"名印托刘小姐刻,就够好了。居上海久,眼睛也渐渐巿侩化,不辨好坏起来,这里的印人,竟用楷书改成篆体,还说什么汉派浙派,我也就随便刻来应用的。"鲁迅信中的"刘小姐"即刘淑度(1899—1985),著名女篆刻家。名师仪,山东德州人,后定居北京。师从齐白石。她曾为鲁迅、钱玄同、许寿裳、朱自清、郑振铎、谢冰心等名人治印。经郑振铎推荐,鲁迅嘱其镌刻的白文"鲁迅"和朱文"旅隼"两方印章,深得鲁迅珍视,常在书稿及和封面上使用,两方印均为羊脂玉石质。

鲁迅的藏印中有一方金星石印章,是许广平在广州寄给当时在厦门的鲁迅的。1926年12月2日,鲁迅在致许广平信中说:"印章很好,其实这大概就是称为'金星石'的,并不是'玻璃'。我已经写信到上海去买印泥,因为旧有的一盒油太多,印在书上是不合适的。"此枚印章是许广平于11月29日连同毛线背心一件一起寄到厦门的,刻印者不详。鲁迅晚年题赠时也常用到这方印章。印章包含着许广平对鲁迅的爱意。

鲁迅藏印的材质有:寿山石、青田石、羊脂玉、金星石、象牙、牛角、檀木、花梨木、楠木等。从这里也可以看出鲁迅时代刻印材质也是多种多样的。鲁迅印章的字体有篆书、隶书、楷书、行书、草书,可谓精彩纷呈。可见鲁迅在印章艺术追求方面的多样性与创新性。

17. 画事

绣像

绣像，原指用丝线刺绣的佛像或人像。从宋元起小说中有了大量的古代版画插图，以增加读者阅读的趣味，也被称为绣像，意即绣在书中的图像。关于绣像，鲁迅曾作过一篇《连环图画琐谈》列举了绣像的历史："古人'左图右史'，现在只剩下一句话，看不见真相了，宋元小说，有的是每页上图下说，却至今还有存留，就是所谓'出相'；明清以来，有卷头只画书中人物的，称为'绣像'。有画每回故事的，称为'全图'。那目的，大概是在诱引未读者的购读，增加阅读者的兴趣和理解。""但民间另有一种《智灯难字》或《日用杂字》，是一字一像，两相对照，虽可看图，主意却在帮助识字的东西，略加变通，便是现在的《看图识字》。文字较多的是《圣谕像解》，《二十四孝图》等，都是借图画以启蒙，又因中国文字太难，只得用图画来济文字之穷的产物。"鲁迅在三味书屋读书的时候，寿镜吾先生在课堂上读书入神，鲁迅就在下面画画。他用的是一种"荆川纸"，大约一文钱一张，他把纸蒙在《荡寇志》和《西游记》小说的绣像上，把画一个个影描下来，又装订成一大册。不久，他因要用钱，以二百文卖给了一个有钱的同窗。从鲁迅留下的手绘画来看，他的线条功夫十分了得，那是年轻时打下的基础。

影写插图

版画和小说是鲁迅一生的主要成就，而鲁迅真正接触版画和小说大约是在十二岁。1893年秋后，祖父因儿子和亲友子弟参加乡试而贿赂主考官。但事情泄露，被光绪皇帝谕旨判为"斩监候"，俟秋后处决。周家只好变卖家产设法营救，为免株连，送孩子到皇甫庄外婆家避难。鲁迅被寄在大舅父鲁怡堂处。在那里鲁迅被称为"乞食者"而受到很深的刺激。大舅父那里有一部《荡寇志》，是道光年间的木刻原版，开本大，画像生动，像赞用篆隶真草各体分书，十分精美。周作人讲过："鲁迅小时候也随意自画人物，在院子里矮墙上画有尖嘴鸡爪的雷公，荆川纸小册子上也画过'射死八斤'的漫画，这时却真正感到了绘画的兴味，开始细心影写这些绣像，恰巧邻近杂货店里有一种竹纸可以买到，俗名'明公（蜈蚣）纸'，每张一文制钱，现在想起来，大概是毛边纸的一种，一大张六开吧。鲁迅买了这明公纸来，一张张的描写，像赞的字也都照样写下来，除了一些楷书的曾由表兄延孙帮写过几张，此外全数是由他一个人包办的。这个模写本不记得花了多少时光，总数约有一百页吧，一天画一页恐怕是不大够的。我们可以说，鲁迅在皇甫庄的这个时期，他的精神都用在这件工作上，后来订成一册，带回家去，一二年后因为有同学见了喜欢，鲁迅便出让给他了。"在皇甫庄避难约一年的时间，鲁迅看了许多书，画了许多画。

鲁迅在《从百草园到三味书屋》中也自述过影写图画的故事："先生读书入神的时候，于我们是很相宜的。有几个便用纸糊的盔甲套在指甲上做戏。我是画画儿，用一种叫作'荆川纸'的，蒙在小说的绣像上一个个描下来，像习字时候的影写一样。读的书多起来，画的画也多起来；书没有读成，画的成绩却不少了，最成片段的是《荡寇志》和《西游记》的绣像，都有一大本。"

影写画谱

鲁迅从皇甫庄回来后，对图画书的兴趣越发浓厚，买了许多画谱，买不到的就借来影写下来。买到收藏的画谱有石印的《芥子园画传》四集、《天下名山图咏》《古今名人画谱》《海上名人画稿》《点石斋丛画》《诗画舫》，还有木版的《晚笑堂画传》等。他还从族兄寿颐处以二百文购得木版大本翻刻的《花镜》。后经鲁迅多次批校，分订为三册。还有一本木刻的书，叫作《海仙画谱》，又称《十八描法》，日本小田海仙作。鲁迅兄弟都非常喜欢，于是兄弟三人合出一百五十文购买了下来。这本书后来给了三弟周建人，鲁迅自己又另买了一本收藏，现在还藏于鲁迅博物馆。

周作人在《鲁迅的青年时代》中回忆："这里边最记得清楚的是马镜江的两卷《诗中画》，他描写诗词中的景物，是山水画而带点小人物，描起来要难得多了。但是鲁迅却耐心的全部写完，照样订成两册，那时看过的印象觉得与原本所差无几，只是墨描与印刷的不同罢了。第二种书，这不是说次序，只是就记忆来说，乃是王冶梅的一册画谱。王冶梅所画的有梅花石头等好些种，这一册是写意人物，画得很有点别致。这里又分上下二部，上部题名《三十六赏心乐事》，图样至今还觉得很熟悉，只是列举不出了，记得有一幅画堂上一人督率小童在开酒坛，柴门外站着两个客人，题曰《开瓮忽逢陶谢》，又一幅题曰《好鸟枝头自赏》。在多少年之后我见到一部日本刻本，这《赏心乐事》尚有续与三续，鲁迅所写的大概是初版本，所以只有三十六事，作为上卷，都是直幅，下卷则是横幅，性质很杂,没有什么系统。所画都是人物,而简略得很,可以说是一种漫画,上卷则无讽刺意味,下卷中有一幅画作乞丐手牵一狗,狗口衔一瓢向人乞钱,题词首一名云'丐亦世之达人乎',惜下文都忘记了。第三种所画又是很有点特殊的,这既非绣像,也不是什么画谱,乃是一卷王磐的《野菜谱》,原来附刻在徐光启的《农政全书》的末尾的。《野菜谱》原是讲'荒政'的书,即是说遇到荒年,食粮不够,有些野菜可以采取充饥,这一类书刻本难得见,只有《野菜谱》因为附刻关系,所以流传较广。这书还有一样特色,它的品种虽是收得比较少些,但是编得很有意思,在第一幅植物图上都题有一首赞,似歌似谣,虽或有点牵强,大都能自圆其说。鲁迅影写这一卷书,我想喜欢这题词大概是一部分原因,不过原本并非借自他人,乃是家中所有,皮纸大本,是《农政全书》的末一册,全书没有了,只剩此一册残本,存在大书橱的乱书堆中,依理来说,自家的书可以不必再抄了,但是鲁迅却也影写了一遍,这是什么缘故呢?据我的推测,这未必有什么大的理由,实在是对于《野菜谱》特别的喜欢,所以要描写出来,比附载在书末的更便于赏玩罢了。"

北斋与广重

浮世绘,亦称为锦绘,即日本以风俗画为题材的版画,产生于日本江户时代(公元1603—1867年间,也称德川幕府时代)。其画风影响从亚洲到欧洲各地,具有很高的艺术价值。鲁迅很喜爱浮世绘,购藏《浮世绘大成》《日本木版浮世绘大鉴》等多种浮世绘画册。曾在致日本友人山本初枝的信中说:"关于日本的浮世绘师,我年轻时喜欢北斋,现在则是广重,其次是歌麿。"并认为英国画家比亚兹莱也是受浮世绘的影响:"毕亚兹莱是'为艺术的艺术'派,他的画极受日本的'浮世绘'(Ukiyoe)的影响。浮世绘虽是民间艺术，但所画的多是妓女和戏子，胖胖的身体，斜视的眼睛——Erotic（色情）眼睛。不过毕亚兹莱画的人物却瘦瘦的，那是因为他是颓废派(Decadence)的缘故。"

周作人回忆：在仙台居住期间"……日本旧画谱他也有点喜欢，那时浮绘出版的风气未开，只有审美书院的几种，价目贵得出奇，他只好找吉川弘文馆旧版新印的书买，主要是自称'画狂老人'的那葛饰北斋的画谱，平均每册五十钱，陆续买了好些，可是顶有名的《北斋漫画》一部十五册，价七元半，也就买不起了。北斋的人物画，在光绪中上海出版的《古今名人画谱》（石印四册）中曾收有几幅，不过署名没有，所以无人知悉，只觉得有点画得奇怪罢了。"葛饰北斋是日本浮世绘名家，他在木刻中又加入了西洋画法，更有现代气息。但因穷学生买不起名贵的原版，鲁迅只买过几册嵩山堂木刻的新印本。

设计封面

鲁迅一生爱美术，常常亲手设计封面。他曾经设计过六十多个封面，在中国书籍装帧史上，留有大名。1923年，北京大学建校二十五周年，《北大歌谣周刊》准备出版增刊，由常惠出面请鲁迅为之设计一个封面。常惠找到鲁迅说："增刊的头篇收集的都是关于月亮的歌谣。"过了几天，鲁迅就交给他一张封面画，画的有月，有云，有星星，但没有写字。鲁迅说："让尹默给题字，他的字方方正正，刻出来好看。"常惠又问："封面画用什么颜色？"鲁迅笑着说："雨过天晴云破处，这般颜色做将来。"这句诗是有典故的，传说后周柴世宗曾御定御窑瓷器的颜色为天青色，吟出这句诗来。鲁迅不直接说出封面的颜色，用一个典故表达了他的风趣。鲁迅设计的《歌谣纪念增刊》封面，有一弯新月挂在夜空，伴有星星，周围是彩云围绕，右下角由沈尹默题写了刊名及日期，左上角写了一首关于月亮的歌谣。这封面成为鲁迅设计封面中的一个经典。

买画

画家司徒乔是广东开平人，1924年来到北京时，年仅二十二岁。鲁迅说他："那时是在北京，知道他不管功课，不寻导师，以他自己的力，终日在画古庙，土山，破屋，穷人，乞丐……"1926年6月，他在中央公园（现为中山公园）水榭举办了一个画展。展览的第二天，鲁迅去参观，当即买下了两幅画，一幅是《五个警察和一个O》，画中表现了一个孕妇在施粥处领着一个三四岁的孩子，因讨了两碗粥遭到五个警察的毒打。另一幅是水彩画《馒店门前》，画着在初冬的早晨，一个半裸瘦削的老人，看着馒头店刚出笼的热气腾腾的馒头，忍着饥饿向胡同深处走去。两幅画是十八元，鲁迅拿出二十元，守画摊的人说："我找不出，我没钱，画家又不在。"鲁迅说："不用找了，这张画是不止这个价钱的。"鲁迅回家后，一直把《五个警察和一个O》这幅画挂在书桌前。1928年2月，司徒乔在上海鲁迅家中拜访了鲁迅，并为鲁迅画了一张素描像，他想着力表现鲁迅"既锐利又和蔼的目光，那既坚强又愉悦的神态"。这幅素描像至今保存在北京鲁迅博物馆，那眼神的确很具冲击力。后来，司徒乔要为鲁迅画一张油画，但没能画成，鲁迅就去世了。在为鲁迅送葬时，他赶到上海胶州路万国殡仪馆用竹笔为鲁迅画了三张遗容并记道："鲁迅先生盖棺前五分钟司徒乔作"。后来他还据鲁迅小说创作了《一件小事》《鲁迅和闰土》等作品，可见他对鲁迅的崇敬。

厦大办展

鲁迅喜爱美术，在北京时就参观过各种画展，在教育部工作时，因公务也参加过办展览会的工作，对于办展，鲁迅是有很多经验的。在厦门大学时，因厦门大学召开国学研究院成立会，同时陈列了鲁迅收集的石刻拓片，大多数是六朝隋唐造像。但在布展时，让鲁迅很是愤怒，他写信向许广平诉苦："当开会之前，兼士要我的碑碣拓片去陈列，我答应了。但我只有一张小书桌和小方桌，不够用，只得摊在地上，伏着，一一选出。及至拿到会场去时，则除孙伏园自告奋勇，同去陈列之外，没有第二人帮忙，寻校役也寻不到，于是只得二人陈列，高处则须桌上放一椅子，由我站上去。弄至中途，白果又硬将孙伏园叫去了，因为他是'襄理'（玉堂的），有叫孙伏园去之权力。兼士看不过去，便自来帮我，他已喝了一点酒，这回跳上跳下，晚上就大吐了一通。"

童话

有个青年木刻家名叫曹白，他十八岁那年，在国立杭州艺术学校学习。有一天糊里糊涂地被抓到拘留所，在拷问时才知道，是为了刻木刻。原本要判坐五年牢，但法官出于"仁慈"，判他二年六个月。法官以法律的第七千七百七十七条的优待条例，宣判被告："年幼无知，误入歧途，不无可悯，减处有期徒刑二年六月。"

曹白与鲁迅相识，是在第一次全国木刻联合会举办的展览会。他刻了两幅作品《鲁迅像》和《鲁迅遇见祥林嫂》。展览会开幕的第一天，他就去看展，发现只展出了《鲁迅遇见祥林嫂》一幅。于是他就去问展览会的主持者，答复是那张《鲁迅像》不能展。后来他将那张木刻寄给了鲁迅，只隔了三天，他便收到了鲁迅的回信。鲁迅在信中指出他的作品技术上的不足，并说："但我要保存这一幅画，一者是因为是遭过艰难的青年的作品，二是因为留着党老爷的蹄痕，三则由此也纪念一点现在的黑暗和挣扎。"此后，他们通信不断。有一天夜里，曹白把他在狱中的经历写了一篇《坐牢记略》，交给了鲁迅。鲁迅据这篇文章写了一篇杂文《写于深夜里》，文中将曹白坐牢的事写成了二则童话故事：

一个童话："有一天的早晨，许多军警围住了一个美术学校。校里有几个中装和西装的人在跳着，翻着，寻找着，跟随他们的也是警察，一律拿着手枪。不多久，一位西装朋友就在寄宿舍里抓住了一个十八岁的学生的肩头。

'现在政府派我们到你们这里来检查，请你……'
'你查罢！'那青年立刻从床底下拖出自己的柳条箱来。

这里的青年是积多年的经验，已颇聪明了的，什么也不敢有。但那学生究竟只有十八岁，终于被在抽屉里，搜出几封信来了，也许是因为那些信里面说到他的母亲的困苦而死，一时不忍烧掉罢。西装朋友便子子细细的一字一字的读着，当读到'……世界是一台吃人的筵席，你的母亲被吃去了，天下无数无数的母亲也会被吃去的……'的时候，就把眉头一扬，摸出一枝铅笔来，在那些字上打着曲线，问道：'这是怎么讲的？'

'………………'

'谁吃你的母亲？世上有人吃人的事情吗？我们吃你的母亲？好！'他凸出眼珠，好像要化为枪弹，打了过去的样子。

'那里！……这……那里！……这……'青年发急了。

但他并不把眼珠射出去，只将信一折，塞在衣袋里；又把那学

生的木版,木刻刀和拓片,《铁流》,《静静的顿河》,剪贴的报,都放在一处,对一个警察说:'我把这些交给你!'

'这些东西里有什么呢,你拿去?'青年知道这并不是好事情。

但西装朋友只向他瞥了一眼,立刻顺手一指,对别一个警察命令道:

'我把这个交给你!'

警察的一跳好像老虎,一把抓住了这青年的背脊上的衣服,提出寄宿舍的大门口去了。门外还有两个年纪相仿的学生,背脊上都有一只勇壮巨大的手在抓着。旁边围着一大层教员和学生。"

又是一个童话:"有一天的早晨的二十一天之后,拘留所里开审了。一间阴暗的小屋子里,上面坐着两位老爷,一东一西。东边的一个是马褂,西边的一个是西装,不相信世上有人吃人的事情的乐天派,录口供的。警察吆喝着连抓带拖的弄进一个十八岁的学生来,苍白脸,脏衣服,站在下面。马褂问过他的姓名,年龄,籍贯之后,就又问道:

'你是木刻研究会的会员么?'

'是的。'

'谁是会长呢?'

'Ch……正的,H……副的。'

'他们现在在那里?'

'他们都被学校开除了,我不晓得。'

'你为什么要鼓动风潮呢,在学校里?'

'阿!……'青年只惊叫了一声。

'哼。'马褂随手拿出一张木刻的肖像来给他看,'这是你刻的吗?'

'是的。'

'刻的是谁呢？'

'是一个文学家。'

'他叫什么名字？'

'他叫卢那却尔斯基。'

'他是文学家？——他是那一国人？'

'我不知道！'这青年想逃命，说谎了。

'不知道？你不要骗我！这不是露西亚人吗？这不是明明白白的露西亚红军军官吗？我在露西亚的革命史上亲眼看见他的照片的呀！你还想赖？'

'那里！'青年好像头上受到了铁椎的一击，绝望的叫了一声。

'这是应该的，你是普罗艺术家，刻起来自然要刻红军军官呀！'

'那里……这完全不是……'

'不要强辩了，你总是执迷不悟！我们很知道你在拘留所里的生活很苦。但你得从实说来，好使我们早些把你送给法院判决。——监狱里的生活比这里好得多。'

青年不说话——他十分明白了说和不说一样。

'你说，'马褂又冷笑了一声，'你是 CP，还是 CY？'

'都不是的。这些我什么也不懂！'

'红军军官会刻，CP，CY 就不懂了？人这么小，却这样的刁顽！去！'于是一只手顺势向前一摆，一个警察很聪明而熟练的提着那青年就走了。"

鲁迅讲的这个故事是在 1932 年。

汉堡嘉夫人

鲁迅的日记中有一位汉堡嘉夫人（Mrs. Hemburger），是个德国人，在上海静安寺路（今南京西路）设立瀛寰图书公司。鲁迅曾支持她筹办德国版画展。1931年6月的一个晚上，冯雪峰与汉堡嘉夫人拜访鲁迅，并谈起办一个德国版画展览的事。鲁迅收藏了许多德国版画，展品就从鲁迅收藏的德国版画中选择，鲁迅还把自己编印的《梅斐尔德木刻士敏土之图》赠给了她。德国版画展的筹备就此开始，定于12月7日开展。但因珂勒惠支铜板画《农民图》等尺寸超过二尺，一时找不到合适的镜框。为此事，鲁迅专门写了篇文章《介绍德国作家版画展》，发表在《文艺新闻》上。文章介绍了中国和欧洲版画的历史，并介绍本次展览都是原作，"闻共有百余幅之多，大者至二三尺，且都有作者亲笔的署名，和翻印的画片，简直有天渊之别，是很值得美术学生和爱好美术者的研究的"。特别推荐"例如亚尔启本珂（Archipenko），珂珂式加（O. Kokoschka），法宁该尔（L. Feininger），沛息斯坦因（M. Pechstein），都是只要知道一点现代艺术的人，就很熟识的人物。此外还有当表现派文学运动之际，和文学家一同协力的霍夫曼（L. von Hofmann），梅特那（L. Meidner）的作品。至于新的战斗的作家如珂勒惠支夫人（K. Kollwitz），格罗斯（G. Grosz），梅斐尔德（C. Meffert），那是连留心文学的人也就知道，更可以无须多说的了"。

因为展览的延期，鲁迅又写了《德国作家版画展延期举行真像》向大众说明："此次版画展览会，原定于本月七日举行，闻搜集原版画片，颇为不少，大抵大至尺余，如格罗斯所作石版《席勒剧本〈群盗〉警句图》十张，珂勒惠支夫人所作铜板画《农民图》七张,则大至二尺以上,因此镜框遂成问题。有志于美术的人,既无力购置,而一时又难以另法备办,现筹备人方四出向朋友商借,一俟借妥,即可开会展览。"又介绍"又闻俄国木刻名家毕斯凯莱夫(N. Piskarev)有《铁流图》四小幅,自在严寒中印成,赠与小说《铁流》之中国译者,昨已由译者寄回上海,是为在东亚唯一之原版画,传闻三闲书屋为之制版印行。并拟先在展览会陈列,以供爱好美术者之赏鉴"。鲁迅为了展览举办四处去借镜框,终于搞到四十多个框子,展览会于1932年6月4日成功举办,这是鲁迅与汉堡嘉夫人合作的成果。

木刻萌芽

1931年8月17日鲁迅请到日本木刻老师内山嘉吉为青年艺徒讲授木刻技术,鲁迅自当翻译。这件事被视为中国新兴木刻的开端。内山嘉吉是内山完造的弟弟,这一年内山嘉吉到上海度暑假,住在内山完造的书店里。内山嘉吉回忆:"大约是在八月十二三日早晨,为了回答嫂嫂的希望——版画到底是怎样刻制的呢?我就使用刀具和木板当场做了表演。"当时恰好鲁迅看到,提出希望能给中国学生们讲习版画技术,像教孩子们一样,从最初入门的开始。内山嘉吉被鲁迅的"热望所感动",便接受邀请。鲁迅通过冯雪峰通知"美联",要为青年美术工作者举办一个"木刻讲习会",并拟定参加学习班的人员,计"一八艺社"社员六人,"上海美专"、中华艺大的学生各三人,"白鹅画会"的学生一人参加,共十三人。"木刻讲习会"的地点设在长春路(北四川路底)面东的一幢三层楼的日语学校里,是由鲁迅向该校校长郑伯奇借用的。讲习时间从8月17日起,每日早九时至十一时,至二十二日结束,共六天。讲授内容

"主要是木刻技法方面的知识,如工具的种类和它们的功用,如何打稿和刻印的各种方法"。鲁迅"不顾盛夏炎热的天气,在蒸笼似的屋子里",亲自担任翻译;还"每天提着一包版画书籍和版画图片到讲习会来,给学员们传阅,借以扩大他们的眼界"。其间,鲁迅亲自授课三次,第一讲讲日本的浮世绘版画和现代版画;第二讲讲英国版画;第三讲讲德国女版画家珂勒惠支的《农民战争》铜版组画。讲习班结束后还举办了一次观摩会,展示了学员的作品。

"木刻讲习会"结束那天,鲁迅同内山嘉吉和全体学员照相留念。这是中国现代版画史上一张著名的照片,照片上一共十五人,除鲁迅与内山嘉吉外,学生十三人。照片自左至右依次是:钟步清、邓启凡、苗勃然、乐以钧、黄山定、顾洪干、李岫石、郑川谷、胡仲民、江丰、鲁迅、陈铁耕、内山嘉吉、倪焕之、陈广。在鲁迅的积极倡导下,中国木刻的萌芽由此发端。

贵重的礼物

内山嘉吉为青年讲授木刻技法,鲁迅全程陪伴,并担任翻译,一半是内山在讲,一半是鲁迅在讲。为了答谢内山嘉吉,鲁迅以贵重的礼物相赠。鲁迅在1931年8月20日的日记中写道:"上午作翻译。午后以 Käthe Kollwitz 之《Weberaufstand》六枚赠内山嘉吉君,酬其教授木刻术。"鲁迅送给内山嘉吉的六幅画是凯绥·珂勒惠支的版画《织工起义》。内山嘉吉感动万分,他在《鲁迅与木刻》一书中写道:"讲习会第四天的下午,鲁迅先生来到家兄的书店,给我送来非常珍贵的礼物———德国著名版画家凯绥·珂勒惠支的版画。一幅铜版画和六幅一套的石版画《织匠》(织工起义),这是每一幅上都有珂勒惠支铅笔签名的难得的佳品。可能是鲁迅先生亲自加上衬纸，并在另纸上加上画题，还在上面签上鲁迅的名字和赠予我的姓名。这一定是鲁迅先生非常珍爱的收藏品，当时在日本恐怕也没有第二份。欣喜之余，不禁又感到慌悚。"讲习班结束那天是8月22日，晚上，鲁迅参加了内山完造在新半斋的宴请，庆祝他的弟弟嘉吉与片山松藻女士结婚，同席有四十多人。内山嘉吉夫妇归国时，鲁迅又手书了欧阳炯《南乡子》词一幅赠给了内山松藻，以表纪念。

抱病观展

第二回全国木刻流动展览会于1936年7月5日在广州首展，展出中国现代版画作品一百余件，还有中国古代木刻和民间年画等。全部作品共五百九十件。8月又在绍兴、杭州展出。10月2日在上海展出，展出会场在上海上八仙桥青年会，展出现代中国版画作品四百余件，共展出一周，至10月8日结束。8日下午，鲁迅抱病参观了第二回全国木刻流动展览会，并和青年木刻家座谈。他对青年木刻家们说："刻木刻最要紧的是素描基础打得好！作者必要天天到外面或室内练习速写才有进步，到外面去速写，是最有益的，不拘什么题材，碰见就写，写到对方一变动了原来的姿态时就停笔。现代中国木刻家，大多数对于人物的素描基础是不够的，这样，很容易看得出来，以后希望各作者多努力于这一方面。又若作者的社会阅历不深，观察不够，那也是无法创造出伟大的艺术品来的。又艺术应该真实，作者故意把对象歪曲，是不应该的。故对于任何事物，必要观察准确，透彻，才好下笔，农民是纯厚的，假若偏要把他们涂上满面血污，那是矫揉造作，与事实不符。"这番话《鲁迅全集》中没有，是陈烟桥记录下来的。那天在场的青年木刻家有陈烟桥、黄新波、林夫、白危等。

力群先生也是鲁迅亲自培养的版画家，2011 年鲁迅博物馆与浙江美术馆合办"鲁迅的面容"展览时，我们到他家去访问，他谈到了木刻展览会照片的事，他特别遗憾地说："那天其实我也在场，只是忙于其他事，没有参加拍照，成为我一生的遗憾。"可惜力群先生 2012 年也去世了。

参展作品在上海展出后，又在南通、南昌、开封、太原、南宁等十几个城市展出。十天后，鲁迅离世。

评画

1936 年 10 月 8 日是全国木刻流动展览会展出的最后一天，鲁迅拖着病体参观了展览。青年版画家们簇拥着鲁迅观看展览，希望听到他的批评。当看到大约一半的时候，中间有个批评簿，鲁迅坐下来休息并翻看批评簿。上面有许多观众的留言，有的是很高洁的批评如"艺术之光""力的艺术"等，鲁迅声音低缓地说："这是'匾'。"青年们轰地笑了，但鲁迅却不笑。还有的写着这展览会最好开到贫民窟，或受灾的地方，或穷乡僻壤，或到东北去，等等，很是义正词严。鲁迅却说："这些都是不会做事的呆鸟。"大家又笑了，而鲁迅却仍然不笑。他说："先前我开了一个版画展览会，不知费去几多的周折，才开得成功的。但结果还是把珂勒惠支的《农民战争》挂开，瞒住那些老爷的狗眼。"大家又会意地笑了，然而鲁迅仍不笑。鲁迅的批评一向是切入实际的，对那些如"匾"式的吹捧，以及不切实际的左倾或右倾的观点，从来是不赞同的。

广东籍木刻家

鲁迅培养的青年版画家，多数来自广东，如李桦、陈铁耕、陈烟桥、罗清桢、何白涛、钟步清、张慧、张望、赖少其、黄新波、唐英伟、温涛、胡其藻、刘仑，等等。白危是广东籍作家，曾编译过《木刻创作法》，鲁迅为之作序。在第二回全国木刻流动展览会后，他记录了鲁迅参观展览会的情况。当鲁迅看到李桦的八十八幅连环画《黎明》的时候，叹道："真是洋洋大观！""我以为连环画是无须乎这么多的，最好是二三十幅。短小精悍往往比长篇大著有力。作者应该注意到读者。并非多生产就是杰作，多生产的结果往往倒是滥产，徒然耗费精力。作家应该宝贵自己的精力和时间。"还说："刻人物要刻的像中国人，不必过于夸张。艺术是需要夸张的，但夸张透了，反变成空虚。"鲁迅又眯起眼睛指着李桦的连环画说："真是奇怪得很，怎么他刻的人物通通都是额门这么低的么？"然后他回头看看这些广东籍的青年，哈哈大笑起来。鲁迅喜爱青年，看他们相处得多么融洽。这些木刻青年后来都成长为优秀的木刻家。

绘画功夫

鲁迅的绘画功夫是在少年时练就的。在文献中提到鲁迅最早的绘画应是周作人描述的"在院子里矮墙上画有尖嘴鸡爪的雷公，荆川纸小册子上也画过'射死八斤'的漫画"。周建人也讲过鲁迅绘画的故事："鲁迅先生小时又喜欢描画，画的多数是人物，从各种书上映画出来，后来钉成本子。用的纸多是荆川纸，光，薄，透明。笔老是用北狼毫或'金不换'，都是狼（黄鼠狼）毛做的小形的水笔。

这种笔鲁迅先生差不多用了一世，我记不起看见他用过别种笔。""他有一次给我画了一个扇面，是一块石头，旁生天荷叶（俗称，书上称虎耳草），有一只蜒蚰螺（俗称，即蜗牛）在石头上爬。并有些杂草，纯用墨画的。"

在陆师学堂学习期间，鲁迅学的课本有《金石识别》，而地质学用的却是抄本，因为《地学浅说》刻本不易得，他用旧日影写画谱的本领，非常精密地照抄了一部。

鲁迅1904年至1906年在日本仙台医专学医，记下了很多册医学笔记，鲁迅曾在《藤野先生》一文中说医学笔记"不幸七年前迁居的时候，中途毁坏了一口书箱，失去半箱书，恰巧这讲义也遗失在内了"。20世纪50年代，六册医学笔记在绍兴被找到并送交许广平，1956年许广平又将它们捐赠给北京鲁迅博物馆。鲁迅的医学笔记有许多手绘的解剖图，那精美的线条中透露出鲁迅的造型基本功是很厉害的。

鲁迅遗存的手稿中，有很多他随手绘制的小画。1927年鲁迅在《〈朝花夕拾〉后记》中手绘一幅生动的"活无常"。这是据鲁迅小时候看过的社戏中的形象绘制的，身穿哀悼死者的服装，脚穿草鞋，头戴高帽，腰间束着草绳，颈项上挂着纸钱，左手拿着追命锁，右手执一把破葵扇，腿上稀稀拉拉地长着长毛。口中还振振有词地唱道："哪怕你，铜墙铁壁！"形象惟妙惟肖。画中的活无常造型生动，线条准确，充满着浓郁的生活气息。在鲁迅与日本友人增田涉师弟答问录中，也可以看到鲁迅手绘的很多图解说明。由鲁迅设计装帧的书刊，如《桃色的云》《心的探险》等，都有大量鲁迅手绘的图案。为从事书刊封面设计，他还专门临绘过许多装饰图案。他的绘画元素有的采用汉画像中的图案，有的采用中国传统图案，还有的采用外国美术设计图案。从鲁迅幼时的美术修养到他后来从事的倡导版画事业，都能体现鲁迅在绘画上面的深厚功底。

"四大发明"

中国四大发明的提法，最早是由英国汉学家李约瑟博士在他的《中国科学技术史》中提出的，指的是造纸术、指南针、火药、活字印刷术。这一提法，产生在20世纪50年代。然而鲁迅早在1929年就曾有过中国古代四大发明的提法："中国古人所发明，而现在用以做爆竹和看风水的火药和指南针，传到欧洲，他们就应用在枪炮和航海上，给本师吃了许多亏。还有一件小公案，因为没有害，倒几乎忘却了。那便是木刻。虽然还没有十分的确证，但欧洲的木刻，已经很有几个人都说是从中国学去的，其时是十四世纪初，即一三二〇年顷。那先驱者，大约是印着极粗的木版图画的纸牌；这类纸牌，我们至今在乡下还可看见。然而这博徒的道具，却走进欧洲大陆，成了他们文明的利器的印刷术的祖师了。"(《〈近代木刻选集〉（1）小引》)鲁迅在文中提到了火药、指南针、印刷术与木刻，唯独没有提到造纸。鲁迅所说的1320年应是南宋末年，而造纸术一般认为起源于汉代，应有两千多年的历史了。所以李约瑟归纳的四大发明应更为古老，更为科学，但是可以见出鲁迅对中国木刻有着深入的研究与浓厚的兴趣。

18. 书事

《山海经》

鲁迅在随周玉田读书时,周玉田对他讲:"曾经有过一部绘图的《山海经》,画着人面的兽,九头的蛇,三脚的鸟,生着翅膀的人,没有头而以两乳当作眼睛的怪物,……可惜现在不知道放在哪里了。"鲁迅听后念念不忘,总想得到这本书。有一天,他的保姆长妈妈给他带了一包书,说:"哥儿,有画儿的'三哼经',我给你买来了!"鲁迅惊喜万分:"我似乎遇着了一个霹雳,全体都震悚起来;赶紧去接过来,打开纸包,是四本小小的书,略略一翻,人面的兽,九头的,……果然都在内。""这四本书,乃是我最初得到,最为心爱的宝书。"鲁迅形容这套最初得到的《山海经》的版本"是一部刻印都十分粗拙的本子。纸张很黄;图像也很坏,甚至于几乎全用直线凑合,连动物的眼睛也都是长方形的。但那是我最为心爱的宝书,看起来,确是人面的兽;九头的蛇;一脚的牛;袋子似的帝江;没有头而'以乳为目,以脐为口',还要'执干戚而舞'的刑天"。这书后来遗失了。1916 年 12 月和 1926 年 10 月鲁迅在北京琉璃厂又分别买到两种不同版本的《山海经》。1918 年,鲁迅作《吕超墓出土吴郡郑蔓镜考》一文,文中引用了《山海经·海外北经》中"禺彊"的故事:"禺彊者,《山海经》云:'北方禺彊,人面鸟身。'郭注:'字玄冥,水神也。'竟之为物,仪形曜灵,月为水精,故刻禺彊。禺字上有羡画，他竟或讹成萬。"由此可见，鲁迅对《山海经》曾有过深入的解读和勘正。1925 年，鲁迅在《春末闲谈》一文中以《山海经》上的一幅画"刑天"举例，"古人毕竟聪明，仿佛早就想到过这样的东西，《山海经》上就记载着一种名叫'刑天'的怪物。他没有了能想的头，却还活着，'以乳为目，以脐为口'，——这一点想得很周到，否则他怎么看，怎么吃呢，——实在是很值得奉为师法的"。并引用陶潜的诗："刑天舞干戚，猛志固常在。""可见无头也会仍有猛志，阔人的天下一时总怕难得太平的了。"

影写孤本

鲁迅读书很杂，抄书也勤。鲁迅日记载：1918 年 1 月 15 日，"夜景写《曲成图谱》毕，共卅二叶"。《曲成图谱》，杂技类图书，一册。钱塘夏鸾翔造。周作人《书房一角·看书余记》中对此书有详细的描述："偶从纸裹中找出俟堂抄本《曲成图谱》一册，题钱唐夏鸾翔造，无序跋，本文六十五页半，首为图板，以后每半页列二图式，共一百二十八种，图名两两相对，唯其中方背椅之对方无图，当系原缺也。此盖是七巧图之流亚，图板增至十三，凡大小三角四对，大小牙璋形二对，方一，排成各图，较七巧更复杂，而善用不等边形相，故仍具大方之气度。"此文写于 1939 年 5 月 23 日。文后还有一段 6 月 3 日补记，记述了本书作者及鲁迅所据抄本的来历："鸾翔字紫笙，通畴人术业，诗不多作，高华朗诣，步武唐贤。""紫笙之子即夏穗卿曾佑，民国初年曾为教育部社会教育司长，此图谱系夏氏家藏，俟堂故得借抄一本，世间似尚无流传也。"由此文看，周作人所看的俟堂抄本《曲成图谱》乃是鲁迅抄本，鲁迅影写为三十二页，是为宣纸线装书筒子页的计算方法，一个筒子页为自然页码二页，加上扉页题名页，正好合周作人所记六十五页半之数。其时已是鲁迅去世三年，稿在周作人手中。鲁迅博物馆藏书目录中无此书，其他亦未见周作人藏书记录，由此判断此影写稿现已散佚。鲁迅影写此书的目的，一是因为它是夏曾佑的家藏，属稀见版本；再一个原因应是为了保存这稀有的传统文化，可惜它又失传了。

植物专家

在鲁迅的小说、散文、杂文、译文中会经常出现一些植物的名称，实际上，鲁迅在植物学上，堪称是一名专家。《从百草园到三味书屋》中就记述了高大的皂荚树、紫红的桑葚、何首乌藤、木莲藤、覆盆子，等等。鲁迅自幼喜爱植物，那恐怕是一种崇尚自由的自然心理状态吧。大约在十岁的时候，鲁迅最爱看的书是清代陈淏子的《花镜》，这是一部关于观赏植物栽培的书，共六卷，内有大量插图。后来他又多次批校此书，订正书中的错误，鲁迅从这部书中获得了许多植物学知识。他还常到爱种花木的远房叔祖家，赏玩稀见的植物。

鲁迅在日本弘文学院时，他买了三好学著的厚厚两本《植物学》，那上面有很多的插图。在住宅处，鲁迅也与许寿裳一起种一些夕颜一类的花草。他还希望三弟周建人研究植物学和生物学，1909年7月，鲁迅从日本回国前，寄给三弟周建人三本英文书，德国司脱拉司蒲等人合编的《植物教科书》英译本、《野花时节》和《植物生物故事》。鲁迅回国后，将从日本带回的水野栀子移栽至庭院中，后赠给他的表弟养蜂专家郦辛农，后又转赠绍兴鲁迅纪念馆，据说这些水野栀子现在还活着。

鲁迅回国后即在浙江两级师范学堂做教员，同时兼任日本教员铃木珪寿的植物学翻译。在教学期间，他常带着学生们到孤山、葛岭、北高峰、钱塘门一带采集植物标本，并进行研究。现在还存有鲁迅于 1910 年采集植物标本记录的手稿一册。他在给周建人的信中说，研究植物，采集标本比较容易，对农业又有益处，要他也学着做。

关于植物学的书，鲁迅还读过陆机的《毛诗草木鸟兽鱼虫疏》、汪灏的《广群芳谱》等。抄录、纂辑、校勘动植物方面的古籍有唐刘恂撰的《岭表录异》、晋嵇含撰的《南方草木状》、唐陆羽的《茶经》、清程瑶田的《释虫小记》，等等，还从《说郛》中抄出王方庆的《园林草木疏》、戴凯之的《竹谱》、赞宁的《笋谱》、陈仁玉的《菌谱》等，这些手稿加上别人所抄的佚名《魏王花木志》等十九种合订为两册，题名为《说郛录要》，这部书于 1911 年 3 月写成，是一部极有价值的植物学著作。

鲁迅作为一个伟大的文学家，具有各方面的修养。从鲁迅的文章就可以看出他具有深厚的植物学修养。鲁迅也是一位伟大的翻译家，1930 年，他曾翻译了日本药学家刘米达夫的《药用植物》一书。译文最初发表在周建人在商务印书馆负责的《自然界》月刊上，1936 年由商务印书馆结集出版，名为《药用植物及其他》。1928 年，北京未名社出版了鲁迅与好友齐宗颐合译的荷兰作家望·蔼覃的长篇童话《小约翰》，这本书中有很多植物是外国的，为了译名的准确，鲁迅用了很多植物学工具书来翻译，在书出版时，写了《动植物译名小记》。可以看出鲁迅对翻译工作的认真严谨和在植物学方面坚实的功底。

遭遇退稿

鲁迅在日本时开始做文章写稿子，自己认为写得不错，就寄到上海商务印书馆投稿，然后等待发表，可等来的却是原封不动的退稿。鲁迅并不灰心，继续写文章投给商务印书馆，但不久又退了回来，而且附了字条，说这样的稿子不要再寄去了，这使鲁迅感到失望。但他仍不灰心，还是写文章寄去。后来鲁迅翻译的几本书陆续出版了，回国以后又到北京工作，商务印书馆也要出他的著作了。终于，鲁迅成为中国现代史上的伟大作家。坚持不懈是鲁迅的性格，也是成功路上必须要有的一种精神。

《新生》

1907年夏，鲁迅从仙台再度回到东京，并决定筹办《新生》杂志，目的是"转移性情，改造社会"。杂志的名字《新生》意即"新的生命"。当时在日本还没有由学生办文学性刊物的，留学的学生只重法政和理工，文学性刊物不被重视，甚至许多人都以为这名字是新入学的学生之意。鲁迅的决定是一个创举。最初参与创办《新生》的有鲁迅、周作人、许寿裳和袁文薮等人。鲁迅为办这个杂志付出了很多心血，专门印了许多稿纸，第一期的插图也由鲁迅选好，是英国19世纪画家瓦支的油画《希望》，画中是一个诗人蒙着眼睛，手里抱着一把竖琴，跪在地球上面。许寿裳后来在《亡友鲁迅印象记》中说："出版期快到了，但最先就隐去了若干担任文稿的人，接着又逃走了资本，结果只余下不名一钱的三个人。这三个人乃是鲁迅及周作人和我。这杂志的名称，最初拟用'赫戏'或'上征'，都采取《离骚》的词句，但觉得不容易使人懂，才决定用'新生'这二字，取新的生命的意思。然而有人就在背地取笑了，说这会是新进学的秀才呢。我还记得杂志的封面及文中插图等等，均已经安排好好的，可惜没有用。"这个"逃走了资本"的人就是袁文薮，一开始，鲁迅非常看重他，他们在东京谈得很好，袁要去英国，说好一定寄来出版的费用和稿子,但他一去就音信全无了。这个杂志最终没有办成,但他们所作的文章或译文此后多在《河南》杂志或后来结集的《域外小说集》中发表了。

琉璃厂书肆

北京的琉璃厂有三百多年的历史,驰名中外,是清代以来北京最有影响的文化街。它坐落在宣武门外,西至南北柳巷,东至延寿寺街,全长约八百米。清人入关后,八旗兵丁占居东南西北四城,汉官则大都外迁至宣武门、前门之外,尤以学者文官居多。宣武门外当时还是全国各省会馆最为集中的地方,入京赶考的外地学子、官员都住在这一带,所以许多北京的零散书摊、古玩交易陆续集中在这里形成了气候。乾隆年间修《四库全书》,纪昀等文人学士也都居住在这一带,琉璃厂更成为搜书重地。

19世纪末,清政府在琉璃厂窑址修建了优级师范学堂、五城学堂(即北京师范大学、北师大附中的前身)和电话总局。1917年,北洋政府在琉璃厂修建了海王村公园,1924年又修建了和平门,拆除了厂桥,增辟了南新华街,使琉璃厂形成后来的格局。东琉璃厂以古玩业为主,有宝古斋、汲古阁等一大批老字号。西琉璃厂以新旧书业为主,有来熏阁、保古斋、商务印书馆、中华书局,等等。非常有名的南纸店清秘阁、荣宝斋也在西琉璃厂。书肆、古董店、字画店、刻章店、纸店、笔店等逐渐发展形成了老字号。北京作为文化古都,兵乱不断,王公贵族的藏书及各种珍宝不断流出,琉璃厂也成为了这些宝物的大型集散地。生意好了,市场自然红火起来。至光绪初年,琉璃厂的书肆多达二百二十余家,比较著名的有富文堂、三槐堂、宝名斋、文光楼、会文斋、槐荫山房、文友堂等。民国年间又有来薰阁、松筠阁、藻玉堂、神州国光社、宏道堂、立本堂、直隶书局、开明书局、有正书局、保华堂、富晋书社、商务印书馆、中华书局、世界书局等，兼有出版、销售功能。

琉璃厂书肆名声远扬，是读书、藏书之人向往的地方。鲁迅自幼爱书，留学日本时也节衣缩食购买书，鲁迅读书藏书的范围遍及古今中外各个学科。1911年，鲁迅在绍兴教书时，就曾托当时已在北京工作的好友许寿裳到琉璃厂为他购书。1911年1月2日，鲁迅致许寿裳信中说："闻北京琉璃厂颇有典籍，想当如是，曾一览否？"4月12日信中又问："北京琉璃厂肆有异书不？"可见鲁迅对琉璃厂是久慕其名。1912年初，鲁迅应蔡元培的邀请，去南京临时政府教育部工作，同年5月5日随教育部北迁来到北京，稍事修整，12日就来到琉璃厂。鲁迅日记载："星期休息。……下午与季茀、诗荃、协和至琉璃厂，历观古书肆，购傅氏《纂［篹］喜庐丛书》一部七本，五元八角。"

从日记看，鲁迅到北京第一个月就四次光顾琉璃厂，第一次得津贴就去买书，可见他对琉璃厂向往已久。据鲁迅日记统计，鲁迅到北京的第一年，即1912年5月进京到年底，共得津贴七百一十元，购书九十种，二百多册，用了一百六十多元。

民国时暴涨的书价让鲁迅感到难以承受。鲁迅在《买〈小学大全〉记》中谈到当时的书价："线装书真是买不起了。乾隆时候刻本的价钱，几乎等于那时的宋本。明版小说，是五四运动以后飞涨的；从今年起，洪运怕要轮到小品文身上去了。至于清朝禁书，则民元革命后就是宝贝，即使并无足观的著作，也常要百余元至数十元。我向来也走走旧书坊，但对于这类宝书，却从不敢作非分之想。"

鲁迅在北京居住的十四年间，到琉璃厂四百八十多次，购买书籍三千八百多册，拓片四千多枚，还有古钱及其他古董，总共花费四千多元。

东亚公司

东亚公司是日本人在北京开办的商店,位于北京东单牌楼北路西,附带销售日文书籍。鲁迅从1924年至1926年光顾该书店近四十次之多,购书近百种。鲁迅在《马上支日记》中曾对东亚书店有过描述,"在前门外买药后,绕到东单牌楼的东亚公司闲看。这虽然不过是带便贩卖一点日本书,可是关于研究中国的就已经很不少"。

1924年4月8日,鲁迅日记载:"晴。休假。午后大风。往北大取薪水十元,八月分讫。往崇文门内信义药房买杂药品。往东亚公司买《文学原论》、《苦闷的象征》……各一部,共五元五角。往中央公园小步,买火腿包子卅枚而归。"

这是鲁迅第一次到东亚公司买书的记载。初春的北京,寒风还是很冷的,鲁迅这时因兄弟失和后居住在砖塔胡同,先到沙滩北大红楼取了十元工资,往东穿过景山前街再到东单东亚公司,买了三本书花去五元五角,然后走长安街到中央公园漫步了一会儿,买了三十个火腿包子回家。这一趟东西城穿行,可见他为买书是不辞劳苦。

1924年10月11日,鲁迅日记载:"晴。午后往北大取一月分薪水十八元。往东亚公司买《近代思想十六讲》《近代文艺十二讲》《文学十讲》……各一部,共泉六元八角。晚得伏园信。夜H君来。"

这是鲁迅第二次到东亚公司买书的记载。这时鲁迅已搬家到阜成门内西三条居所,离东单就更远了。取了钱,买了书,需要大半天的时间。晚上H君来看望鲁迅。H君即羽太重久,周作人的夫人羽太信子的弟弟，鲁迅在经济上曾给予羽太家很大的帮助。鲁迅与周作人夫妇失和后，他仍常看望鲁迅，鲁迅也多次托羽太重久在东亚公司买书。还有一位，是在北京女子高等师范学校任舍监的胡萍霞，也代鲁迅买过东亚公司的书。有时所需要的书尚未到货，鲁迅就先预订了，由东亚公司直接送到鲁迅家里。

鲁迅在东亚公司的购书品种很多，以美术、艺术、文艺理论方面的居多，还有一些关于苏俄革命文学与美术方面的书籍。鲁迅在北京时期大量的翻译作品，如厨川白村的《苦闷的象征》《出了象牙之塔》、鹤见佑辅的《思想·山水·人物》等著作，还有大量的选译，原著都来自东亚公司的外文书。

钱玄同曾向鲁迅询问《出了象牙之塔》原名是什么，价钱多少，用银圆还是用日元，在哪里能买到等一系列的问题。鲁迅不无得意地给他回了一封极尽幽默调侃的信，回答了钱玄同的问题，并向他介绍了东亚公司。此信文体特别，兹录在这里：

庙讳先生：

"先生"之者，因庙讳而连类尊之也。由此观之，定名而乌可不冠冕堂皇也乎？而《出了象牙之塔》"原名为何"者，《象牙ノ塔ヲ出テ》也。而"价钱若干"者，"定价金贰円八拾钱"也；而所谓"金"者，日本之夷金也。而"哪里有得买"者，"京桥区尾张町二丁目十五番地福永书店"也。然而中国则无之矣；然而"东单牌楼北路西、东亚公司"则可代购之矣；然而付定钱一半矣；然而半月可到矣；然而更久亦难定矣。呜呼噫嘻，我不得而知之也。东亚公司者，夷店也；我亦尝托其代买也；彼盖当知"哪里有得买"也，然而并以"福永书店"告之，则更为稳当也。然而信纸已完也。于是乎鲁迅乃只得顿首者也。

[一九二五年一月十二日]

鲁迅离京南下前最后一次到东亚公司是在 1926 年 8 月 1 日，鲁迅日记载："往东亚公司买《風景は動く》一本，二元。"东亚公司最后一次给鲁迅送书上门是 8 月 13 日，鲁迅于 8 月 26 日离京赴厦门。1927 年鲁迅在上海定居，1929 年 5 月回京探亲时还到东亚公司去买了一次书。

鲁迅最重要的购买外文书的场所一个是北京的东亚公司，一个是上海的内山书店，两家的图书是鲁迅了解世界动态与新思潮的最重要的窗口。

东亚公司现早已不知去向，原址代之以东方广场。

闭门羹

嘉业藏书楼是中国近代最著名的藏书楼之一，由南浔"四象之首"刘镛之孙刘承干创办，1924 年落成。刘承干（1882—1963），字贞一，号翰怡，又号求恕居士，1913 年起开始收藏古书，不惜万贯家资购书、抄书、藏书、刻书。嘉业藏书楼藏书十八万册，六十万卷，为近代江南最大的藏书楼，刘承干也成为江南最大的藏书家。

鲁迅与刘承干并无交往，但很重视他刻印的书籍，曾购买过二十多种嘉业堂刻书。这些书有的是自己在书店购买的，有的是由许广平、周建人夫妇等人代购的。1934 年 5 月 3 日鲁迅收到了许寿裳寄来的《嘉业堂书目》，5 月 8 日在致许寿裳的信中描述了到上海爱义路刘宅购书却吃了闭门羹的经历："《嘉业堂书目》早收到。日来连去两次，门牌已改为八九九号，门不肯开，内有中国巡捕，白俄镖师，问以书，则或云售完，或云停售，或云管事者不在，不知是真情，抑系仆役怕烦，信口拒绝也。但要之，无法可得。兄曾经买过刘氏所刻书籍否？倘曾买过，如何得之，便中希示及。"后又通过在上海做编辑的陶亢德打听到嘉业堂买书的方法。到嘉业堂买书难，鲁迅在著名的杂文《病后杂谈》中有更生动和详细的描述："但是到嘉业堂去买书，可真难。我还记得，今年春天的一个下午，好容易在爱文义路找着了，两扇大铁门，叩了几下，门上开了一个小方洞，里面有中国门房，中国巡捕，白俄镖师各一位。巡捕问我来干什么的。我说买书。他说账房出去了，没有人管，明天再来罢。我告诉他我住得远，可能给我等一会呢？他说，不成！同时也堵住了那个小方洞。过了两天，我又去了，改在上午，以为此时账房也许不至于出去。但这回所得回答却更其绝望，巡捕曰：'书都没有了！卖完了！不卖了！'我就没有第三次再去买，因为实在回复的斩钉截铁。现在所有的几种，是托朋友去辗转买来的，好像必须是熟人或走熟的书店，这才买得到。"这年11月3日，鲁迅托三弟通过当时主编《申报》副刊《自由谈》的张梓生"从吴兴刘氏买得其所刻书十五种三十五本，共泉十八元四角"。这是鲁迅购买嘉业堂刻书最多的一次。

鲁迅对嘉业堂堂主刘承干间有褒贬，曾在致杨霁云的信中认为刘承干刻古书多是为名，还说："其所刻书目，真是'杂乱无章'，有用书亦不多，但有些书，则非傻公子如此公者，是不会刻的，所以他还不是毫无益处的人物。"1934年11月至12月，鲁迅大病，后作《病后杂谈》，谈到病中读书的事："《安龙逸史》大约也是一种禁书，我所得的是吴兴刘氏嘉业堂的新刻本。他刻的前清禁书还不止这一种，屈大均的又有《翁山文外》；还有蔡显的《闲渔闲闲录》，是作者因此'斩立决'，还累及门生的，但我细看了一遍，却又寻不出什么忌讳。对于这种刻书家，我是很感激的，因为他传授给我许多知识——虽然从雅人看来，只是些庸俗不堪的知识。"又曾在致台静农的信中提到："瞿木夫之《武梁祠画像考》，有刘翰怡刻本，价钜而难得，然实不佳。"鲁迅还评论嘉业堂的刻书："每种书的末尾，都有嘉业堂主人刘承干先生的跋文，他对于明季的遗老很有同情，对于清初的文祸也颇不满。但奇怪的是他自己的文章却满是前清遗老的口风；书是民国刻的，'仪'字还缺着末笔。"

书箱

北京西三条鲁迅故居内现在仍摆放着鲁迅当年用过的书箱。鲁迅的藏书基本上是放在南屋，现在叫鲁迅的藏书室兼会客室。鲁迅去世后许广平到北京大约用了十天整理鲁迅的藏书，一共大大小小二十六只箱子和书橱，其中包括中外文书刊、线装古书、碑帖拓片、抄碑的手稿，等等。其中有八箱是1919年全家北迁时从绍兴老家运过来的，还有八箱是在上海住下后寄到北京的。绍兴有一位木匠，被家乡人叫作"和尚"，也是鲁迅家乡的朋友，在鲁迅还穿红棉袄时，他给鲁迅做过大关刀。鲁迅每次回家乡都要与那木匠商量设计做家具的事，那八书箱正是"和尚"师父给他做的。搬家时，"和尚"师父用竹子劈成篾条，是仿照包装酒坛子的方法把书箱包在里面运到北京的。现在到鲁迅博物馆中的鲁迅故居参观，还能看见那实物。

青年必读书

1925年初，孙伏园主持的《京报副刊》刊出《一九二五新年本刊之二大征求：青年爱读书十部、青年必读书十部说明》，征求书目附卷随《京报副刊》发送。4月9日,"青年必读书"共收到海内外"名流学者"的答卷七十八份,从2月11日始,陆续在《京报副刊》上发表。鲁迅的答卷是:"从来没有留心过,所以现在说不出。"并在附注中写道:

"我看中国书时,总觉得就沉静下去,与实人生离开;读外国书(但除了印度)时,往往就与人生接触,想做点事。

中国书虽有劝人入世的话,也多是僵尸的乐观;外国书即使是颓唐和厌世的,但却是活人的颓唐和厌世。

我以为要少——或者竟不——看中国书,多看外国书。

少看中国书,其结果不过不能作文而已。但现在的青年最要紧的是'行',不是'言'。只要是活人,不能作文算什么大不了的事呢。"

随后,引发了一场关于推荐书目的大论争。曾有一位学者向学生发议论,以为鲁迅"读的中国书非常的多……如今偏不让人家读,……这是什么意思呢"!鲁迅在《这是这么一个意思》一文中回复道:"我读确是读过一点中国书,但没有'非常的多';也并不'偏不让人家读'。有谁要读,当然随便。只是倘若问我的意见,就是:要少——或者竟不——看中国书,多看外国书。"他讲了一个喝酒的例子:"我向来是不喝酒的,数年之前,带些自暴自弃的气味地喝起酒来了,当时倒也觉得有点舒服。先是小喝,继而大喝,可是酒量愈增,食量就减下去了,我知道酒精已经害了肠胃。现在有时戒除,有时也还喝,正如还要翻翻中国书一样。但是和青年谈起饮食来,我总说:你不要喝酒。听的人虽然知道我曾经纵酒,而都明白我的意思。"

这场论争在 20 世纪 20 年代非常有名。

《语丝》

1924 年是孙伏园编《晨报副刊》，有一次因为鲁迅的《我的失恋》一诗被别的编辑把稿子换掉，孙伏园气愤地要辞职。几天后，孙伏园提出要自办一个刊物。11 月，《语丝》周刊在鲁迅、钱玄同、周作人、顾颉刚等十六个撰稿人的支持下创刊，孙伏园和周作人任主编。这是中国现代文学史上最早的以发表散文创作为主的刊物。《语丝》继承《新青年》的传统，发表了大量与黑暗势力斗争的文章，这个作家群的文章被称为"语丝文体"。开始的印刷费用由鲁迅、周作人、孙伏园和章川岛四个人按月分担，鲁迅按约定也付了十元钱。鲁迅建议第一期印两千份，全年订价一元。没想到第一期就再版了七次，共一万五千份，可见大受读者欢迎，使《晨报》的发行量大受打击。鲁迅始终是《语丝》的领导者，在《语丝》创刊后的一年中，鲁迅就写了诗歌、散文、小说四十多篇。1927 年 10 月，《语丝》在北京被军阀张作霖查封，12 月在上海复刊，先后由鲁迅、柔石、李小峰主编，鲁迅接编后，由于政府的黑暗干涉和内部分歧，逐渐衰落，如鲁迅所说："语丝派的人，先前确曾和黑暗战斗，但他们自己一有地位，本身又便变成黑暗了，一声不响，专用小玩意，来抖抖的把守饭碗。"1930 年 3 月 10 日出至第五卷第五十二期停刊。

"毛边党"

毛边书也叫毛边本，来自西方，是一种特殊的图书装帧方式。中国毛边书的首倡者是鲁迅。毛边书的特点就是鲁迅说的"三面任其本然，不施刀削"，需要读书时用一把小刀一页一页裁开来看。中国最早的毛边书是鲁迅、周作人的译著《域外小说集》。鲁迅热爱书籍装帧，他曾设计过六十多个封面，毛边书也是鲁迅喜爱的一种装帧方式。鲁迅出书时都做一些毛边本，鲁迅也自称"毛边党"。鲁迅第一次在北新书局印书，再三告诉北新书局的老板李小峰，一律装成毛边，一本不许切边，书印好后，李小峰将一二十本送给鲁迅，想是鲁迅送人时书是切好了的较好。鲁迅当时就火了，问："究竟是怎么回事？"李小峰说："书装订好后摆出去卖，但没人买，要切了边才买，我没办法，只好都切了边。"鲁迅马上说："那我不要切边的，非毛边的不行，你能将就买客，当然也能将就我。切边的我不要，你带去好了。"李小峰没办法，只好把光边的带回去，又给鲁迅送上毛边的。

鲁迅对于毛边书，很大程度上出于爱护书籍的情结。他说："毛边书看完后，把不齐的毛边裁掉，就成了一本干净的新书。"毛边书制作的数量一般较少，送给最知心的或是热爱读书朋友，是一种高雅的礼物，边裁边看的过程也是读书人的乐趣和雅韵，毛边书的天头地脚都很开阔，读者可在那空间做些笔记之类。鲁迅之后"毛边党"的人员逐渐扩大，很多文人出书都做一些毛边本作为特装本收藏。现在毛边书更是流行一时，是藏书家最喜爱的收藏品。

《何典》广告

《何典》是一部用吴方言写的借鬼说事的清代讽刺小说。这书名的来源大概是文人们常用来反诘他人的话"语出何典"。清代作者张南庄便以"何典"为书名了。国民党元老吴稚晖曾多次说，他做文章乃是在小书摊上看见了一部小书得了个秘诀，由此他力主文风口语化，成为新文化运动时期的风云人物。这小书名为《岂有此理》，书的开场两句是"放屁放屁，真正岂有此理"！钱玄同听着了这话后，就连忙买了部《岂有此理》，一看，没有开场那两句；再买部《更岂有此理》来看，还是没有那两句。找了这书好几年也没有找到，于是得出结论："此吴老丈造谣言也！"其实，因为这书奇少，吴稚晖是记错了书名。

  《何典》的开头有《如梦令》一首曰："不会谈天说地，不喜咬文嚼字。一味臭喷蛆，且向人前捣鬼。放屁、放屁，真正岂有此理！"小说以俚语方言杂以雅言成语，满眼脏字却不下流，看似油滑却很严肃，诙谐幽默，亦雅亦俗，是一部别具一格的古典小说。鲁迅、刘半农、胡适、周作人、林语堂都曾给予极高的评价。1926年5月，鲁迅的老友刘半农有一次逛厂甸，偶然发现了这本小书，大喜过望，因为这下抓住了吴稚晖的老师。由于此书稀见，又具有文化意义，于是刘半农将书点校后准备出版，并请鲁迅作序。鲁迅在5月25日连写了《题记》和《为半农题记〈何典〉后，作》两篇文章。《何典》于1926年6月由北新书局出版排印本，为民国的初版，有鲁迅的《题记》。出版前，刘半农请鲁迅作序，并拿样本给鲁迅看。鲁迅很喜欢这本印成的样本书，在《题记》中说：《何典》"谈鬼物正像人间，用新典一如古典"，"展示了活的人间相"，"在那时，敢于翻的人（张南庄）的魄力，可总要算是极大的了"。1932年，日本打算编印《世界幽默全集》，鲁迅把《何典》作为中国的八种幽默作品之一，推荐给增田涉，并在给他的信中说：《何典》一书"近来当作滑稽本；颇有名声"。刘半农为书的出版作了《重印〈何典〉序》，文中说："此书虽然是吴老丈的老师，吴老丈却是个'青出于蓝'，'强爷娘，胜祖宗'的大门生；因为说到学问见识，此书作者张南庄先生是万万比不上吴老丈的。但这是时代关系，我们哪里能将我们的祖老太太从棺材里挖出来，请她穿上高底皮鞋去跳舞，被人一声声的唤作'密司'呢！我今将此书标点重印，以便读者。事毕，将我意略略写出。如其写得不对，读者不妨痛骂：'放屁放屁，真正岂有此理！'"

刘半农的这篇广告文发表后，就有文章在报上骂刘半农说《何典》广告不高尚，"不料大学教授而竟堕落至于斯"。于是鲁迅站出来，为刘半农鸣不平了。鲁迅作《为半农题记〈何典〉后，作》一文中说："大学教授要堕落下去。无论高的或矮的，白的或黑的，或灰的。不过有些是别人谓之堕落，而我谓之困苦。我所谓困苦之一端，便是失了身分。我曾经做过《论'他妈的！'》早有青年道德家乌烟瘴气地浩叹过了，还讲身分么？但是也还有些讲身分。我虽然'深恶而痛绝之'于那些戴着面具的绅士，却究竟不是'学匪'世家；见了所谓'正人君子'固然决定摇头，但和歪人奴子相处恐怕也未必融洽。用了无差别的眼光看，大学教授做一个滑稽的，或者甚而至于夸张的广告何足为奇？"足见鲁迅的正义与侠义。

《四库全书》

1925年7月张作霖要求段祺瑞政府送还1914年运到北京的原沈阳文溯阁所藏《四库全书》，鲁迅奉教育部之命前往参加启运前的检查工作。在古籍版本方面，鲁迅是众所周知的行家，所以教育部派鲁迅到故宫检查整理《四库全书》。《四库全书》是乾隆皇帝在"文字狱"的背景下亲自组织的中国历史上规模最大的一部丛书。1772年开始，经十年编成。丛书分经、史、子、集四部，故名四库。据文津阁藏本，该书共收录古籍3503种，79337卷，装订成36300册。乾隆皇帝为了存放《四库全书》建造了南北七阁，分贮文渊阁、文溯阁、文源阁、文津阁、文宗阁、文汇阁和文澜阁珍藏。七部之中，文源阁本、文宗阁本和文汇阁本已荡然无存，只有文渊阁本、文津阁本、文溯阁本和文澜阁本传世至今。

关于《四库全书》，鲁迅历来持有自己的看法。鲁迅曾在《且介亭杂文·病后杂谈之余》一文中说："清人纂修《四库全书》而古书亡，因为他们变乱旧式，删改原文。""现在不说别的，单看雍正乾隆两朝的对于中国人著作的手段，就足够令人惊心动魄。全毁，抽毁，剜去之类也且不说，最阴险的是删改了古书的内容。乾隆朝的纂修《四库全书》，是许多人颂为一代之盛业的，但他们却不但捣乱了古书的格式，还修改了古人的文章；不但藏之内廷，还颁之文风较盛之处，使天下士子阅读，永不会觉得我们中国的作者里面，也曾经有过很有些骨气的人。"鲁迅还举出确切的证据："嘉庆道光以来，珍重宋元版本的风气逐渐旺盛，也没有悟出乾隆皇帝的'圣虑'，影宋元本或校宋元本的书籍很有些出版了，这就使那时的阴谋露了马脚。最初启示了我的是《琳琅秘室丛书》里的两部《茅亭客话》，一是校宋本，一是四库本，同是一种书，而两本的文章却常有不同，而且一定是关于'华夷'的处所。这一定是四库本删改了的；现在连影宋本的《茅亭客话》也已出版，更足据为铁证，不过倘不和四库本对读，也无从知道那时的阴谋。"

《工人绥惠略夫》

1920年4月17日，鲁迅到故宫午门整理德国商人俱乐部藏书。鲁迅在《华盖集续编·记谈话》中讲述了这件事："提到我翻译《工人绥惠略夫》的历史，倒有点有趣。十二年前，欧洲大混战开始了，后来我们中国也参加战事，就是所谓'对德宣战'；派了许多工人到欧洲去帮忙；以后就打胜了，就是所谓'公理战胜'。中国自然也要分得战利品，——有一种是在上海的德国商人的俱乐部里的德文书，总数很不少，文学居多，都搬来放在午门的门楼上。教育部得到这些书，便要整理一下，分类一下，——其实是他们本来分类好了的，然而有些人以为分得不好，所以要从新分一下。——当时派了许多人，我也是其中的一个。后来，总长要看看那些书是什么书了。怎样看法呢？叫我们用中文将书名译出来，有义译义，无义译音，该撒呀，克来阿派忒拉呀，大马色呀……每人每月有十块钱的车费，我也拿了百来块钱，因为那时还有一点所谓行政费。这样的几里古鲁了一年多，花了几千块钱，对德和约成立了，后来德国来取还，便仍由点收的我们全盘交付，——也许少了几本罢。至于'克来阿派忒拉'之类，总长看了没有，我可不得而知了。"德国在欧战中战败后，在上海的德国商人俱乐部所藏德、俄、法、日等外文书由教育部作为战利品接收，堆放在午门楼上。鲁迅受教育部之命参加，并负责德、俄文书籍的分类整理工作。后来鲁迅翻译的《工人绥惠略夫》的底本，就是从那时整理的德文书里挑出来的。为了这项工作，鲁迅从 1920 年 4 月至 11 月共去午门十余次。

《寰宇贞石图》

鲁迅于 1915 年 7 月借来《寰宇贞石图》阅览，认为"极草率"。8 月 8 日买到《寰宇贞石图》散页，重新排列顺序，从周秦至唐共 231 种，分为 5 册，并且编写了总目及分册目录，于本月撰写了整理后记，详细说明了编辑过程："右总计二百卅一种，宜都杨守敬之所印也。乙卯春得于京师，大小四十余纸，又目录三纸，极草率。后见它本，又颇有出入，其目录亦时时改刻，莫可究竟。明代书估刻丛，每好变幻其目，以眩买者，此盖似之。入冬无事，即尽就所有，略加次第，帖为五册。审碑额阴侧，往往不具，又时杂翻刻本，殊不足凭信；以世有此书，亦聊复存之云尔。"鲁迅重订后并未印行，1986年由上海书画出版社影印出版，书名为《重订〈寰宇贞石图〉》。《〈寰宇贞石图〉整理后记》未注写作日期和题目，系据鲁迅手稿抄录，当写于1916年1月。从这部书中可以看出鲁迅深厚的碑学功力和编辑古代文献的认真态度。

《俟堂专文杂集》

古砖是古代建筑的材料，战国时期就有使用。古砖上的纪年、纪址、文字、花纹等是一种重要的历史资料，是研究金石学的重要部分。鲁迅从日本回国后在绍兴任职时就开始搜集古砖，1912年到北京后仍在搜集古砖实物及拓片，常与周作人互寄古砖拓片进行研究，并想编写一部绍兴地区古砖拓本集《越中专集》。周作人日记载，1914年6月23日："在贯珠楼红木店得汉砖二，计洋一元。令为上蜡，约廿八、九取。文一曰'马卫将作'，一曰'建宁元年八月十日造作'，皆萧山、杭坞山物，光绪丙申出土，距今共一千七百四十八年矣。"（《周作人日记》）1915年6月22日鲁迅日记载："得二弟信并马卫将作砖拓本二枚，十九日发。""马卫将作"是制造砖时刻上名号的一种在汉代的砖。由此日记可看出兄弟二人在这一时期爱好相同，所研究的器物与所阅读的书也相近。周作人得到砖后令店主上蜡，后又制成拓片寄给鲁迅鉴赏。鲁迅所藏的"甘露"砖、"永和"砖、"河平"砖、"建宁"砖等拓片都是周作人从绍兴寄给鲁迅的。

至1924年，鲁迅已集到古砖实物二十多枚。1924年9月21日，鲁迅以他十余年的藏砖及拓片为基础，编定了《俟堂专文杂集》，并撰写了《〈俟堂专文杂集〉题记》。俟堂，鲁迅早年的别号。《俟堂专文杂集目录》收入汉魏六朝砖拓170件，隋2件，唐1件。鲁迅在题记中写道"曩尝欲著《越中专录》，颇锐意蒐集乡邦专甓及拓本，而资力薄劣，俱不易致，以十余年之勤，所得仅古专二十余及打本少许而已。迁徙以后，忽遭寇劫，子身逭逋，止携大同十一年者一枚出，余悉委盗窟中。日月除矣，意兴亦尽，纂述之事，渺焉何期？聊集燹余，以为永念哉！甲子八月廿三日，宴之敖者手记"。这段文字中记载了鲁迅与周作人夫妇发生矛盾，被迫迁出八道湾时移居砖塔胡同61号。1924年6月11日下午往八道湾宅取书及物品时，受到周作人和其妻的骂詈殴打，紧急中随身抢带而出的古物只有这块大同十一年的剡中砖砚，可见鲁迅对这方剡中砖砚的重视和珍爱。

鲁迅在北京时，收集古砖及拓片多在琉璃厂，"丧安雍州刘武妻"砖、"李巨妻"砖、"口阿奴"砖等拓片都是从琉璃厂购得。1919年2月12日，鲁迅日记载："俟二弟至同游厂甸，在德古斋买端氏藏专拓片一包，计汉墓专三百八十，杂专十一，六朝墓专廿五，唐、宋、元墓专七，总四百廿三枚，券五十元。"本日所购为端方藏砖拓最大一宗，共423枚，花了50元，合每枚0.12元。鲁迅博物馆现存鲁迅藏砖拓片324种，338枚。可见有很多已经散佚。

鲁迅所藏拓片还有一个来源就是朋友赠送或代买，如上述的"大同十一年"砖即商契衡所赠。《俟堂专文杂集》目录中有题记："大同十一年专，已制为砚，商衡契持来，盖剡中物"。"剡"即商衡契家乡浙江嵊县。大同十一年（545年）砖，已被改制成砖砚，有紫檀木盖及托。此砖砚经常置于"老虎尾巴"东壁下的书桌上。其他还有如：1915年10月27日，"师曾赠'后子孙吉'专拓本二枚，贵筑姚华所臧"。1917年10月5日"季市持来专拓片一枚，'龙凤'

二字,云是仲书先生所赠,审为东魏物,字刻而非印,以泉百二十元得之也"。1918年3月11日,"陈师曾与好大王陵专拓本一枚"。

在鲁迅所藏古砖拓片中,有一大批"刑徒砖"拓片。1918年5月23日鲁迅日记载:"往留黎厂德古斋买得恒农墓专拓片大小百枚,内重出二枚,二十四元。"为此,鲁迅曾购买过罗振玉辑《恒农冢墓遗文》一书,内容为洛阳地区出土的刑徒砖二百余种,该书为研究洛阳刑徒砖拓的重要参考书。鲁迅参照此书买得恒农墓专拓片百枚。现鲁迅藏拓片目录中有刑徒砖拓113枚,多为当日所购。

鲁迅为了古砖研究,曾购买过《汉魏六朝专文》《千甓亭古专图释》《百专考》等多种专用工具书与实物及拓片比对研究。1915年7月19日鲁迅日记载:"夜写《百专考》一卷毕,二十四叶,约七千字。"夜写七千字,可见其兴致之高。通过潜心研究和学习,鲁迅对于古砖及拓片的鉴定具有高超的眼力。有一次购买了一枚"大原平陶郝厥"砖,鲁迅怀疑是伪作,于是与商家商议换为"赵向妻郭"砖,次日换得。

《闪光》

《闪光》是一本诗集的名字,作者是高长虹,1925年的夏天以狂飙社的名义出版的,内容是一百首短诗,印刷很精美。1924年高长虹到北京开始文学创作,后来是狂飙社的主要成员,曾得到鲁迅的热情支持。高长虹开始创作这些诗时交鲁迅在报纸上发表,并想让鲁迅指出哪首写得不好,但鲁迅总是说写得很好。鲁迅说:"写批评又写创作,最容易把杂感带到创作里面。"高长虹因此问鲁迅:"这首写得太理智了吗?"鲁迅说:"还好,歌德也是这样的。"《闪光》的出版只用了一两个星期的时间,高长虹把这消息告诉鲁迅,鲁迅仿佛像自语地说:"这样太快了。"鲁迅就是这样鼓励和支持有才华的青年。1926年以后,高长虹与鲁迅产生分歧而疏远了。这本稀见的小诗集在鲁迅藏书中现存一本。

《竹叶集》

鲁迅与曹聚仁相差十九岁,1927年二人相识,成为忘年交。曹聚仁的夫人王春翠做得一手好菜,有一次曹聚仁请鲁迅到家里吃饭,王春翠做了几样家乡菜,自制的金华火腿拼盘、梅溪风肉、萝卜丝氽鲫鱼汤,还有一种叫"小麦铃"的点心。鲁迅大呼好吃。

曹聚仁在上海几所大学任教,又编辑《涛声》《芒种》《太白》等刊物。夫人也是位作家。一次,鲁迅到他们家做客,曹聚仁对鲁迅说,春翠这几年为《涛声》《芒种》《申报》《妇女杂志》等刊物写了二十多篇稿子,想编个集子出版,请先生审阅修改。王春翠也借机说:"拙作不堪入目,请周先生斧正,赏个书名。"鲁迅幽默地回道:"斧正?不敢当。家有鲁班,何必再请木匠?"他一边品茶一边看稿,文中有一篇《竹叶颂》,有一段是这样写的:"竹叶,虽平淡无奇,默默少闻,但她具有不畏严寒之品格,深备抵抗酷暑之勇气。"鲁迅赞道:"好,有点气魄。这篇文章刚健有致。"他想了一下说:"定个书名,看来老夫在劫难逃了。依我之见,就定为《竹叶集》吧。"就这样,《竹叶集》由鲁迅定名,曹聚仁作序,由天马书店出版了。

《北平笺谱》

1933年鲁迅与郑振铎开始了《北平笺谱》的编辑工作。这年2

月5日鲁迅在致郑振铎的信中说:"去年冬季回北平,在琉璃厂得了一点笺纸,觉得画家与刻印之法,已比《文美斋笺谱》时代更佳,譬如陈师曾、齐白石所作诸笺,其刻印法已在日本木刻专家之上,但此事恐不久也将销沈了。因思倘有人自备佳纸,向各纸铺择尤对于各派各印数十至一百幅,纸为书叶形,采色亦须更加浓厚,上加序目,订成一书,或先约同人,或成后售之好事,实不独为文房清玩,亦中国木刻史上之一大纪念耳。"由此动议开始,一年中,鲁迅在上海,郑振铎在北平,关于此书的出版有三十多次书信往来。至年底,鲁迅、郑振铎合编的《北平笺谱》由北平荣宝斋印行。鲁迅在《北平笺谱》的出版广告上写到这部书的意义:"中国古法木刻,近来已极凌替。作者寥寥,刻工亦劣。其仅存之一片土,唯在日常应用之'诗笺',而亦不为大雅所注意。三十年来,诗笺之制作大盛。绘画类出名手,刻印复颇精工。民国初元,北平所出者尤多隽品。抒写性情,随笔点染。每涉前人未尝涉及之园地。虽小景短笺,意态无穷。刻工印工,也足以副之。惜尚未有人加以谱录。近来用毛笔作书者日少,制笺业意在迎合,辄弃成法,而又无新裁,所作乃至丑恶不可言状。勉维旧业者,全市已不及五七家。更过数载,出品恐将更形荒秽矣。鲁迅、西谛二先生因就平日采访所得,选其尤佳及足以代表一时者三百数十种(大多数为彩色套印者),托各原店用原刻版片,以上等宣纸,印刷成册,即名曰《北平笺谱》。书幅阔大,彩色绚丽。实为极可宝重之文籍;而古法就荒,新者代起,然必别有面目,则此又中国木刻史上断代之唯一之丰碑也。"鲁迅指出此书"又中国木刻史上断代之唯一之丰碑也"已被时间证明,并成为无争的事实。《北平笺谱》出版后,至今再没有一部像样的新刻笺谱问世,木版制笺几近绝迹,正如鲁迅所言"恐不久也将销沈"。印数只有一百部的《北平笺谱》近年来在拍卖会上出现过不少于三次,而拍卖价已飚至五十多万元,成为新文学版本中最耀眼的善本。它的确成为"中国木刻史上断代之唯一之丰碑"。

《陈章侯画博古牌》

在鲁迅博物馆保存的鲁迅藏书中,有一部奇特的书,书牌题《陈章侯画博古牌》,印有"周子兢图书"一枚,钤有"西谛"朱印一枚,书后有清剧作家汪光被作的题跋。此书为毛装本,纸张为罗纹宣纸,印制虽粗糙,却透出古朴雅致。经查考,此书并非正式出版物。

陈章侯(1598—1652),名洪绶,字章侯,因好画莲,自号老莲,浙江诸暨人。明末清初画家,工山水、花鸟、书法,尤以人物画成就最高。陈老莲曾绘有两种"叶子",《水浒叶子》和《博古叶子》。"叶子",就是酒牌,即古人聚会饮酒时的一种游戏工具。

鲁迅一直很喜爱陈老莲的画作,购藏过多种陈老莲画册,其中就有上虞罗氏蝉隐庐影印本《博古酒牌》。依鲁迅的眼光,这部《博古叶子》印得并不好,"底本甚劣"。所以鲁迅极想印一部底本好的陈老莲作品集,但苦于没有好的底本。1933年,他得知周子兢手中藏有《博古叶子》,就想托人借来做翻印的底本,最后由郑振铎找到周子兢借来。鲁迅与郑振铎在这一年为出版事通信频繁。对于印刷质量,鲁迅建议:"《博古页子》能全用黄罗纹纸,好极,因毛边脆弱,总令人耿耿于心也。但北平工价之廉,真出人意外。"陈老莲的《水浒叶子》《九歌图》等都是鲁迅想翻印出版的,可见他对陈老莲木刻画的极度重视。他的目的,是继承中国版画传统,推动现代版画水平的提高。

鲁迅博物馆馆藏的这部《陈章侯画博古牌》,正是郑振铎以周子竞所藏的底本印制的样本，可以说是一部半成品。鲁迅日记1936年书账中有记载：6月2日，"影印博古酒牌一本　西谛寄来"。这一部书是郑振铎寄给鲁迅的，大约是请鲁迅作序。鲁迅于三个多月后的9月29日才有回复："《博古页子》早收到，初以为成书矣，今日始知是样本，我无话可写，不作序矣。"鲁迅并没有看到《博古叶子》的正式出版，鲁迅对书的出版较慢本来是很有意见，原以为这本已是正式出版物，后来才知道这只是样本。此时的鲁迅身体状况较差，正在大病中。二十天后，鲁迅离开了人世。鲁迅去世后的1940年，《博古叶子》才在郑振铎编辑的《中国版画史图录》中得以正式面世。

"二桃杀三士"

章士钊反对新文化运动，曾撰文说："二桃杀三士。谱之于诗。节奏甚美。今曰此于白话无当也。必曰两个桃子杀了三个读书人。是亦不可以已乎。"意在攻击白话文。"二桃杀三士"的故事出自《晏子春秋》，说的是春秋时齐景公将两个桃子赐给三个勇士，让他们论功而食，三人因争功抢桃，最后自杀。这里的"士"应当作武士来解释，章士钊却解释成了"读书人"。为此，鲁迅写了两篇文章，指出他的错误，文中说："旧文化也实在太难解，古典也诚然太难记，而那两个旧桃子也未免太作怪：不但那时使三个读书人因此送命，到现在还使一个读书人因此出丑，'是亦不可以已乎'！"

对证古本

《新垒》月刊的主编李焰生提出所谓"国民语"以此来反对大

众语，他举了一篇文章为例，其中说："文言文往往只有几个字而包涵很多意思，……譬如文言文的'大雪纷飞'，这已经简化到一种成语了，见到这四个字马上会起一种严寒中凛然的感觉，而译作白话文'大雪一片一片纷纷的下着'，那一种严寒中凛然的感觉无形中就淡漠了许多。"鲁迅对此进行了批驳，那时章士钊的"二桃杀三士"中的"士"就曾被误译为读书人，这次的"大雪纷飞"里，也没有"一片一片"的意思。鲁迅说："白话并非文言的直译，大众语也并非文言或白话的直译。在江浙，倘要说出'大雪纷飞'的意思来，是并不用'大雪一片一片纷纷的下着'的，大抵用'凶'，'猛'或'厉害'，来形容这下雪的样子。倘要'对证古本'，则《水浒传》里的一句'那雪正下得紧'，就是接近现代的大众语的说法，比'大雪纷飞'多两个字，但那'神韵'却好得远了。"鲁迅以他深厚的文学功底来阐述大众语，极具说服力。

《越缦堂日记》

在中国清末及近现代文化人士中，所见出版过的规模最大的日记手稿是鲁迅同乡先贤李慈铭的手稿，1920年商务印书馆曾影印出版过这部跨度达四十年的日记《越缦堂日记》。鲁迅也购藏了一部《越缦堂日记》，但对其内容颇有微词。鲁迅在《怎么写》一文中曾评道："《越缦堂日记》近来已极风行了，我看了却总觉得他每次要留给我一点很不舒服的东西。为什么呢？ 一是钞上谕。大概是受了何焯的故事的影响的，他提防有一天要蒙'御览'。二是许多墨涂。写了尚且涂去，该有许多不写的罢？三是早给人家看，钞，自以为一部著作了。我觉得从中看不见李慈铭的心，却时时看到一些做作，仿佛受了欺骗。"《越缦堂日记》与《缘督庐日记》《湘绮楼日记》和

《翁同龢日记》被誉为晚清四大日记。近代的翁同龢、郑孝胥等都有规模较大的日记存世。鲁迅同时代的人胡适、周作人、郁达夫、钱玄同等文化名人也都有记日记的习惯,而且是可以给别人传看的。鲁迅曾评过胡适的日记:"听说后来胡适之先生也在做日记,并且给人传观了。照文学进化的理论讲起来,一定该好得多。我希望他提前陆续的印出。"

书衣天使

陶元庆是鲁迅的同乡,在中国美术史上,几乎没有关于陶元庆的描述,但在书衣装帧设计史上,他绝对是一个天才,这很大一部分原因是他给鲁迅设计过很多的封面。对鲁迅来说,陶元庆就是一个书衣天使,因为鲁迅的著作中最精彩的封面来自陶元庆的设计。

陶元庆第一次给鲁迅设计的封面画是鲁迅的译作《苦闷的象征》,时间是在1924年秋天。画面是一个半裸的女人,披着长长的黑发,用鲜红的嘴唇舔镗叉的尖头便化而成。这让鲁迅高兴坏了,连说:"很好,很好!"鲁迅在《〈苦闷的象征〉引言》中说:这幅封面画"使这书被了凄艳的新装"。同年11月3日,陶元庆在许钦文的陪同下到鲁迅家拜访,这是他们的第一次见面,他们谈美术、谈美学,一谈就是两个多小时,颇有一见如故的感觉。1925年3月,陶元庆在北京西城的历代帝王庙举办了一个小型画展,鲁迅为《陶元庆氏西洋绘画展览会目录》作了一篇序文,文中赞赏陶元庆和他的绘画风格"在那黯然埋藏着的作品中,却满显出作者个人的主观和情绪,尤可以看见他对于笔触,色采和趣味,是怎样的尽力与经心,而且,作者是夙擅中国画的,于是固有的东方情调,又自然而然地从作品中渗出,融成特别的丰神了,然而又并不由于故意的"。

这个画展鲁迅参观了两次，可见他对陶元庆作品的喜爱。

后来，鲁迅经常请陶元庆设计封面，《彷徨》《出了象牙之塔》《工人绥惠略夫》《唐宋传奇集》《坟》《朝花夕拾》等都是他设计的封面画，一些刊物如《莽原》《沉钟》的封面也是他的作品。鲁迅编辑的丛书封面也请他来设计，以至于鲁迅自己感到"太有些得陇望蜀"。

陶元庆给鲁迅设计封面之前，曾在上海艺术专科师范学校师从丰子恺和陈抱一等名家学习西洋画，而从他的绘画来看，应该主要来自他的刻苦自学与绘画天分。1927年鲁迅到上海定居时，他在上海立达学园任教，与鲁迅的交往非常密切。当然，鲁迅也常请他绘制封面，似乎鲁迅对别人的封面设计都不是太满意。在立达学园，陶元庆举办了第二次画展，1927年12月17日鲁迅日记载："午后钦文来，并同三弟及广平往俭德储蓄会观立达学园绘画展览会。……晚邀璇卿、钦文、三弟及广平往东亚食堂夜餐。"这是画展开幕的那一天，鲁迅不但与家人一起前去观看画展以示祝贺，而且这"夜宴"多半也是为陶元庆而设的。两天后，鲁迅发表了《当陶元庆君的绘画展览时——我所要说的几句话》，鲁迅在这篇文章中，以浓重的笔墨向上海的文化艺术界介绍了这位年轻的画家，他说：陶元庆君的绘画没有任何桎梏，"和世界的时代思潮合流，而又并未梏亡中国的民族性"。这些话，是在悉心研究陶元庆的绘画艺术的基础上提取的精义，不仅仅是对陶元庆的夸奖。艺术与艺术是相通的，文学与艺术也是相通的。鲁迅从陶元庆的绘画艺术中得到启发，又借评论陶元庆的绘画艺术表达了一种对于整个文学艺术的继承与革新、借鉴与创新、民族性与世界性都富有指导意义的思想。

《陶元庆的出品》

1928年5月7日，陶元庆曾将自己在立达学园美术院西画系第二届绘画展览会上展出的作品选集《陶元庆的出品》赠送鲁迅。1929年8月10日鲁迅日记载："夜得钦文信，报告陶元庆君于六日午后八时逝世。"陶元庆英年早逝，年仅三十六岁。他的绘画流传最广的，就是他为鲁迅的书设计的封面画。陶元庆逝世三年后，鲁迅在整理藏书时，又拿出了陶元庆赠给他的画册，并在他珍藏的这本画集的空白页上留下了他给予陶元庆的最后手迹，为《题〈陶元庆的出品〉》，曰："此璇卿当时手订见赠之本也。倏忽已逾三载，而作者亦已久永眠于湖滨。草露易晞，留此为念。乌呼！"题记之后署的是"一九三一年八月十四日夜，鲁迅记于上海"。这本画册至今还珍藏在鲁迅博物馆。

《海上述林》

《海上述林》是鲁迅最后编辑出版的一本书。瞿秋白是鲁迅的挚友，曾三次到鲁迅家避难，鲁迅曾书一对联"人生得一知己足矣，斯世当以同怀视之"赠给他。1935年6月18日，瞿秋白在福建长汀就义。鲁迅得到消息之后，心情非常悲痛，决定为瞿秋白编一部文集来纪念他。鲁迅说："我把他的作品出版，是一个纪念，也是一个抗议，一个示威。……人给杀掉了，作品是不能给杀掉的，也是杀不掉的！"鲁迅拖着大病的身体，设法筹集资金并收齐译文，从1935年10月22日开始编辑，一个月之后，三十余万字的《海上述林》上卷编定。然后，他亲自设计了封面，亲笔题写了书名，以"诸夏怀霜社"的名义出版。其中"诸夏"即中国,"霜"为秋白的原名,即中国怀念瞿秋白之意。1936年4月22日,鲁迅完成了《海上述林》上卷的最后编校,5月22日托内山书店把书稿送到日本印刷。8月,《海上述林》上卷样本印成。鲁迅说:"那第一本的装钉样子已送来,重磅纸;皮脊太'古典的'一点,平装是天鹅绒面,殊漂亮也。"这书的下卷出版时,鲁迅已经去世了,所以他没有看到。《海上述林》上下卷仅印造五百部,其中皮脊本一百部,金顶,金字;蓝色天鹅绒面四百部,蓝顶,金字。书脊和封面上有三个字母"STR"即瞿秋白笔名史铁儿的缩写,也是鲁迅手书的。《海上述林》由于印数少,装帧极精美,颇为收藏家们所关注,2008年上海国际商品拍卖有限公司曾以三万元的高价拍出,成为不可多得的新文学善本。2013年北京的一家出版社又重新影印了《海上述林》,其中有六十本做了蓝色天鹅绒面的毛边本,成为藏书家们的新宠。

19. 掌故

章师之误

广东话又称为粤语,鲁迅在广州对粤语还是很头痛的。鲁迅住在大钟楼上,工友称他为教授,学生称他为先生,广州人称他为"外江佬"。鲁迅说他到离开广州之前,"除一二三四……等数目外,只有一句凡有'外江佬'几乎无不因为特别而记住的 Hanbaran(统统)和一句凡有学习异地言语者几乎无不最容易学得而记住的骂人话 Tiu-na-ma 而已"。鲁迅讲了这样一段故事:"那是我已经搬在白云路寓屋里的时候了,有一天,巡警捉住了一个窃取电灯的偷儿,那管屋的陈公便跟着一面骂,一面打。骂了一大套,而我从中只听懂了这两句。然而似乎已经全懂得,心里想:'他所说的,大约是因为屋外的电灯几乎 Hanbaran 被他偷去,所以要 Tiu-na-ma 了。'于是就仿佛解决了一件大问题似的,即刻安心归坐,自去再编我的《唐宋传奇集》。"灯泡统统被偷去,当然是开骂了。

就从这两句话中,鲁迅发现了他的老师章太炎的一处错误:"记得先生在日本给我们讲文字学时,曾说《山海经》上'其州在尾上'的'州'是女性生殖器。这古语至今还留存在广东,读若 Tiu。故 Tiuhei 二字,当写作'州戏',名词在前,动词在后的。我不记得他后来可曾将此说记在《新方言》里,但由今观之,则'州'乃动词,非名词也。"章太炎是国学大师,鲁迅如果不去广州,恐怕也难发现老师的这个错误。

农民的思维

冯乃超（1901—1983）是创造社的主要成员，1930年曾与鲁迅参加筹建中国左翼作家联盟。鲁迅曾经对冯乃超讲过这样两个小故事：

有个农民每天挑水，一天他突然想起皇帝：用什么挑水呢？自己接着回答：一定用"金扁担"。

一个农妇，一天清晨醒来，想到皇后娘娘是怎样享福的，皇后娘娘一醒过来，就叫："大姐，拿一个柿饼来吃吃。"

谈鬼

鲁迅去世前两天，出门拜访了日本作家鹿地亘和夫人池田幸子，这时鲁迅刚刚发表了《死》的文章。他们讨论了一些关于鬼的话题。鲁迅问："日本也有无头鬼吗？"鹿地亘答："无头鬼没有听说过，脚倒是没有的。"鲁迅说："中国的鬼也没有脚，似乎无论哪一国的鬼都是没有脚的。"他们讨论了《聊斋志异》《红楼梦》《雨月物语》等许多东西文学中关于鬼的有趣话题。鲁迅说："在中国，吊死在男子是很少的。……古时王灵官这个人把男吊打死了，所以只剩有很少的了；而女的却没有被打死，所以常常出来带活人去。因此说起吊死鬼，照例是指女子而说的。"他还讲了一个笑话："女人自杀，近来往往吞咽金子等东西。因为金子是重的，停在肠里，引起肠炎。这种自杀，因为不是直接的，而是由炎症而来的死，很费时间，所以有的人弄得不愿意死了。医生用使金子和排泄物一同出来的方法来救治。女人等到痛苦停止之后最先查问的事是："先生，我的戒指呢？'"鹿地亘后来翻译了大量鲁迅著作，并在胡风的帮助下，编译了七卷本的《大鲁迅全集》。

《死所》

这是一则鲁迅讲述的故事：

> 日本有一则笑话，是一位公子和渔夫的问答——
> "你的父亲死在那里的？"公子问。
> "死在海里的。"
> "你还不怕，仍旧到海里去吗？"
> "你的父亲死在那里的？"渔夫问。
> "死在家里的。"
> "你还不怕，仍旧坐在家里吗？"
> 今年，北平的马廉教授正在教书，骤然中风，在教室里逝去了，疑古玄同教授便从此不上课，怕步马廉教授的后尘。
> 但死在教室里的教授，其实比死在家里的着实少。
> "你还不怕，仍旧坐在家里吗？"

可恶的典故

鲁迅反对诗中用典太多。鲁迅在教育部时的上司夏曾佑曾写过一首诗赠梁启超，其中有一联云："帝杀黑龙才士隐，书飞赤鸟太平迟。"周作人、叶景葵及梁启超的文章中都提到了这句联的难解，因而非常著名。在鲁迅遗存的手稿中，有一副正是这个联句，手稿后面鲁迅写道："此夏穗卿先生诗也，故用僻典，令人难解，可恶之至！"这首诗已在倪墨炎先生的《鲁迅旧诗探解》一书中得到详解，"帝杀黑龙"出自《墨子·贵义》篇，讲的是墨子的故事，"书飞赤鸟"出自《春秋公羊传注疏》，讲的是孔子的一段故事，要表达的意思是在清帝顽固派统治下不会出人才，天下太平的时日也不会很快到来。鲁迅手录此诗句是因为他可以解出它的含义，并表达出革命也需时日的隐喻，而手书录出赠予友人也是颇为有趣的。

胡须的考证

鲁迅通过研究认为，日本人上翘的胡子是我们汉族祖先的样式，下垂的胡子，是蒙古人留下的产物。鲁迅说："清乾隆中，黄易掘出汉武梁祠石刻画像来，男子的胡须多翘上；我们现在所见北魏至唐的佛教造像中的信士像，凡有胡子的也多翘上，直到元明的画像，则胡子大抵受了地心的吸力作用，向下面拖下去了。""我以为拖下的胡子倒是蒙古式，是蒙古人带来的，然而我们的聪明的名士却当作国粹了。"鲁迅晚年又说："当我年青时，大家以胡须上翘者为洋气，下垂者为国粹，而不知这正是蒙古式，汉唐画像，须皆上翘"。鲁迅对那些对他的胡须变化好奇的人说："总之我从此太平无事的一直到现在，所麻烦者，必须时常剪剪而已。"这"时常剪剪"的深意，表达了鲁迅一种犀利的坚持。

时下蓄须的中国人似乎又多了起来，书画界、影视界甚至文学界的大腕们有很多蓄须者，然而那蓄须的目的只有扮酷而已，殊不知，蓄须史也是有很多学问的。

踢"鬼"

鲁迅从来不信神鬼,认为鬼神只是人们头脑中臆想的产物,他曾说:"描神画鬼,毫无对证,本可以专靠了神思,所谓'天马行空'似的挥写了,然而他们写出来的,也不过是三只眼,长颈子,就是在常见的人体上,增加了眼睛一只,增长了颈子二三尺而已。"许寿裳讲过一个鲁迅用皮鞋踢鬼的故事:鲁迅住的地方和学堂的距离有些远,中间有一条近路,经过一片墓地。有一天晚上,鲁迅回家较晚,就走的这条近路。两边的草长得很高,忽然看见正面有个白东西不作声地停在那里,渐渐变得矮小,最后成为一块石头不动了。鲁迅有些踌躇,大黑天的,会有人在这活动,是不是就是所谓的"鬼"呢?面对这东西,是冲上去还是退却呢?鲁迅瞬间做出决定:冲上去。他走到那白东西前,用皮鞋一脚踢过去,结果那白东西"哎哟"一声站起来就跑掉了。最终鲁迅也没弄清楚那是个什么人。后来鲁迅笑着对许寿裳说:"鬼也是怕踢的,踢他一脚就立刻变成人了。"看来,只要心中无鬼,人就可以拥有摧毁鬼的力量与胆魄。

白蛇娘娘

白蛇的传说是中国民间四大传说之一,据现有史料考证,其最初形成完整的故事是出自《警世通言》。鲁迅的祖母常给他讲白蛇娘娘的故事:"白蛇娘娘就被压在这塔底下。有个叫作许仙的人救了两条蛇,一青一白,后来白蛇便化作女人来报恩,嫁给许仙了;青蛇化作丫鬟,也跟着。一个和尚,法海禅师,得道的禅师,看见许仙脸上有妖气，——凡讨妖怪做老婆的人，脸上就有妖气的，但只有非凡的人才看得出，——便将他藏在金山寺的法座后，白蛇娘娘来寻夫，于是就'水满金山'。"鲁迅说："我的祖母讲起来还要有趣得多，大约是出于一部弹词叫作《义妖传》里的，但我没有看过这部书，所以也不知道'许仙''法海'究竟是否这样写。总而言之，白蛇娘娘终于中了法海的计策，被装在一个小小的钵盂里了。钵盂埋在地里，上面还造起一座镇压的塔来，这就是雷峰塔。"

1924年，杭州的雷峰塔坍塌，一说坍塌的原因是乡下人迷信那塔砖放在自己的家中，凡事都必平安、如意，逢凶化吉，于是这个也挖，那个也挖，挖之久久，便倒了。另有一说是因为塔砖中有人挖出了古人的经卷，于是人们都去挖，于是挖来挖去便倒了。前一种是迷信心理，后一种是发财心理。鲁迅评道："这一种奴才式的破坏，结果也只能留下一片瓦砾，与建设无关。""岂但乡下人之于雷峰塔，日日偷挖中华民国的柱石的奴才们，现在正不知有多少！"

"郭巨埋儿"

《二十四孝图》是鲁迅少年时读过的封建孝道的读物，其中有一图名曰"郭巨埋儿"。鲁迅讲道："至于玩着'摇咕咚'的郭巨的儿子，却实在值得同情。他被抱在他母亲的臂膊上，高高兴兴地笑着；他的父亲却正在掘窟窿，要将他埋掉。说明云，'汉郭巨家贫，有子三岁，母尝减食与之。巨谓妻曰，贫乏不能供母，子又分母之食。盍埋此子？'但是刘向《孝子传》所说，却又有些不同：巨家是富的，他都给了两弟；孩子是才生的，并没有到三岁。结末又大略相像了，'及掘坑二尺，得黄金一釜，上云：天赐郭巨，官不得取，民不得夺！'"

鲁迅对这个故事大不以为然："我最初实在替这孩子捏一把汗，待到掘出黄金一釜，这才觉得轻松。然而我已经不但自己不敢再想做孝子，并且怕我父亲去做孝子了。家景正在坏下去，常听到父母愁柴米；祖母又老了，倘使我的父亲竟学了郭巨，那么，该埋的不正是我么？ 如果一丝不走样，也掘出一釜黄金来，那自然是如天之福，但是，那时我虽然年纪小，似乎也明白天下未必有这样的巧事。"

《二十四孝图》是一本宣扬封建孝道的书。深感封建孝道对人的毒害，鲁迅在他写的《二十四孝图》这篇文章中，揭露了封建孝道的虚伪和残酷。这二十四孝的故事至今还在流传，许多街道的墙上还绘有彩色的图文。可叹。

"杭育杭育派"

关于诗的起源、创作、出版及其流派的形成，鲁迅在《门外文谈》中描述了这样一个故事："人类是在未有文字之前，就有了创作的，可惜没有人记下，也没有法子记下。我们的祖先的原始人，原是连话也不会说的，为了共同劳作，必需发表意见，才渐渐的练出复杂的声音来，假如那时大家抬木头，都觉得吃力了，却想不到发表，其中有一个叫道'杭育杭育'，那么，这就是创作；大家也要佩服，应用的，这就等于出版；倘若用什么记号留存了下来，这就是文学；他当然就是作家，也是文学家，是'杭育杭育派'"。

鲁迅认为"诗歌起于劳动和宗教。其一，因劳动时，一面工作，一面唱歌，可以忘却劳苦，所以从单纯的呼叫发展开去，直到发挥自己的心意和感情，并偕有自然的韵调；其二，是因为原始民族对于神明，渐因畏惧而生敬仰，于是歌颂其威灵，赞叹其功烈，也就成了诗歌的起源"。

清明时节

　　清明节的主要活动是扫墓、踏青、植树等。关于浙江绍兴一带扫墓的风俗,《越谚·风俗部》有记载,那景况是相当讲究:"清明前后,大备船筵鼓乐,男女儿孙尽室赴墓,近宗晚眷助祭罗拜,称谓上坟市。"鲁迅父亲早逝,家境破败,青年离家求学,对清明节扫墓事不是很关心。在鲁迅的日记记载中,只有一次扫墓的记录。鲁迅的家乡民俗中"尊祖"是一件重要的事情。1919年,鲁迅在北京的八道湾置办了房产,年底,鲁迅回家接家眷举家迁往北京。鲁迅按照民俗和母亲的意见将家中的祖坟做了妥善安置。1904年,鲁迅祖父去世后,安葬在绍兴郊区的阮港逍遥溇(绍兴断头的小河称"溇"),鲁迅父亲去世后,灵柩安放在圭山。鲁迅在离开绍兴之前,在祖父墓旁建了一座新坟,将父亲的灵柩迁于逍遥溇的半山坡上。鲁迅日记载:1919年12月22日,"与三弟等同至消摇溇扫墓,晚归"。鲁迅率全家北上北京后,周家在绍兴已分崩离析,从此鲁迅再也没有回过家乡绍兴,也再也没扫过墓。

　　民国的清明节是有假期的,这在鲁迅的日记中可以找到证据。1925年的清明时节,是鲁迅与许广平爱情萌发的时节。这年的3月,鲁迅收到了许广平给他的第一封信,而鲁迅当日就写了热情洋溢的回信,此后他们的通信频繁,这个月许广平竟给鲁迅写了六封信,而鲁迅也是接信即复,要知道,那时市内的通信也得三天才能寄到啊。这年的清明节,鲁迅心情大好,日记可证:

　　4月5日:"晴。星期休息。……云松阁来种树,计紫、白丁香各二，碧桃一，花椒、刺梅、榆梅各二，青杨三。午后孙席珍来。收俞小姐所送薄荷酒一瓶，袁匋盦所送自作山水一幅。"

4月6日："昙。补昨清明节假。……夜得许广平信。"

4月12日："下午小峰、衣萍来，许广平、林卓凤来。"

这是许广平第一次探访鲁迅的"秘密窝"。

这年的清明节，大概是鲁迅心情最好的一个春天。

1936年是鲁迅在世的最后一个清明节，节后不久，他收到了青年作家张天翼送给他的书。4月10日鲁迅日记："见张天翼见赠《万仞约》及《清明时节》各一本。晚小雨。"这真是"清明时节雨纷纷"啊。10月19日，鲁迅离世，送殡的丧仪上张天翼手书题写了"鲁迅先生丧仪"，他在《哀悼鲁迅先生》一文中说："'鲁迅'这个名字跟'死'字联不起来的。"

20. 世说

照相

据世界摄影术发展史，1839年法国科学院宣布达盖尔发明银版摄影术，引入中国是在1844年，商业摄影逐渐在中国发展起来，并应用于时事新闻、报刊出版及民间照相馆等领域。鲁迅1924年曾写杂文《论照相之类》，描述了三十年前绍兴家乡照相馆的故事，这应是中国摄影史上极好的史料。

那时鲁迅还是十多岁的少年。在那个年代，照相被认为是妖术。"S城人却似乎不甚爱照相，因为精神要被照去的，所以运气正好的时候，尤不宜照"。咸丰年间在一个省里还有因为能照相而家产被乡下人捣毁的事情。但在那时，绍兴就已经有了照相馆了。鲁迅每次经过那里，总会驻足观赏一番。照相馆摆放着各种道具，"大小长短不同颜色不同的玻璃瓶，又光滑又有刺的仙人掌，在我都是珍奇的物事；还有挂在壁上的框子里的照片：曾大人，李大人，左中堂，鲍军门"。照相多不照半身相，因为像刑罚中的"腰斩"，所以避讳。"他们所照的多是全身，旁边一张大茶几，上有帽架，茶碗，水烟袋，花盆，几下一个痰盂，以表明这人的气管枝中有许多痰，总须陆续吐出。人呢，或立或坐，或者手执书卷，或者大襟上挂一个很大的时表，我们倘用放大镜一照，至今还可以知道他当时拍照的时辰，而且那时还不会用镁光，所以不必疑心是夜里。"名士风流，文人雅士却不这样照,"也有赤身露体装作晋人的,也有斜领丝绦装作X人的,但不多。较为通行的是先将自己照下两张,服饰态度各不同,然后合照为一张,两个自己即或如宾主,或如主仆,名曰'二我图'。但设若一个自己傲然地坐着,一个自己卑劣可怜地,向了坐着的那一个自己跪着的时候,名色便又两样了:'求己图'。这类'图'晒出之后,总须题些诗,或者词如'调寄满庭芳''摸鱼儿'之类,然后在书房里挂起。至于贵人富户,则因为属于呆鸟一类,所以决计想不出如此雅致的花样来,即有特别举动,至多也不过自己坐在中间,膝下排列着他的一百个儿子,一千个孙子和一万个曾孙(下略)照一张'全家福'"。如今有专收藏老照片的收藏家,前些时故宫还举办过清宫所藏老照片展,民间的就更多了。从这些老照片中,我们可以看到鲁迅描述的旧时照相风格。

戏法

俗语说:戏法人人会变,各有巧妙不同。鲁迅说:"我爱看'变戏法'。"他说:"记得年幼时,很喜欢看变戏法,猢狲骑羊,石子变白鸽,最末是将一个孩子刺死,盖上被单,一个江北口音的人向观众装出撒钱模样道:Huazaa! Huazaa! 大概是谁都知道,孩子并没有死,喷出来的是装在刀柄里的苏木汁,Huazaa 一够,他便会跳起来的。但还是出神地看着,明明意识着这是戏法,而全心沉浸在这戏法中。万一变戏法的定要做得真实,买了小棺材,装进孩子去,哭着抬走,倒反索然无味了。这时候,连戏的真实也消失了。"

因为爱看戏法,所以他也会揭戏法之秘:"这变戏法的,大概只有两种—— 一种,是教一个猴子戴起假面,穿上衣服,耍一通刀枪;骑了羊跑几圈。还有一匹用稀粥养活,已经瘦得皮包骨头的狗熊玩一些把戏。末后是向大家要钱。一种，是将一块石头放在空盒子里，用手巾左盖右盖，变出一只白鸽来；还有将纸塞在嘴巴里，点上火，从嘴角鼻孔里冒出烟焰。其次是向大家要钱。要了钱之后，一个人嫌少，装腔作势的不肯变了，一个人来劝他，对大家说再五个。果然有人抛钱了，于是再四个，三个……抛足之后，戏法就又开了场。这回是将一个孩子装进小口的坛子里面去，只见一条小辫子，要他再出来，又要钱。收足之后，不知怎么一来，大人用尖刀将孩子刺死了，盖上被单，直挺挺躺着，要他活过来，又要钱。"

鲁迅用变戏法的例子比喻中国近代史，就像看戏法，总会有人看，总会有人撒钱，看过后"看客们也就呆头呆脑的走散"。这空地上暂时沉寂几日又继续变那收钱的戏法。鲁迅还说："一般的幻灭的悲哀，我以为不在假，而在以假为真。"很多地方，戏法总在上演着。

秦始皇与曹操

鲁迅研究中国小说史，实际上是对历史的观察，对社会的批判，对文艺理论的探索。《中国小说史略》一书，结束了中国小说无史的状况。他通过对历史的研究，得出的看法往往与传统观点不同。有一次他讲到曹操和秦始皇，他说："许多史书对人物的评价是靠不住的。历代王朝，统治时间长的，评论者都是本朝的人，对他们本朝的皇帝多半是歌功颂德；统治时间短的，那朝代的皇帝就很容易被贬为'暴君'，因为评论者是另一个朝代的人了。秦始皇在历史上有贡献，但是吃了秦朝年代太短的亏。""曹操被《三国志演义》糟蹋得不成样子。且不说他在政治改革方面有不少的建树，就是他的为人，也不是小说和戏曲中歪曲的那样。像祢衡那样的狂妄的人，我若是曹操,早就把他杀掉了。"从鲁迅的文章中,我们可以看到很多他用独特的角度看待历史的观点,鲁迅的这个故事告诉我们,读史书时要正本清源和进行正确的分析,才能得出正确的结论。

曹操的坟墓

1934年4月,鲁迅以《清明时节》为题写了一篇杂文。文中嘲讽了中国过清明节的一些封建迷信的现象和"扫墓救国"的荒谬。文中说:"清明时节,是扫墓的时节,有的要进关内来祭祖,有的是到陕西去上坟,或则激论沸天,或则欢声动地,真好像上坟可以亡国,也可以救国似的。"鲁迅还讲了一个故事:"相传曹操怕死后被人掘坟,造了七十二疑冢,令人无从下手。于是后之诗人曰:'遍掘七十二疑冢,必有一冢葬君尸。'于是后之论者又曰:阿瞒老奸巨猾,安知其尸实不在此七十二冢之内乎。真是没有法子想。"

据报道,2009年12月27日,国家文物局认定,经考古发掘位于河南省安阳市安丰乡西高穴村南的高陵,为曹操墓。但此墓是否为曹操墓因证据不太有力,在学术界仍存在争议。

捐班

中国有个成语叫作"卖官鬻爵",就是指当权者为聚敛钱财而出卖官职爵位,把官职当成做生意,是一种腐败的行为。在清代,这种交易被称为"捐官"。当代社会也存在这样的腐败现象。鲁迅讲过这样的一段历史:"清朝的中叶,要做官可以捐,叫做'捐班'的便是这一伙。财主少爷吃得油头光脸,忽而忙了几天,头上就有一粒水晶顶,有时还加上一枝蓝翎,满口官话,说是'今天天气好'

了。"民国以后"捐班"的事没有了，但生发出新的品种，叫作捐学者、捐文学家、捐艺术家等等，由此弄到"文人学士"的顶戴。

捐学者的方法是："收买一批古董，结识几个清客，并且雇几个工人，拓出古董上面的花纹和文字，用玻璃板印成一部书，名之曰'什么集古录'或'什么考古录'。李富孙做过一部《金石学录》，是专载研究金石的人们的，然而这倒成了'作俑'，使清客们可以一续再续，并且推而广之，连收藏古董，贩卖古董的少爷和商人，也都一榻括子的收进去了，这就叫作'金石家'。"由此可见，民国时有些金石家也是假的。

还有捐文学家或艺术家的，"只要开一只书店，拉几个作家，雇一些帮闲，出一种小报，'今天天气好'是也须会说的，就写了出来，印了上去，交给报贩，不消一年半载，包管成功。但是，古董的花纹和文字的拓片是不能用的了，应该代以电影明星和摩登女子的照片，因为这才是新时代的美术。'爱美'的人物在中国还多得很，而'文学家'或'艺术家'也就这样的起来了"。

捐官的目的是敛财，捐学者文人的目的是名利双收。鲁迅说过的现象现在依然存在，为了敛财，以金钱行贿，获取权力后再更大地敛财。而捐学者、捐文学家、艺术家的，因为可以名利双收，于是就捐来"学者""大师""文学家""艺术家"的称号招摇撞骗。鲁迅说捐学者文人"先要能'投资'，所以平常人做不到，要不然文人学士也就不大值钱了。而现在还值钱，所以也还会有人忙着做人名辞典，造文艺史，出作家论，编自传。我想，倘作历史的著作，是应该像将文人分为罗曼派，古典派一样，另外分出一种'捐班'派来的，历史要'真'，招些忌恨也只好硬挺，是不是？"。

贪官

历代贪官为百姓所不耻，做官即贪，大官大贪，小官小贪，动辄几百万、上千万，甚至上亿，这样的官僚体系哪有老百姓的好日子过。近些年来中央反腐，老虎苍蝇一起打，确是得人心的事。中国贪官是有历史渊源的，原因在于封建体制下，有官即有权，想获利益就会行贿于有权之官，贪腐于是便产生了。鲁迅把中国历史做了分析，一是想做奴隶而不得的时代，二是暂时做稳了奴隶的时代。虽然奴隶时代已经不复存在了，但奴隶性仍是中国人的劣根性。贪官的产生往往源于"捧"，为了利益，下级捧上级，小官捧大官。鲁迅讲过一个书中的故事：

"记得有一部讲笑话的书，名目忘记了，也许是《笑林广记》罢，说，当一个知县的寿辰，因为他是子年生，属鼠的，属员们便集资铸了一个金老鼠去作贺礼。知县收受之后，另寻了机会对大众说道：明年又恰巧是贱内的整寿；她比我小一岁，是属牛的。其实，如果大家先不送金老鼠，他决不敢想金牛。一送开手，可就难于收拾了，无论金牛无力致送，即使送了，怕他的姨太太也会属象。象不在十二生肖之内，似乎不近情理罢，但这是我替他设想的法子罢了，知县当然别有我们所莫测高深的妙法在。"

鲁迅还讲了一个亲历的故事："民元革命时候，我在S城，来了一个都督。他虽然也出身绿林大学，未尝'读经'，但倒是还算顾大局，听舆论的，可是自绅士以至于庶民，又用了祖传的捧法群起而捧之了。这个拜会,那个恭维,今天送衣料,明天送翅席,捧得他连自己也忘其所以,结果是渐渐变成老官僚一样,动手刮地皮。"

对付贪官,鲁迅提出"挖"的办法:"最奇怪的是北几省的河道,竟捧得河身比屋顶高得多了。当初自然是防其溃决,所以壅上一点土;殊不料愈壅愈高,一旦溃决,那祸害就更大。于是就'抢堤'咧,'护堤'咧,'严防决堤'咧,花色繁多,大家吃苦。如果当初见河水泛滥,不去增堤,却去挖底,我以为决不至于这样。"对付贪图金牛的人,"不但金老鼠,便是死老鼠也不给"。鲁迅说:"中国人的自讨苦吃的根苗在于捧,'自求多福'之道却在于挖。其实,劳力之量是差不多的,但从惰性太多的人们看来,却以为还是捧省力"。这办法不但反贪局要学,关键是国民都要学。

杨贵妃

鲁迅曾想写长篇小说"杨贵妃",为此还到西安考察过,他曾和郁达夫说起过他的腹稿方案。白居易的《长恨歌》中有"七月七日长生殿,夜半无人私语时。在天愿作比翼鸟,在地愿为连理枝",描写了唐玄宗与杨贵妃的相爱。对于杨贵妃之死,鲁迅与历史上的看法有不同,他曾讲过:"明智的玄宗看透了杨贵妃和安禄山的关系,对她不免有厌倦的心情,所以七夕姑且敷衍她说:'在天愿作比翼鸟,在地愿为连理枝!'意思是今生的爱情算完了,只期待来生。何以见得呢?后来安禄山造反,玄宗走到马嵬坡,六军不发,要求杀杨贵妃,他也无可奈何,只好'宛转蛾眉马前死'了!如果唐玄宗还爱她,能不全力保护她吗?说不定还是他暗杀她哩……"结局是:玄宗老的时候,想起当时行乐的情形,心里后悔,梧桐秋雨叶落时,生出一场大大的神经病,一位道士用催眠术给他治病,终于使他和贵妃相见。郁达夫说："这一个腹案，实在是妙不可言的设想，若做出来，我相信一定可以为我们的小说界辟一生面。"后来鲁迅因为忙于其他，终未写成这部大作。只有对史料有详细的了解，才能对历史的真实做出判断，鲁迅是。

话剧

话剧在民国时是一种新生事物，许多话剧都是由大学的学生们演出的。鲁迅在北京生活了十四年，观看的话剧也很多。1919年6月19日，周作人从刘半农处购买了两张北大新剧团的话剧票与鲁迅一起到第一舞台看话剧。演出的剧目是《终身大事》一幕，由胡适编剧，这是中国现代第一部话剧。还有《新村正》，是天津南开新剧团创作的五幕话剧，由北京大学新剧团演出时压缩成四幕。1922年12月26日，鲁迅在东城燕京大学女校观看了由学生演出的莎士比亚的话剧《无风起浪》。1926年1月1日，鲁迅往北大第三院观演《不忠实的爱情》。这出话剧是由北大学生黄鹏基等组织的戏剧团体于是剧社编排的，黄鹏基当时是莽原社的骨干，是鲁迅非常赞赏的一个学生，鲁迅的出席表示了对进步剧社的支持。1924年5月8日，鲁迅与孙伏园在协和学校礼堂观看了印度泰戈尔创作的著名话剧《契忒罗》二幕，这是新月社为祝泰戈尔六十四岁生日，由徐志摩、林徽因用英文演出的。鲁迅还与周作人、梁启超、徐半梅、孙伏园等做过人艺戏剧专门学校的校董，并在新明大戏院观看过学生们演出的陈大悲编剧的《英雄与美人》、女师大史学系学生演出的《卓文君》和《环珴璘与蔷薇》、女师大哲学系演出的《爱情与世仇》。这在中国话剧史上应该写上一笔的。

歌剧

歌剧起源于17世纪的意大利,进而传播到欧洲各国。中国的戏剧也被外国称为歌剧,五四运动以后,中国的歌剧才逐渐发展起来。1922年,曾有一支俄国歌剧团来华演出,这年4月4日,鲁迅陪同俄国诗人爱罗先珂观看了演出,剧名是《游牧情》。鲁迅不大懂音乐,这是鲁迅唯一一次观看歌剧的记录。4月9日鲁迅作《为"俄国歌剧团"》一文,感慨这演出就像在沙漠中,"比沙漠更可怕的人世在这里"。但鲁迅还是评价演出的歌剧是"美妙的艺术"。鲁迅在文章中讲述了他看歌剧的感想:

"我到第一舞台看俄国的歌剧,是四日的夜间,是开演的第二日。

一入门,便使我发生异样的心情了:中央三十多人,旁边一大群兵,但楼上四五等中还有三百多的看客。

有人初到北京的,不久便说:我似乎住在沙漠里了。

是的,沙漠在这里。

没有花,没有诗,没有光,没有热。没有艺术,而且没有趣味,而且至于没有好奇心。

沉重的沙……

我是怎么一个怯弱的人呵。这时我想:倘使我是一个歌人,我的声音怕要销沉了罢。

沙漠在这里。

然而他们舞蹈了,歌唱了,美妙而且诚实的,而且勇猛的。

流动而且歌吟的云……

兵们拍手了，在接吻的时候。兵们又拍手了，又在接吻的时候。

非兵们也有几个拍手了，也在接吻的时候，而一个最响，超出于兵们的。

我是怎么一个褊狭的人呵。这时我想：倘使我是一个歌人，我怕要收藏了我的竖琴，沉默了我的歌声罢。倘不然，我就要唱我的反抗之歌。

而且真的，我唱了我的反抗之歌了！

沙漠在这里，恐怖的……

然而他们舞蹈了，歌唱了，美妙而且诚实的，而且勇猛的。

你们漂流转徙的艺术者，在寂寞里歌舞，怕已经有了归心了罢。你们大约没有复仇的意思，然而一回去，我们也就被复仇了。

比沙漠更可怕的人世在这里。

呜呼！这便是我对于沙漠的反抗之歌，是对于相识以及不相识的同感的朋友的劝诱，也就是为流转在寂寞中间的歌人们的广告。"

喜剧、悲剧和惨剧

鲁迅历来支持新生事物。他曾是北京人艺戏剧学校的校董并多次观看学生们演出的话剧。1923年5月28日，鲁迅与他的学生孙伏园、许钦文到新明大剧院观看北京人艺戏剧学校学生们演出的话剧。

对于话剧，鲁迅的看法是：编剧本总要比小说多用些功夫。小说的读者，大概是学了文化的知识分子；戏剧的观众，各方面文化层次的人都有，台词就得格外通俗、精练，要用"戏剧语言"。鲁迅把戏剧分为喜剧、悲剧和惨剧，并有精辟的见解。他对许钦文讲："把没有什么价值的东西，当众毁掉的算作喜剧，把有价值的东西当众毁掉是悲剧。"他用莎士比亚的剧本举例："《威尼斯商人》是他的喜剧代表作品，《哈姆雷特》是悲剧的代表作。""惨剧和悲剧的区别，在于闹成悲惨的结局，是否由于主角自己的玩弄？"鲁迅的观点至今的文艺理论仍然在使用，一个戏剧理论家首先是个思想家，鲁迅是。

行贿的手法

鲁迅在上海时，日本友人内山完造是他的好友。有一天报上载，某高官的五十六岁诞辰，祝贺的钱收到十多万。鲁迅对好友内山完造说："我觉得很伤心。原来在中国，庆祝寿辰，每隔十年一回：如四十岁，五十岁，六十岁，七十岁，八十岁……；跟这个人一样地庆祝五十六岁的习惯是没有的。所以，我想，这个人一定是每年都在祝寿，并且，每一次祝寿，也一定可以收到这么一笔大款子。逢着每年的诞辰都可以收到十万块钱，这真是厉害！""从前的受贿，都是很秘密的；但，如今，则贿赂似乎大抵都变成公然的了。"民国时候受贿的事，居然可以作为一种荣耀登报让麻木的中国人知晓，可算一大奇闻了。

邮件的遭遇

鲁迅在《两地书》序言中说"书信是最不掩饰，最显真面的文章，但我也并不，我无论给谁写信，最初，总是敷敷衍衍，口是心非的，即在这一本中，遇有较为紧要的地方，到后来也还是往往故意写得含胡些，因为我们所处，是在'当地长官'，邮局，校长……，都可以随意检查信件的国度里"。

民国时期通信不像现在那样发达，电话、微信、QQ 等手段多多，方便快捷，那时的主要通信方式就是写信。1925 年 3 月，鲁迅、许广平开始书信热恋，自许广平第一次给鲁迅写信始，至 7 月，他们共通信四十多封，那频率基本是接信便复。鲁迅有记载的信大约有五千封，现在保留下来的仅有约一千五百封，其中鲁迅与许广平在 1925 年 3 月至 1929 年 6 月间的通信共一百三十五封，由鲁迅修改编辑，分为三集，1933 年 4 月由上海青光书局出版，名为《两地书》。那时的邮政，北京寄一封信要三天才能收到，外埠要一周至半个月能收到，鲁迅常被各种审查制度困扰，有时信件还被扣留。

鲁迅描述过中国的邮政："我还记得民国初年到北京时，邮局门口的扁额是写着'邮政局'的，后来外人不干涉中国内政的叫声高起来，不知道是偶然还是什么，不几天，都一律改了'邮务局'了。外国人管理一点邮'务'，实在和内'政'不相干，这一出戏就一直唱到现在。"鲁迅在致友人的信中经常发牢骚，1933 年写给增田涉的一封信中说："最近我的一切作品，不问新旧全被秘密禁止，在邮局里没收了。好像打算把我全家饿死。"1936 年致唐弢的一封信中说："我的号，可用周豫才，多人如此写法，但邮局当亦知道，不过比鲁迅稍不触目而已。至于别种笔名，恐书店不详知，易于将信失落，似不妥。"有一段时间，邮局看见鲁迅名字的信件便要扣留。有一次，鲁迅托曹靖华收藏苏联版画，寄去一些中国宣纸以便交换，鲁迅到邮局去寄包裹，就遇到了很大的麻烦。鲁迅在给曹靖华的信中说："因为邮局中也常有古怪脾气的人，看见'俄国'两个字就恨恨，先前已曾碰过几个钉子，这回将小卷去寄，他不相信是纸，拆开来看，果然是纸，本该不成问题了，但他拆的时候，故意（！）将包纸拆得粉碎，使我不能再包起来，只得拿回家。但包好了再去寄，不是又可以玩这一手的么？所以我已将零寄法停止，只寄小包了。"鲁迅分析，那些检查员终日检查刊物，不久就会头昏眼花，于是讨厌，于是生气，干脆扣留。鲁迅的邮件被扣留了很多。邮局扣留的刊物太多，无处存放了，干脆一律焚毁。就连总理夫人宋庆龄的信也要被查，何况鲁迅，鲁迅曾摘引《大晚报》载新闻云："孙总理夫人宋庆龄女士自归国寓沪后，关于政治方面，不闻不问，惟对社会团体之组织非常热心。据本报记者所得报告，前日有人由邮政局致宋女士之索诈信□（自按：原缺）件，业经本市当局派驻邮局检查处检查员查获，当将索诈信截留，转辗呈报市府。"虽是索诈之信，但证明也在邮局被当局派驻的检查员所检查。

古城

鲁迅在1919年写下《自言自语》，有人认为这是他最早的散文诗，可这文体却更像是一种引人深入思考的寓言故事，其中一段名为《古城》：

> 你以为那边是一片平地么？不是的。其实是一座沙山，沙山里面是一座古城。这古城里，一直从前住着三个人。
> 古城不很大，却很高。只有一个门，门是一个闸。
> 青铅色的浓雾，卷着黄沙，波涛一般的走。
> 少年说，"沙来了。活不成了。孩子快逃罢。"
> 老头子说，"胡说，没有的事。"

这样的过了三年和十二个月另八天。

　　少年说,"沙积高了,活不成了。孩子快逃罢。"

　　老头子说,"胡说,没有的事。"

　　少年想开闸,可是重了。因为上面积了许多沙了。

　　少年拼了死命,终于举起闸,用手脚都支着,但总不到二尺高。

　　少年挤那孩子出去说,"快走罢!"

　　老头子拖那孩子回来说,"没有的事!"

　　少年说,"快走罢!这不是理论,已经是事实了!"

　　青铅色的浓雾,卷着黄沙,波涛一般的走。

　　以后的事,我可不知道了。

　　你要知道,可以掘开沙山,看看古城。闸门下许有一个死尸。闸门里是两个还是一个?

　　这个故事告诉人们发生在中国的一段段悲催的历史。鲁迅对钱玄同说:"假如一间铁屋子,是绝无窗户而万难破毁的,里面有许多熟睡的人们,不久都要闷死了,然而是从昏睡入死灭,并不就感到就死的悲哀。现在你大嚷起来,惊起了较为清醒的几个人,使这不幸的少数者来受无可挽救的临终的苦楚,你倒以为对得起他们么?"鲁迅在《我们现在怎样做父亲》一文中表达了要人们面对这绝望进行反抗的生命意志,可以作为对这个寓言故事的注解:"自己背负着因袭的重担,肩住了黑暗的闸门,放他们到宽阔光明的地方去;此后幸福的度日,合理的做人。"

"三·一八"惨案

1926年3月12日,日本侵略者的军舰侵入大沽口并开炮轰击,打死打伤我军人员。事后日本借口国民军违反《辛丑条约》并联合英美等八国,向北京政府提出在津沽地区停止军事行动和撤除国防设施的无理要求,限四十八小时内答复。面对侵略行径,3月18日下午,北京各团体、学校学生五千余人在天安门集会抗议,然后到铁狮子胡同段祺瑞执政府请愿示威,要求拒绝八国的无理要求。北京女子师范大学学生自治会长刘和珍走在队伍的前头。但当游行群众刚到执政府门前,反动军警竟开枪,当场枪杀游行群众,死四十七人,伤一百五十多人。造成历史上骇人听闻的"三·一八"惨案。鲁迅在女师大的学生刘和珍、杨德群惨遭杀害。

鲁迅在这一天愤怒地写下《无花的蔷薇之二》,文中说:

"这不是一件事的结束,是一件事的开头。

墨写的谎说,决掩不住血写的事实。

血债必须用同物偿还。拖欠得愈久,就要付更大的利息!"

"实弹打出来的却是青年的血。血不但不掩于墨写的谎语,不醉于墨写的挽歌;威力也压它不住,因为它已经骗不过,打不死了。

三月十八日,民国以来最黑暗的一天,写。"

4月1日,鲁迅又写下了《记念刘和珍君》,指出:"苟活者在淡红的血色中,会依稀看见微茫的希望;真的猛士,将更奋然而前行。"

批评汉字

鲁迅是主张汉字拉丁化的，把方块的汉字称为"带病的遗产"，但鲁迅对汉字字体有过深入的研究，并且做过大量资料积累工作。1933年6月18日，在致曹聚仁的信中谈到想写中国字体变迁史的事："我数年前，曾拟编中国字体变迁史及文学史稿各一部，先从作长编入手，但即此长编，已成难事，剪取欤，无此许多书，赴图书馆抄录欤，上海就没有图书馆，即有之，一人无此精力与时光，请书记又有欠薪之惧，所以直到现在，还是空谈。"可惜鲁迅的这一写作计划没有完成。1934年8月20日，鲁迅作《门外文谈》一文，可以看出鲁迅对中国文字变迁的研究。文章以生动的例子论述了中国文字的由来、写字与画画的关系等。全文共十二节，从第二节"字是什么人造的？"开始，论述了中国字体的变迁。在"字是怎么来的？"一节中，从结绳记事论起，直到甲骨和钟鼎文，指出图形与文字相关的线索："中国文字的基础是'象形'。"又举外国的例子"画在西班牙的亚勒泰米拉（Altamira）洞里的野牛，是有名的原始人的遗迹，许多艺术史家说，这正是'为艺术的艺术'，原始人画着玩玩的。但这解释未免过于'摩登'，因为原始人没有十九世纪的文艺家那么有闲，他的画一只牛，是有缘故的，为的是关于野牛，或者是猎取野牛，禁咒野牛的事。现在上海墙壁上的香烟和电影的广告画，尚且常有人张着嘴巴看，在少见多怪的原始社会里，有了这么一个奇迹，那轰动一时，就可想而知了。他们一面看，知道了野牛这东西，原来可以用线条移在别的平面上，同时仿佛也认识了一个'牛'字，一面也佩服这作者的才能，但没有人请他作自传赚钱，所以姓氏也就湮没了。但在社会里，仓颉也不止一个，有的在刀柄上刻一点图，有的在门户上画一些画，心心相印，口口相传，文字就多起来，史官一采集，便可以敷衍记事了。中国文字的由来，恐怕也逃不出这例子的"。在"写字就是画画"一节中，形象地解释了文字构成法"六书"，说明中国文字的写字就是画画："象形，'近取诸身，远取诸物'，就是画一只眼睛是'目'，画一个圆圈，放几条毫光是'日'，那自然很明白，便当的。但有时要碰壁，譬如要画刀口，怎么办呢？不画刀背，也显不出刀口来，这时就只好别出心裁，在刀口上加一条短棍，算是指明'这个地方'的意思，造了'刃'。这已经颇有些办事棘手的模样了，何况还有无形可象的事件，于是只得来'象意'，也叫作'会意'。一只手放在树上是'采'，一颗心放在屋子和饭碗之间是'寍'，有吃有住，安寍了。但要写'宁可'的宁，却又得在碗下面放一条线，表明这不过是用了'寍'的声音的意思。'会意'比'象形'更麻烦，它至少要画两样。如'寶'字，则要画一个屋顶，一串玉，一个缶，一个贝，计四样；我看'缶'字还是杵臼两形合成的，那么一共有五样。单单为了寶这一个字，就很要破费些工夫。""不过还是走不通，因为有些事物是画不出，有些事物是画不来，譬如松柏，叶样不同，原是可以分出来的，但写字究竟是写字，不能像绘画那样精工，到底还是硬挺不下去。来打开这僵局的是'谐声'，意义和形象离开了关系。这已经是'记音'了，所以有人说，这是中国文字的进步。不错，也可以说是进步，然而那基础也还是画画儿。例如'菜，从草，采声'，画一窠草，一个爪，一株树：三样；'海，从水，每声'，画一条河，一位戴帽（？）的太太，也三样。总之：如果要写字，就非永远画画不成。"鲁迅指出："古人传文字给我们，原是一份重大的遗产，应该感谢的。但在成了不象形的象形字，不十分谐声的谐声字的现在，这感谢却只好踌躇一下了。"

《参考消息》

很多文章都把郭沫若的《〈鲁迅诗稿〉序》中评价鲁迅的书法作为一个尺度,"鲁迅先生亦无心作书家,所遗手迹,自成风格。融冶篆隶于一炉,听任心腕之交应,朴质而不拘挛,洒脱而有法度。远逾宋唐,直攀魏晋。世人宝之,非因人而贵也"。但也有很多烦郭的人不以为然,或许也牵连到对鲁迅的不以为然。我认为作为学者和书法家的郭沫若对鲁迅书法的评价基本还是客观的。只是当今"书法家"太多,懂书法者太少,价值观在产生巨大的变化,鲁迅又不以书法名世,因此鲁迅的书法便被冷落了。鲁迅一生,著述文字三百多万字,译著三百多万字,还有大量的辑校中国古代典籍、石刻文字,这一切都是用毛笔完成的。鲁迅曾说:"我并无大刀,只有一枝笔,名曰'金不换'。"鲁迅无意做书家,并不意以书法家名世,但鲁迅留给后世的近千万字的墨迹,记录了他自己的书写史。

鲁迅书法功力深厚,这得之于他扎实的幼学,对中国文化的研修与抄碑、写作的勤奋。鲁迅的墨宝深受人们喜爱,现在许多报纸的报头如《参考消息》《浙江日报》《浙江晚报》《绍兴晚报》《安徽日报》《湖北日报》《广西日报》《贵阳晚报》《兰州晚报》《沈阳晚报》《钱江晚报》《新乡晚报》《楚天都市报》《南方周末》《杂文报》《文艺报》《中国文化报》《文汇读书周报》等都是集鲁迅字而成。《上海译报》的报头,"上海"二字选自陈毅的文稿,"译报"为鲁迅的遗墨。这是人们出于对鲁迅的崇敬,也是对鲁迅书法艺术魅力的肯定。

《参考消息》报,是1931年在江西瑞金创刊的报纸,曾被毛主席称为"科学的千里眼、顺风耳","天下独一无二的报纸"。1956年,党中央和毛主席指示《参考消息》改版扩大发行，这工作由周恩来总理亲自主持。当时由报社的李抹陈、顾其珍、王伟负责报头设计。"参考消息"四字请谁来题？这事让他们费了很多脑筋。本想请周总理题写，又考虑他日理万机，不好打扰。有人建议请郭沫若写，当时他是科学院院长，又感到与报纸性质不太合。后来又请了一些社会名流提供过墨稿，大家看后仍觉不满意，最后终于决定从鲁迅手稿中集字。"考""消""息"三字很好找，"参"字却很难找，最后终于在一封书信中提到的一个人名中找到了这个字。如今《鲁迅手稿全集》已出版，集鲁迅字已不那么费事，从这个故事中，我们可以看到老一辈报人对鲁迅的热爱与对工作的认真。集鲁迅先生墨迹的"参考消息"一直使用至今。

"鲁粉"毛泽东

鲁迅生于1881年，毛泽东生于1893年，鲁迅长毛泽东十二岁。1912年鲁迅到北京教育部任职，1918年8月毛泽东到北京大学做图书馆助理员，不到一年便离开。1920年鲁迅受聘于北京大学做讲师。二人可谓有擦肩而过之缘。毛泽东是一位好读书的领袖，曾有一张毛泽东做主席时在书房中读书的照片，照片中赫然陈放着《鲁迅全集》。从毛泽东的文集看，他对鲁迅的评价已是至高。用现在的流行语可以说，毛泽东是鲁迅的一个忠实"粉丝"。

1937年，毛泽东在延安陕北公学纪念鲁迅逝世周年大会上的讲话题为《论鲁迅》，他说："鲁迅在中国的价值，据我看要算是中国的第一等圣人。孔夫子是封建社会的圣人，鲁迅则是现代中国的圣人。"1940年的《新民主主义论》中又说："鲁迅是中国文化革命的主将，他不但是伟大的文学家，而且是伟大的思想家和伟大的革命家。鲁迅的骨头是最硬的，他没有丝毫的奴颜和媚骨，这是殖民地半殖民地人民最可宝贵的性格。鲁迅是在文化战线上，代表全民族的大多数，向着敌人冲锋陷阵的最正确、最勇敢、最坚决、最忠实、最热忱的空前的民族英雄。鲁迅的方向，就是中华民族新文化的方向。"1971年毛泽东在武汉又讲过："我劝同志们看看鲁迅的杂文。鲁迅是中国的第一个圣人。中国第一个圣人不是孔夫子，也不是我。我算贤人，是圣人的学生。"

"盲写"鲁迅诗

毛泽东很喜欢鲁迅的旧体诗，其中很多诗句都能背诵，并多次书写赠予他人。1961年10月他接见日本友人时，将亲手书写的《无题》诗相赠。诗文为："万家墨面没蒿莱，敢有歌吟动地哀。心事浩茫连广宇，于无声处听惊雷。"事后，郭沫若将它译成日文，并译成了口语：

> "到处的田园都荒芜了，
> 普天下的人都面黄肌瘦。
> 应该呼天撞地、号啕痛哭，
> 但是，谁个敢咳一声嗽？
> 失望的情绪到了极点，
> 怨气充满了整个宇宙。
> 谁说这真是万籁无声呢？
> 听：有雷霆的声音怒吼！"

1975年，中央决定由中医研究院著名的眼科医生唐由之为毛泽东做白内障手术。手术在毛泽东的书房中进行，唐由之技术很好，手术很顺利地完成了。深夜一点多，唐由之听到毛泽东醒来，便赶快来到他身边，听到他在说话，但听不太懂，就问："主席您在说什么？我没听懂。"毛泽东就请秘书张玉凤拿来纸笔，虽然眼睛用纱布包着，但仍盲写下了鲁迅的诗："岂有豪情似旧时，花开花落两由之。何期泪洒江南雨，又为斯民哭健儿。"然后签了名字，送给了唐由之，并对他说："这首诗是当年鲁迅悼念杨杏佛的，里面有你'由之'的名字呢。"毛泽东写完后，对张玉凤说："左边书架上面第二层，拿《鲁迅全集》其中那一卷，翻给唐大夫看一看。"张玉凤拿出来一翻果真有这首诗。

手稿的境遇

古人说"纸寿千年"，如果纸是有生命的话，从被制造成纸，直到灰飞烟灭，每一片纸张都会有自己的一段传奇，关键是要看这纸承载的内容是否具有史料价值、书法价值及文物价值。近年来民国文人信札收藏价格暴涨，2013年拍卖行拍卖过一页《鲁迅致陶亢德信札》，竟拍出六百五十多万元的价格，这恐怕是民国名人信札中最贵的一页纸了，其原因在于鲁迅手稿具有超级高的史料价值、书法价值及文物价值。据专家考证，鲁迅散佚的著作及其手稿不下四百八十万字。已有学者总结过鲁迅手稿散佚的原因：一是鲁迅投稿后手稿并不回收；二是鲁迅书信的收信人并无完全保存；三是当时的投稿制度多半不退还原稿；四是由于时事生活动荡，鲁迅也多次迁徙，手稿丢失很多，再因处境危险，他自己也曾烧毁大量书信、手稿。许广平说："他对自己的文稿并不爱惜，每一书出版，亲笔稿即行弃掉。"作家萧红曾回忆："鲁迅先生的原稿，在拉都路一家炸油条的那里用着包油条,我得到了一张,是译《死魂灵》的原稿,写信告诉了鲁迅先生,鲁迅先生不以为稀奇。"鲁迅出书时的校样,也都用来擦桌子。家里来人吃饭,他就取了校样纸来分给大家,客人说:"这怎么可以呢?"他说:"擦一擦,拿着鸡吃,手里有油腻。"洗澡间里也摆着校样纸,那是用来擦屁股的。鲁迅在致萧军的信中曾说道:"我的原稿的境遇,许知道了似乎有点悲哀;我是满足的,居然还可以包油条,可见还有一些用处。我自己是在擦桌子的,因为我用的是中国纸,比洋纸能吸水。"可见鲁迅从不保存自己的文稿,鲁迅希望的是"速朽"。鲁迅一生中多次迁居,从绍兴—南京—日本—杭州—北京—厦门—广州—上海。其间文稿的散失也是大量的。许广平在1959年6月《鲁迅手迹和藏书的经过》一文中曾写道:"手迹方面,除现在搜集存得之外,有些零星稿件,如整理《古小说钩沉》的片段抄录等,是周作人交出的,但是据了解,早期鲁迅未搬出八道湾前,必有不少手迹留在彼处,除由他随手送人外,不知是否业已清理完了一齐交出。"中国现代史动荡不定,可说是乱世。北洋军阀和国民党统治时期鲁迅都是被通缉的对象,保存手稿无疑不是鲁迅想做的,但即使想做也是很难做到的。鲁迅去世后,日军抓捕许广平时,致使1922年的鲁迅日记丢失。鲁迅去世后至今又有七十多年了,这蹉跎岁月中的战争、动乱、各种运动使得世间多少国宝丢失损毁。自然,鲁迅手稿也命运多舛。尽管如此,近现代作家手稿保留到今天的仍以鲁迅为最,鲁迅用笺承载了他所处时代的艺术、工艺、书写形式的变革等丰富的信息,它是中华民族宝贵的文化遗产,也是非常值得后人研究的宝贵财富。

"鲁迅.cn"

随着互联网技术的飞速发展，网络地址的域名注册也风起云涌，还出现了大量恶意抢注的现象。安徽芜湖市有一位王先生是域名爱好者，2004年，他发现"鲁迅"的中文域名注册一直是个空白，于是便在网上申请注册了与"鲁迅"相关的中文域名，一下子注册成功了四个："鲁迅.cn""鲁迅.cn""鲁迅.中国""鲁迅.中國"。周海婴先生发现后，一纸状书，把王先生诉上了法院。周海婴认为，鲁迅是中国伟大的文学家、思想家、革命家和教育家，被国人誉为"民族魂"，在社会公众中具有极深远的影响力。王的行为违反了相关法律法规，严重侵害了鲁迅的姓名权等人格权利，对其造成了极大的精神损害，并在社会上造成了恶劣影响。周海婴提出两点诉讼请求：一、依法判令被告立即停止使用"鲁迅.cn"及"鲁迅.中国"和对应繁体域名的侵权行为；二、依法判令上述鲁迅域名移转由原告注册使用。

法院传票送达王先生处，他得知自己因注册域名成了被告，感到有些不可思议，认为自己从上小学就读鲁迅的文章，非常喜欢鲁迅，注册鲁迅域名，除了是对鲁迅的敬仰外，某种程度上也是对鲁迅域名的保护。既然人家告我，我只好应诉。如果当时鲁迅的家人和我商量，我完全可以将鲁迅的域名转让给鲁迅的后人，现在人家告我了，就只好等着法院判决。即使官司输了，我也感到很自豪，毕竟我是为了保护鲁迅域名打官司。2009年，北京市第一中级人民法院受理鲁迅域名争议案件，在一审中，北京市第一中级人民法院裁定原告周海婴胜出，四个鲁迅域名应移交给原告。

2011年，中国新闻出版研究院第八次全国国民阅读调查，结果显示：2010年我国14—17周岁人群最喜爱的作家是鲁迅。鲁迅在网络的传播，大约从2000年开始兴起。很多关于鲁迅及鲁迅研究的网站应运而生，其中，有研究，有论争。至今，"鲁迅"作为关键词的点击率仍高居榜首，是国民关注的前沿领域。

手稿拍卖

2015年12月4日在匡时2015年秋季拍卖会"畅怀——历代书法夜场"中，由鲁迅的日本友人清水安三收藏的一件鲁迅书法作品现身拍卖会场。这件作品被媒体广泛报道，被称为"鲁迅行书偈语"，内容是鲁迅手书的十六个字："放下屠刀，立地成佛；放下佛经，立地杀人。"说明写道："鲁迅行书偈语，纸本立轴，尺寸：24cm×20cm，备注：1.清水安三旧藏。2.附木盒，内有清水安三题词：'朝花夕拾，安三七十七。此书是周树人先生真笔也，思慕故人不尽。添此四字在此，这是鲁迅先生书名也。'"并附有作品照片。说明中简介了清水安三的生平，并援引了华东师范大学教授陈子善和北京鲁迅博物馆副馆长黄乔生的文章来佐证这件稀世珍品的真实性。这幅作品以75万元起拍，经过了一轮的激烈竞价，最终以304.75万元成交，约合每个字19万元。围绕这幅作品的真伪，收藏界与学术界的论证有很大的分歧，陈子善与黄乔生认为这件作品是真品，上海鲁迅纪念馆原馆长与北京鲁迅博物馆研究员萧振鸣认为为伪。尽管有争议，但此件拍品仍然以高价拍出。

鲁迅手稿，因其文章风骨及人格魅力，蕴含了不可估量的价值，多年来为藏家所重，现均为国家一级文物。经过几十年的征集，现分藏于北京鲁迅博物馆、国家博物馆等单位，散落民间的如凤毛麟角。近些年来拍卖市场火爆，但又鱼龙混杂，查近十年的拍卖目录，每年全国许多拍卖公司都拍卖过鲁迅的诗稿、信札等,其中真品绝少,基本为造假仿制。拍卖公司所在地有北京、天津、上海、杭州、广州、辽宁、安徽直至香港。由于拍卖市场管理混乱、责任心不强及对成交率的追求,一些仿品也拍出了很高的价格。这一方面说明了一种社会上利益驱动的可悲现象,另一方面,也说明鲁迅书法本身所具有的价值魅力。开始价格都在两三万元以下,而近几年拍卖的几件鲁迅手稿,创出了中国近现代文化名人手稿中的天价。以几件拍品为例:2013年嘉德春季拍卖会拍卖一件鲁迅《古小说钩沉》手稿,估价60万元,成交价为690万元;2013年嘉德秋季拍卖会拍出一件鲁迅致陶亢德书信,一页200余字的书信,估价为60万元,拍出655.5万元的成交价,合每个字三万元,成为近现代文人最贵的一纸手稿;匡时秋拍的这件鲁迅偈语拍品,大概由于质疑的声音影响了拍卖的价格;紧接着在朵云轩2015秋季艺术品拍卖会上,一件《鲁迅致郦荔丞信札》以30万元起拍,最后以414万元成交,高出估价10倍。

鲁迅的面容

2011年在浙江美术馆有个"鲁迅的面容"展览,集中了鲁迅生前死后的美术家塑造的鲁迅形象,包括素描、国画、油画、版画、雕塑、工艺美术及现代装置艺术等品种,作品数百件,共用了九个展厅。不同时代艺术家会创作出不同特征的鲁迅形象,鲁迅形象的美术史也即中国近百年的意识形态史。这些展品几乎涵盖了中国所有的现当代美术名家的作品,特别是版画方面,鲁迅培育的这一艺术形式同时培育和影响了中国几代新兴版画家。中国的现代版画名家,几乎没有没刻过鲁迅形象或鲁迅作品插图的,如陈烟桥、曹白、黄新波、李桦、江丰、赵延年、张怀江等等；国画、油画、雕塑方面也是如此，如徐悲鸿、丰子恺、蒋兆和、李苦禅、李可染、吴冠中、刘开渠、张松鹤等等。美术馆馆长吴为山雕塑的鲁迅像也极具现代风采。这些都是中国现代美术史上大师级的美术家。每个时代，每个艺术家，都对鲁迅及其作品有不同的理解。吴冠中把鲁迅视为精神之父，曾说："一百个齐白石也抵不上一个鲁迅的作用，多个少个齐白石无所谓，但少了鲁迅，中国人的脊梁就少半截。我不该学丹青，我该学文学，成为鲁迅那样的文学家。从这个角度来说，是丹青负我。"他说他的一生中只看重三个人：鲁迅、梵·高和妻子。鲁迅给我方向给我精神，梵·高给我性格给我独特，而妻子则成全我一生的梦想——平凡，善良，美。

后　记

　　我的几本书都于冬日写毕，也许这季节正好可以躲在房间里避寒吧，而且冬天的夜更静一些。

　　这本书从我在鲁迅博物馆在职时开始，到在老北大红楼中解甲归田时结束，断断续续写了三年。之所以拖延了时间，是因为用了很大的精力沉迷书法，这中间还写了一本《鲁迅与他的北京》。写作本书的起因是年轻的小友们经常要我讲鲁迅的逸闻趣事。讲故事能使人年轻，因为要眉飞色舞，而讲鲁迅的故事，确是能够眉飞色舞的。于是我想，好吧，就写一本鲁迅的故事吧，让更多的喜爱鲁迅的年轻人来看。

　　本来一部书的终稿是可以让人松一口气的，可是却没有。今天是冬至日，北京因雾霾启动了红色预警，PM2.5 浓度在许多省份爆表，覆盖面积达到 142.2 万平方公里，微信的朋友圈中全是关于雾霾的各种刷屏。北京的冬天，院子里的树叶已落光，抵御雾霾已没了屏障，松上一口气，鼻腔中就有一种灰尘的味道。说到环境，鲁迅早有预言："沙漠之逐渐南徙，营养之已难支持，都是中国人极重要、极切身的问题，倘不解决，所得的将是一个灭亡的结局。……林木伐尽，水泽湮枯，将来的一滴水，将和血液等价……"不过，在这样的天气中，躲在书房里写作，倒隐隐有一种幸福感，因为，搬进室内的几株绿萝还朝气蓬勃着。

鲁迅也爱花。他居北方时，冬天的房中，花瓶里还插着干罂粟；居南方时，书桌上养着一盆"水横枝"。鲁迅说："是我先前没有见过的：就是一段树，只要浸在水中，枝叶便青葱得可爱。看看绿叶，编编旧稿，总算也在做一点事。"写作，有花木陪伴，可以调整心境。

解甲归田，宛如世外。反观世上之人，已被鲁迅圈定："曾经阔气的要复古，正在阔气的要保持现状，未曾阔气的要革新。大抵如是。大抵！"

三联书店的编辑唐明星是一位明慧通透的女史，她眼神中总是透着严谨与缜密，不由得使我平添了几分敬畏。我想，这本书的编校品质一定会比较高的，从而常在写作中带有几分欢欣。三联书店以编校质检严格著称。本书有部分文章是鲁迅亲述的故事，用鲁迅自己的文字更为生动严谨，因此产生许多引文。引文主要来自人民文学出版社2005年版《鲁迅全集》。

人生的乐趣在于创造，人生的意义大约也在于创造。创造之于文学，便是写作，写作的欢愉来自爱。鲁迅推崇日本作家有岛武郎的创作观，他在《现代日本小说集》附录中写到有岛武郎对自己的创作要求："第一，我因为寂寞，所以创作。第二，我因为爱着，所以创作。第三，我因为欲爱，所以创作。第四，我又因为欲鞭策自己的生活，所以创作。"鲁迅也说："人感到寂寞时，会创作；一感到干净时，即无创作，他已经一无所爱。""创作总根于爱。"

这本小书，来自鲁迅之爱与对鲁迅之爱。

企盼让爱传播。

著者
2018 年冬